MINERVA 歴史・文化ライブラリー 32

「福沢諭吉」とは誰か

先祖考から社説真偽判定まで

平山洋 著

ミネルヴァ書房

はじめに

本書は「福沢諭吉」とは誰か、について探究した全六章からなる論文集である。誰か、というのは曖昧な物言いではあるが、第二次世界大戦の終結以来議論されてきた、福沢の本質は市民的自由主義者なのか、それとも侵略的絶対主義者なのか、という問題を簡潔に示す言葉として使うことにした。名前にかぎ括弧が付されているのは、人物の規定に関する事態を取り上げているからである。

全六章の配列は、おおむね各章が扱っている年代の順である。

すなわち第一章「福沢諭吉先祖考」は、諭吉の先祖はどこから来てどのような生活を営んでいたのかを探っていて、福沢一族に関する記述の上限は一七世紀初頭、下限は天保五年（一八三四）である。本章は伝記『福澤諭吉』を準備していた平成一七年（二〇〇五）三月に最初に構想されたが、本格的に調べ始めたのは平成二三年（二〇一一）一二月になってからである。平成二五年三月の実地調査終了後、同年五月に電子書籍（アマゾン・ダイレクト・パブリッシング）として刊行された。なお本論文集収録に際し構成と節名に変更がある。

幕末最大のベストセラー『西洋事情』が幕末明治維新期の政治改革へ与えた影響について調査した第二章「『西洋事情』の衝撃と日本人」は、慶應二年（一八六六）から明治元年（一八六八）までが対象年代である。現在読み難くなっている軍学者赤松小三郎の「御改正之一二端奉申上候口上書」や同じく山本覚馬の「管見」などの史料を全文収録している。本章は、平成二五年（二〇一三）の五月から六月にかけて執筆され、同年六月に電子書籍化された。

しばしば福沢のアジア蔑視や侵略論として誤解されがちな『時事新報』社説「脱亜論」や「朝鮮人民のために其国の滅亡を賀す」が扱われている第三章「福沢諭吉の「脱亜論」と〈アジア蔑視〉観」の年代は、朝鮮独立党が起こしたクーデタ甲申政変の翌年となる明治一八年（一八八五）である。本章は、すでに他の書籍に収録されている論文「福沢諭吉の西洋理解と「脱亜論」」（二〇〇二年）や「朝鮮人民のために其国の滅亡を賀す」と文明政治の六条件」（二〇〇六年）と一部重なっている。平成二五年四月に執筆され、直後に電子書籍として刊行された。また初出では「です・ます」調であったものを、他の章と合わせるために「である」調に改めてある。

第四章「福沢諭吉と慰安婦」は近年問題化しているネット・デマを扱っている。直接対象とされているのは明治二九年（一八九六）発表の社説「人民の移住と娼婦の出稼《でかせぎ》」であるが、それまでに明治八年（一八七五）の『文明論之概略』以降の著作も引用されている。主に無署名社説を用いて、福沢へのネガティブ・キャンペーンがいかにして広められたかを調査した本章は、平成二五年五月に執筆され、直後に電子書籍として刊行された。

人格と良心、そして善心を鍵概念に福沢と大西祝の思想を比較した第五章「武士道・ビジネスマインド・愛国心」が扱っているのは、主として『文明論之概略』後の著作である。福沢の子世代に相当する大西は、福沢を代表とする明治前期の啓蒙主義と新渡戸稲造ら明治教養主義を繋ぐ架け橋の役割を果たした。それを明らかにする本章は、平成二六年六月に青山学院大学で開催された日本ピューリタニズム学会でのシンポジウム発表をもとに執筆され、翌年三月刊行の『ピューリタニズム研究』第九号に掲載された。

第六章「福沢署名著作の原型について」では、明治一五年（一八八二）から明治二六年（一八九三）までの著作が扱われている。そこで明らかになったのは、大正版『全集』・昭和版『続全集』の編纂者だった弟子の石河幹明は、署名著作の原型となった社説の大半を全集未収録としていたことである。本章は平成二七年三月に執筆され、同年一〇月に日本思想史学会誌『日本思想史学』第四七号に掲載された。また平成二八年一二月刊行の福澤諭吉協会編『福澤諭吉年鑑』第四三号に再録されている。

以上が本書の構成であるが、収録にあたり初出にあった誤植の修正のほかは「本論文」を「本章」とするなど、最少限の手直しにとどめている。

平成一六年（二〇〇四）に拙著『福沢諭吉の真実』（文春新書）が刊行されるまで、福沢諭吉とは誰かを説明するには解きがたい困難があると認識されていた。すなわち、現行版『全集』に収録されている無署名社説の範囲があまりに広すぎて、福沢は結局市民的自由主義者なのか、それとも侵略的絶対主義者なのかについて、いずれにも根拠を与えるものだったのである。『福沢諭吉の真実』と前著『アジア独立論者福沢諭吉』（二〇一二年）によって後者の立場は否定されたのであったが、本書は前者の立場をさらに明確化するべく、多方面からの検討を試みたものである。

「福沢諭吉」とは誰か——先祖考から社説真偽判定まで

目次

はじめに

目次

図版写真一覧

凡　例

一、各章は本来互いに独立した論文・論考等であるため、記述の形式に不統一がある。全体としては統一がとれていなくても、各章の内にはそれぞれ理由を有しているのでそのままにしてある。
一、引用文中の漢字は原則として新字体を用い、歴史的仮名遣いについてはそれを保存する。出典の表示は著作名の字体を保存し出版（掲載）年月・出版社名・巻頁の順に記載する。
一、福沢諭吉からの引用は、現行版『福澤諭吉全集』（初版一九五八～六四年・岩波書店刊、別巻を加えた再版七一年）に基づく。出典については、たとえば全集第一巻三頁を（全①三頁）のように省略して示す場合もある。
一、福沢諭吉の書簡からの引用は、『福澤諭吉書簡集』（二〇〇一～〇三年・岩波書店刊）に基づく。所在は原則として発信年月日と書簡番号で指定する。
一、本文中の暦数は西暦と和年号及び元号を併記している。和年号・元号表記と西暦が連続する場合は西暦の年を省略する。初出が縦組の場合は和年号・元号が優先され、横組の場合は西暦が優先されているのであるが、手直しはしていない。
一、社説名の後の（18850316）等は、一八八五年三月一六日掲載を意味している。
一、数字の表記は算用数字式を基準とするが、読みやすさに配慮して百・千・万を使う場合もある。
一、本論文集に収録するに当たり内容に関わる変更はなされていない。新たに加えられた註については、補註と明記してある。

第一章　福沢諭吉先祖考

1　天保五年夏、福沢百助自家の系図を作成する

諭吉の父が家系図を作成した

九州豊前《ぶぜん》は中津藩士の福沢百助《ひゃくすけ》が自家の系図を作成したのは、天保五年（一八三四）の夏とみてまず間違いがない。その年の暮には、諭吉の父となる百助は、数年来尽力してきた藩財政立て直しの功が認められて、下士《かし》最上位である厩方格《うまやかたかく》へ昇進した直後だった。おそらく老母楽《らく》への報告も兼ねてであろう、同年四月から七月まで任地大坂から妻子を連れて帰省していたのである。

手がけていた仕事に区切りがつけば、我が身を顧みるのは人の常というものだ。とはいえ、百助が家系図を書こうとしたのには、祖父友米《ともべえ》の代に新機召抱えの足軽から一一石取の下士小役人格《こやくにんかく》に昇進し、父兵左衛門《へえざえもん》の代に一三石取と二石の加増をみた福沢家の当主として、自らの出世に誇りとするところがあったばかりではない、もう一つの理由が考えられる。それは厩方格就任により、さらに一段階上の上士《じょうし》への昇進が見えてきた、ということである。

百助はどのようにして事実を確認したのか

当時の武士階層の世界には厳格な身分差があって、その中でも上士と下士を隔てていた壁は乗り越えるのが難しかった。形式的にもせよ知行地《ちぎょうち》の領主として扱われ、家来をもち、さらに乗馬を許されるのは上士の特権である。家柄を誇ることができるのも上士だけで、その根拠となるのは家記《かき》と呼ばれる先祖の事績を記した書類によってだった。上士の家はその原本を自宅に備え、謄本を主君に提出するのが習わしとなっていた。家系図はその家記の主たる構成物である。

もとは足軽にすぎなかった福沢の家に家系図など残されていようはずもない。百助の手元には先祖の位牌が一六基あるだけだったので、あとは手探りで作図を試みたと考えられる。百助はまず位牌に記されている命日が天保四年から何年遡るかで先祖各々の世代を確定しようとした。また、親戚縁者に問い合わせて、すでに家系図を作成している家からはその書写を乞い、藩庁に赴いては、そこに保存されていた書類から先祖の事跡や来歴を探ろうとした。そうやって作り上げたのが、現行版『福澤諭吉全集』第二一巻二五三頁から二五九頁にある家系図である。

諭吉、家系図の補筆を試みる

百助の次男である諭吉は、系図が作成されてから三七年後の明治四年（一八七一）になって、祖母楽・父百助・兄三之助《さんのすけ》の記事を加え、さらに明治三〇年（一八九七）に新装の巻子仕立てとした。とは言うものの、諭吉自身が自分の先祖にさほどの関心を抱いていなかったことは、はっきりしている。三之助の死後福沢家当主となった諭吉は、先祖の調査を父以上に進めようとはしなかった。それゆえ諭吉自身が菩提所に建てた福沢氏記念之碑には、先祖やその出身地について、「福沢氏の先祖は信州福沢（地名）の人なり。元禄宝永の際其子孫兵助なる者、豊前中津の海岸下小路《ママ》に住し、宝永六年五月二十三日死して中津桜町明蓮寺《みょうれんじ》内に葬る。これより以前の事は得て詳にす可らず」と、百助筆の家系図にもある記述がリフレインされているばかりである。

諭吉本人が関心を示さなかったことについて、あえて調査を進めることにどんな価値があるか、と聞かれれば答えに窮せざるをえないが、無関心だったからといってその追究が無意味となるとはかぎらない。諭吉が知らないことが、実際には彼の生涯に大きな影響を与えた可能性は十分にある。もちろん結局のところ無関係だと分かることもあるが、いずれにせよ調査しなければその事実を確かめることはできない。

そこで本章では、以下第12節までで諭吉の祖先はどんな人々であったかについての考察を試み、ついで第13節以降で福沢家の出身地信州福沢とはどこであったのかという問題について扱うこととする。

2　福沢家系図の概略

代々の当主

まず天保五年（一八三四）に福沢百助が書いた家記の中身であるが、その冒頭には戒名一覧として福沢家の先祖一六人の没年月日、戒名、没年から天保四年にいたる年数、そして簡略な続柄が記されて、その後に略譜として系図が掲げられていた。試みに戒名一覧の最初の人物については、「宝永六年己丑五月二十三日釈了夏信士百二十五年」とある。この人については続く略譜の最初に「高祖福沢積善号兵助」、「豊前中津下正路浦に住其祖仕于小笠原氏今安志《あんじこう》侯也宝永六年己丑五月二十三日卒葬桜町明蓮寺法諡《ほうし》了夏」とあることにより、福沢兵助《へいすけ》その人であることが分かる。

以下この略譜にある福沢家当主を掲げるなら、

初代　兵助積善　　生年未詳　宝永六年（一七〇九）五月二三日没
二代　兵左衛門篤義　生年未詳　享保八年（一七二三）三月一六日没
三代　朴右衛門直行　生年未詳　延享三年（一七四六）一二月七日没　飯田家出
四代　友米《(ママ)》政信　生年未詳　天明四年（一七八四）九月一二日没
五代　兵左衛門政房　明和二年（一七六五）生　文政四年（一八二一）九月二一日没　中村家出
六代　百助咸　寛政四年（一七九二）生

というものであった。家系図にはさらに細々した事柄が書き込まれているが、それらを列挙しても理解するのは難しいと思われるので、以下では物語の形で記述したい。

物語福沢家の歴史

福沢家の先祖は、元は信州の福沢という場所に住んでいた。初代兵助の先祖は小笠原家に仕えていたらしいが、この小笠原家は、奥平家が中津藩主となる前の領主である。信州飯田藩・同松本藩・播磨龍野藩を経て、寛永九年（一六三二）、小笠原長次の代に中津藩主となっている。兵助本人が信州福沢から来たとするのは没年からいって無理があるので、初代兵助は信州福沢出身の小笠原家家来の子として中津に生まれた、と推測するのが妥当な線であろう。

兵助が居住していたという下正路《しもしょうじ》とは沿岸部の地名で、約一三〇年後に福沢家があった城下北部の留守居町よりさらに五百メートルばかり北にあたる。この伝承を伝えたのは兵助の玄孫にあたる百助の母楽であったと考えられるが、あるいはそれを示す記録が菩提寺である桜町明蓮寺に残っていたのかもしれない。

初代兵助ばかりか二代兵左衛門《へえざえもん》と三代朴右衛門《はくえもん》も何者とも知れない。二代が亡くなる六年前に小笠原家から奥平家へと領主が替わったが、もともと浪人であったせいか、そのことは福沢一家に影響を与えなかったようである。いや、四代友米《ともべえ》が下士になるまで公式には福沢姓を名乗れなかったはずで、それまで福沢家なるものが存在していたかどうかさえ怪しいのである。

四代が中津藩奥平家に仕えるようになって以降は藩庁の書類でその勤務状況が判明している。友米については、系図には足軽に召抱えられた時期は記されていないものの、藩庁の記録により奥平家の士分として正式に仕官したのが明和五年（一七六八）だったことが分かっている。『中津市史』には、同年「まず七人者仮役、次いで本役に任ぜられ、翌六年六人者となっている」（七六七頁）とある。この六人者・七人者とは現在の警察官に相当する役職で、足軽と下士の中間的な身分である。福沢家系図によると友米はその後安永六年（一七七七）に下士小役人格に昇進し、廻米方《かいまいかた》を拝命したのだった。

百助が、戒名一覧だけから家系図を作成したわけではなかったのは、岡喜三右衛門（母方の曽祖父）・中村須右衛門（父方の祖父）・飯田小右衛門《こえもん》（大叔父）・岡在助（大叔父）ら戒名一覧に含まれていない人物が系図には記載されていることにより確かめられる。百助は、飯田家・中村家・岡家などに問い合わせて系図を完成させたのであろう。

それら親戚筋のうちで特に重要なのは飯田家で、系図によると三代朴右衛門の長男小右衛門が父の出た飯田家を継ぎ、次男友米が福沢家の跡取りとなっている。長男ではなく次男が家を継いでいるのは不自然で、こうした系図の曖昧な点を最初に指摘したのは研究者の富田正文《とみたまさふみ》であった。富田は『考証福澤諭吉』(以下『考証』と略)の冒頭部分で福沢家のルーツを辿る試みをしているが、とりわけ二「福沢家の系図を辿《たど》る」の章で、「福沢の家のひとり娘のところへ、飯田の家から婿養子に来てまで福沢の家を継いだというのには、いかなる必要があったのであろうか。そして、その夫婦の間に生れた長男に、その実家を継がせ、次男に福沢の家を継がせたということも、異例の措置である。普通なら長男に自分の家を継がせ、次男を実家にやってこれを継がせるというところであるが、わたしにはそこのところに、随分無理をしているなという感じがのこるのである」(『考証』上巻一六頁)と述べている。

富田がこう書いたのは初出の『三田評論』昭和五三年(一九七八)六月号誌上においてだった。全集に掲げられている系図だけではこれ以上のことは分からないが、雑誌掲載により新たな情報が提供され、福沢家系図を補完する飯田家系図が見出されたのである。

3 飯田家系図の提供

飯田家初代は信州飯田の出身

飯田家系図が公にされた経緯は、「福沢家の系図を辿る」を読んだ中津の郷土史家嶋通夫《しまみちお》が、飯田家の直系の子孫が東京に住んでいて、系図も残っているはずだ、と富田に手紙を寄せたのがきっかけだった。富田はその飯田豊治を訪ねて、明治八年(一八七五)以降に飯田耕吉忠方《こうきちただかた》によって作成された家系図「飯田略系」を拝借したのである。そこには、「本国信州飯田住人。慶長六年小笠原兵部太夫《ひょうぶだゆう》秀政嫡家信濃守忠修公へ仕、寛永九丑年長次公豊前国中津へ移リ、享保二丁酉長邕公壱万石ニテ播州安志へ所替、其節数多浪人ニ相成、其内ノ壱人也。中津御所替奥平昌成公依テ家臣ニ被召抱候《めしかかえられそろ》」（『考証』上巻三二、三三頁）とあり、さらに福沢家系図と一部重複する系図が掲げられていた。

そこから飯田家の当主だけを列記するならば、

初代　古右衛門直久　慶安元年（一六四八）生
　　　　　　　　　　享保三年（一七一八）郷方
　　　　　　　　　　　　享保四年（一七一九）六月一九日没

二代　朴右衛門直行　貞享元年（一六八四）生
　　　　　　　　　　享保四年（一七一九）郷方
　　　　　　　　　　　　延享三年（一七四六）一二月七日没

三代　古右衛門直方　正徳元年（一七一一）生
　　　　　　　　　　延享四年（一七四七）郷方
　　　　　　　　　　宝暦三年（一七五三）御山方
　　　　　　　　　　　　明和八年（一七七一）一二月二日没

四代　頓太右衛門忠良　明和四年（一七六七）生

と続いていたのである。

この情報提供を受けた富田は、昭和五三年（一九七八）八月に発表された四「福沢・飯田両家系図上の錯雑」の章で、両家の系図を比較考量することにより解決された問題と、依然として残された疑問をまとめている。それらの指摘は本章の出発点とするべき諸点である。

飯田家系図により明らかとなったのは、福沢家三代目とされている朴右衛門は飯田家から養子に出されていたわけではなく、その二代目だったことである。飯田家から出たのは朴右衛門の次男友兵衛（すなわち簡略表記友米）のほうで、彼が福沢家四代目を襲名したことになっている。飯田家系図によると、もとは小笠原家の家臣だった初代古右衛門《こえもん》直久《なおひさ》は、享保三年（一七一八）、七〇歳にして奥平家の足軽となり、以後郷方《ごうかた》としての家名を継いだ。福沢家系図では職業不詳の朴右衛門は享保四年（一七一九）、三五歳のときに父の職を継承している。また、友兵衛政信の兄小右衛門（福沢家系図の表記）は正しくは古右衛門《こえもん》直方《なおかた》という飯田家の三代目だった。

先にも述べたことだが、下士とはいえ奥平家の家来として福沢姓を名乗ることができた最初が友兵衛政信であるのは、福沢家系図に「政信始て御当家に仕、江戸表在番《ざいばん》立帰都合拾一度罷越《まかりこし》、御足軽切符取より格式小役人御切米拾一石被仰付《おおせつけられ》候」、また飯田家系図に「有故《ゆえありて》信州福沢名跡立《みょうぜきたつ》」とあることから明らかである。

その友兵衛の生年は飯田家系図の記載により正徳三年（一七一三）と判明したが、彼が福沢の家を継いだ時期ははっきりしない。二代兵左衛門の死去が享保八年（一七二三）なので、その直前である可能性が高いように思う。富田が指摘するように、その縁組の取り成しをしたのは友兵衛の父朴右衛門と推測するのが妥当で、『考証』には、「臆測を逞《たくま》しくすれば、福沢家に男子の嗣子《しし》がなく、その家が絶えようとしていたが、浪人のことで意に介しないでいたところ、信州以来小笠原の家臣として苦楽を共にしていた同僚の家の絶えるのを惜しんで、飯田朴右衛門が自分の次男をやってその名跡を立てさせたというようなことでもあろうか」（上巻三七頁）とある。私もその意見に賛成である。

飯田家系図で福沢家系図を補う

以上やや煩雑になったので、飯田家系図によって判明したことを書き加えた福沢家系図を次に示すならば、

初代　兵助積善　生年未詳　宝永六年（一七〇九）五月二三日没
二代　兵左衛門篤義　生年未詳　享保八年（一七二三）三月一六日没
三代　朴右衛門直行　貞享元年（一六八四）生
　享保四年（一七一九）郷方
　延享三年（一七四六）一二月七日没　飯田家出
四代　友兵衛政信　正徳三年（一七一三）生
　享保八年（一七二三）頃郷方採用
　明和五年（一七六八）七人者
　安永六年（一七七七）小役人格
　天明四年（一七八四）九月一二日没
五代　兵左衛門政房　明和二年（一七六五）生　文政四年（一八二一）九月二一日没　中村家出
六代　百助咸　寛政四年（一七九二）生

となる。

先にも触れたように、中津藩主が小笠原家から奥平家に交代したのは享保二年（一七一七）のことで、朴右衛門の父初代飯田古右衛門直久はすぐに足軽格郷方に採用されている。というのは、奥平昌成は一万石の加増により丹後宮津から豊前中津に入ったからで、領地拡大に見合う新規採用をしなければならなかったのである。その数年後、一人娘しかいなかった兵左衛門篤義の婿養子になるという条件で、友兵衛が福沢の名跡を継いで足軽株を得たのだろう。始まったばかりの奥平の治世に農村地域担当者の人手不足があったものと見える。

これで三代朴右衛門の足軽格郷方という生業と四代友兵衛が飯田家から福沢家の跡取りとなった経緯はおおよそ明らかになったが、福沢家系図と飯田家系図相互の関係が、全部説明できたわけではない。ここまでは便宜上当主の事項だけについて見てきたが、以下では両系図に登場する人々を全て考察の対象とすることで話を進めたい。

4　人物データを整理する

福沢兵左衛門篤義と飯田古右衛門直久の関係

富田正文によってなされた福沢・飯田両家の家系についてのここまでの考察は、昭和五三年（一九七八）夏には『三田評論』の読者である慶應義塾関係者に知られるようになり、また、連載終了後平成四年（一九九二）六月に『考証福澤諭吉』上巻としてまとめられてからは、一般にも浸透することになった。ただ、富田はこれ以上系図について追究することはせずに、「あるいは福沢・飯田両家の間で婚嫁の縁組などがあったかも知れない。また移封早々の奥平家としても下級の事務を執る者の必要から土着の者を新規に召し抱えるので、自分の次男を小笠原家浪人福沢家の当主に仕立てて、御採用を願ったというようなことでもあろうか――というのが、わたしの推測である」（上巻三七、三八頁）とした上で、「わたし個人としては飯田家系図の方に真実性が強いように感じられる」（三八頁）と、やや控えめな結論にとどめている。

福沢家系図と飯田家系図を比較すると、飯田家のものにより強い真実性が見られるというのは富田の指摘する通りである。とはいえ福沢友兵衛の記述については、飯田家系図では下士への昇進前の安永五年（一七七六）に没したとされていたり、友兵衛の妻が妙蓮信女《みょうれんしんにょ》（これは娘である楽の戒名）になっていたりして、正確さを欠いている。友兵衛は福沢家を継いだため飯田家にとっては他家の人間となり、正しい記述についての熱意に乏しかったということがあろう。また、福沢家系図が描かれたのが天保五年（一八三四）であるのに対し、飯田家系図は明治八年（一八七五）以降で、おおよそ四〇年もの開きがあるというのも、両者の齟齬《そご》の一因となっているのかもしれない。

ともあれ、福沢諭吉本人が自分の先祖について大して関心も抱いていなかったことでもあるし、通常なら富田の考証をより進めようとする物好きなどいないであろう。私自身も平成七年（一九九五）に『考証』を読んでから一〇年の間、この両家系図について特段の関心などなかった。この両家系図の再考が迫られたのは、平成一七年（二〇〇五）に福沢諭吉の新たな伝記を書くことになってからである。

少しでも曖昧な点があると思考が先に進まなくなるのが私の悪い癖で、書くのは諭吉の伝記だというのに、その先祖のことを調べ始めたら、次から次へと疑問点が沸いてきたのである。追究に際して細か

人物データ

通称	実名	地位	戒名一覧	福沢系図	飯田系図
		？→福沢０妻？	⑪	○	×
兵助	積善	福沢１	①	○	×
兵左衛門	篤義	福沢２	②	○	×
(治左衛門)		福沢→飯田０	③	×	×
古右衛門	直久	飯田１	④	○	○
		福沢→飯田	⑤	×	○
朴右衛門	直行	福沢３飯田２	⑥	○	○
きよ		飯田→？	⑦	○	○
		福沢→飯田	⑧	○	×
とよ		飯田→？	⑨	○	○
高誉	哲真	飯田→豊前善光寺	⑩	○	○
友兵衛	政信	飯田→福沢４	⑫	○	○
		岡→福沢４妻	⑬	○	×
古右衛門	直方	飯田３	×	○	○
在助		岡	×	○	×
兵左衛門	政房	中村→福沢５	⑭	○	×
頓太右衛門	忠房	飯田４	×	×	○
		？→福沢２妻？	⑮	×	×
		岡→中村妻？	⑯	×	×
阿楽		福沢→福沢５妻	⑰	○	×
百助	咸	福沢６	⑱	○	×
三之助		福沢７	⑲	○	×

福沢関係

識別	性別	戒名	生年	没年	間柄・世代間	間柄・世代内
A	女	釈妙空	生年未詳	17050102	Ｂの母？	福沢先祖の妻？
B	男	釈了夏	生年未詳	17090523	Ａの息子？	Ｄの兄弟？
C	男	釈宗敬	生年未詳	17230316	Ｂの息子	Ｆの兄？
D	男	釈栄道	生年未詳	17000303	Ａの息子？	Ｂの兄弟？
E	男	釈伝法	1648——	17190619	Ｄの息子	Ｆの夫
F	女	釈妙向	1659——	17301107	Ｂの娘？	Ｅの妻
G	男	釈了空	1684——	17461207	ＥＦの息子	Ｉの夫
H	女	釈至心妙体	1719——	17520908	Ｇの娘	ＮＬＫＪＯの姉妹
I	女	釈妙貞	生年未詳	17731103	Ｃの娘	Ｇの妻
J	女	釈妙桂	1717——	17510621	Ｇの娘	ＮＬＫＨＯの姉妹
K	男	釈高誉	1715——	17411126	Ｇの息子	ＮＬＨＪＯの兄弟
L	男	釈浄仙	1713——	17840912	Ｇの息子	ＮＫＪＨＯの兄弟
M	女	釈妙専	生年未詳	18090810	岡喜三右衛門の娘	Ｓの姉Ｍの夫
N	男	釈浄岩	1711——	17711202	Ｇの息子	ＬＫＪＨＯの兄
O	男	（不明）	生年未詳	没年未詳	Ｉの息子	ＮＬＫＪＨの弟
P	男	釈乗蓮	1765——	18210921	中村須右衛門の息子	Ｔの夫
Q	男	（不明）	1767——	没年未詳	Ｎの息子	Ｔの従兄弟
R	女	正林恵等	生年未詳	17360413	Ｉの母？	Ｃの妻？
S	女	心岩妙相	生年未詳	17751220	岡喜三右衛門の娘	Ｍの妹
T	女	釈妙蓮	1774——	18520618	ＬＭの娘	Ｐの妻
U	男	釈乗導	1792——	18360618	ＴＰの息子	（福沢系図作成者）
V	男	釈秋水	1825——	18560903	Ｕの息子	（諭吉の兄）

い考証の羅列はかえって分かりにくくなるため、福沢家戒名一覧・同家系図そして飯田家系図に掲載されている諭吉より上の世代の人々について、データ化することから始めた。

そこで戒名一覧と福沢家系図（百助の兄弟姉妹や三之助の妹弟を除く）および飯田家系図に掲載されている人物は全部で二二名である。識別符号としてアルファベットのAからVまでを割り振った。戒名一覧を参考にして作成したが、あくまで便宜的なものである。そこで、戒名が不明なのは、岡家に養子に出された在助（O）と飯田家の四代頓太《とんだ》右《え》衛門《もん》（Q）の二名である。生没年については、和年号を単純に西暦換算したものと旧暦表記の月日と結合してある。〈間柄・世代間〉とは他の人物との親子関係を、〈間柄・世代内〉とは夫婦兄弟姉妹従兄妹の関係を示している。一部関係が不明確なところがあるが、その場合は?で示した。地位では福沢家・飯田家・中村家・岡家などでの継承順位をアラビア数字で付記し、さらに戒名一覧、福沢・飯田両家の系図への掲載状況を○×で示した。

完成した人物データ表を一瞥して改めて確認できたことは、福沢家についていうと、初代兵助（B）と二代兵左衛門（C）については戒名と没年月日そして居住地以外はほとんど何も知られていないことである。ここで人間関係が分かりにくい妙空（A）から妙向（F）について見てみる。妙空（A）と兵助（B）、兵助（B）と二代兵左衛門（C）、それから栄道（D）と古右衛門直久（E）それぞれの親子関係と、直久（E）と妙向（F）の婚姻関係はほぼ確認されているが、兵助（B）と栄道（D）、二代兵左衛門（C）と妙向（F）の関係は明らかではない。この六人の関係を没年代を手がかりにして分けるなら、妙空（A）を第Ⅰ世代とし、兵助（B）・栄道（D）を第Ⅱ世代、そして二代兵左衛門（C）・直久（E）・妙向（F）を第Ⅲ世代とする三つの世代に階層化できるのである。妙空（A）にとって子世代・孫世代ということで、その場合の関係は兵助（B）と栄道（D）が兄弟、二代兵左衛門（C）と妙向（F）が兄妹と推測することが最も自然となる。

初代兵助（B）を基準にして考えるなら、兵助には弟の栄道（D）がいて飯田家の養子となった、その息子が伝法古右衛門直久（E）である。また、兵助（B）には兵左衛門（C）と妙向（F）という息子娘がいて、その妙向（F）が直久（E）に嫁いだ、ということである。

飯田朴右衛門直行の子供たち

話は次の世代に移る。二代兵左衛門（C）の娘に妙貞（I）がいたが、福沢家系図では、この妙貞（I）のもとに飯田家の朴右衛門（G）が婿養子となって入り、古右衛門直方（N）や友兵衛（L）を産んだことになっている。けれども第3節でも述べたようにそれは怪しい。妙貞（I）は嫁として福沢家から飯田家に嫁ぎ、その次男である友兵衛（L）が母の実家である福沢家の養子となって名跡を立てたとしなければつじつまが合わない。

ところが飯田家系図に妙貞（I）は登場しないばかりか、友兵衛（L）・古右衛門直方（N）の母親として田中市郎兵衛の娘なる人物が記載されているため、福沢家とは血の繋がりはなかったことになっている。もう一方の福沢家系図が田中家に触れるところがないのと対照的で、奇妙な印象である。

さらに調べると、両家の系図において、朴右衛門（G）の子供の人数が異なっていることが分かる。福沢家系図では古右衛門直方（N）・友兵衛（L）・哲真（K）・妙桂（J）・至心妙体（H）・在助（O）の六人、飯田家系図では岡家を継いだ在助（O）を除いた五人となっている。そればかりか、飯田家系図には岡家そのものの記述がまったくない。要するに福沢家系図は田中家を、飯田家系図は岡家を無視しているのである。これはどうしたことだろうか。

その謎を解く手がかりとしては、福沢家系図の在助（O）に付せられた注記が参考になる。すなわちそこには、「実《じつは》異父之子。続《つづく》岡氏」とあるのであるが、要するに妙貞（I）は朴右衛門（G）と結婚する前にすでに子供を産んでいたのである。再婚相手の朴右衛門（G）もまた田中市郎兵衛の娘と結婚していたときに子供をもうけていて、それが飯田家系図記載の五人ということになる。

妙貞（I）の連子は在助（O）ばかりではない。妙専（M）も心岩妙相（S）も戒名一覧には「岡氏」とある。つまりこの三人は妙貞（I）と前夫との間にもうけた姉弟で、この前夫が岡喜三右衛門であるのは、福沢家系図の妙専（M）に関する注記に「岡喜三右衛門女」とあることから明らかである。

以上をまとめるなら、一時期の朴右衛門（G）は五人の実子と後妻妙貞（I）の三人の連子を抱えていた、ということである。飯田家は妙貞（I）の連子の存在を認めず、福沢家は妙専（M）・心岩妙相（S）が妙貞（I）の産んだ子であることをはっきりさせていない。その理由は、福沢家を継いだ友兵衛（L）が、妙専（M）と結婚したことによるのであろう。この二人には近い血縁はなかったと考えられるが、外から見れば同じ屋根の下で育った兄妹である。系図上の省略は外聞を考慮してに違いない。

5　福沢家飯田家統合家系図の作成

福沢・飯田は一族二名跡

以上の考察をもとに福沢家飯田家の統合家系図の作成を試みたい。というのも、両家の家系図には八名もの重複者がいるうえ、福沢友兵衛政信（L）と飯田古右衛門直方（N）の世代ではほとんど区別がなかったと考えられるからである。実際この二人の兄弟が建てたらしい「先祖代々墓」（中津桜町明蓮寺内）の向かって右面には「飯田氏」、左面には「福沢氏」と彫られている。つまり一族で二つの名跡株《みょうせきかぶ》（権利）を有しているという感覚だったわけである。

戒名一覧・両家系図の記載内容を最大限尊重して出来上がったのが次頁の統合家系図である。世代の観点からは、八つの世代に階層化された。間柄に関して推測に基づいているのは、戒名一覧には出てくるが両家の系図には登場しない栄道（D）と福沢家初代兵助（B）との兄弟関係と、同じく戒名一覧にあって福沢家系図には記載されていない正林恵等（R）を二代兵左衛門（C）の妻と仮定したことである。また、古右衛門直久（E）・妙向（F）・朴右衛門（G）の夫婦親子関係も、福沢家系図では疑問の余地はないとされるが、飯田家系図には朴右衛門（G）は「初陸兵衛実は篠木某男」とある。その場合は兵左衛門の娘妙向（F）は先に篠木家に嫁いで朴右衛門（G）を産み、ついで飯田古右衛門直久（E）と結婚したことになろう。さらに中村須右衛門の妻を心岩妙相（S）と仮定したのは、飯田家系図中の福沢友兵衛（L）の妻妙専（M）に関する「中村須右衛門妹」との記述による。この妹を義妹と解釈したわけである。

妙空は兵助の妻か

改めてこの統合家系図を見直してみると、福沢家系図を作った百助（U）の推測にいささか無理のある点が見受けられる。それは妙空（A）と兵助（B）の親子関係についてである。母親没後四年で息子が死ぬというのはとくに意外とはしないが、生年が判明している孫世代（第Ⅲ世代）の古右衛門直久（E）が慶安元年（一六四八）生まれだとしたら、いささか長寿にすぎるのではなかろうか。祖母と孫の最小年齢差を三五歳としても妙空（A）は慶長年間（一六一〇年代前半）には生まれていなければならず、その没年齢は九〇歳前後となる。生没年の判明している一族

福沢家・飯田家統合家系図

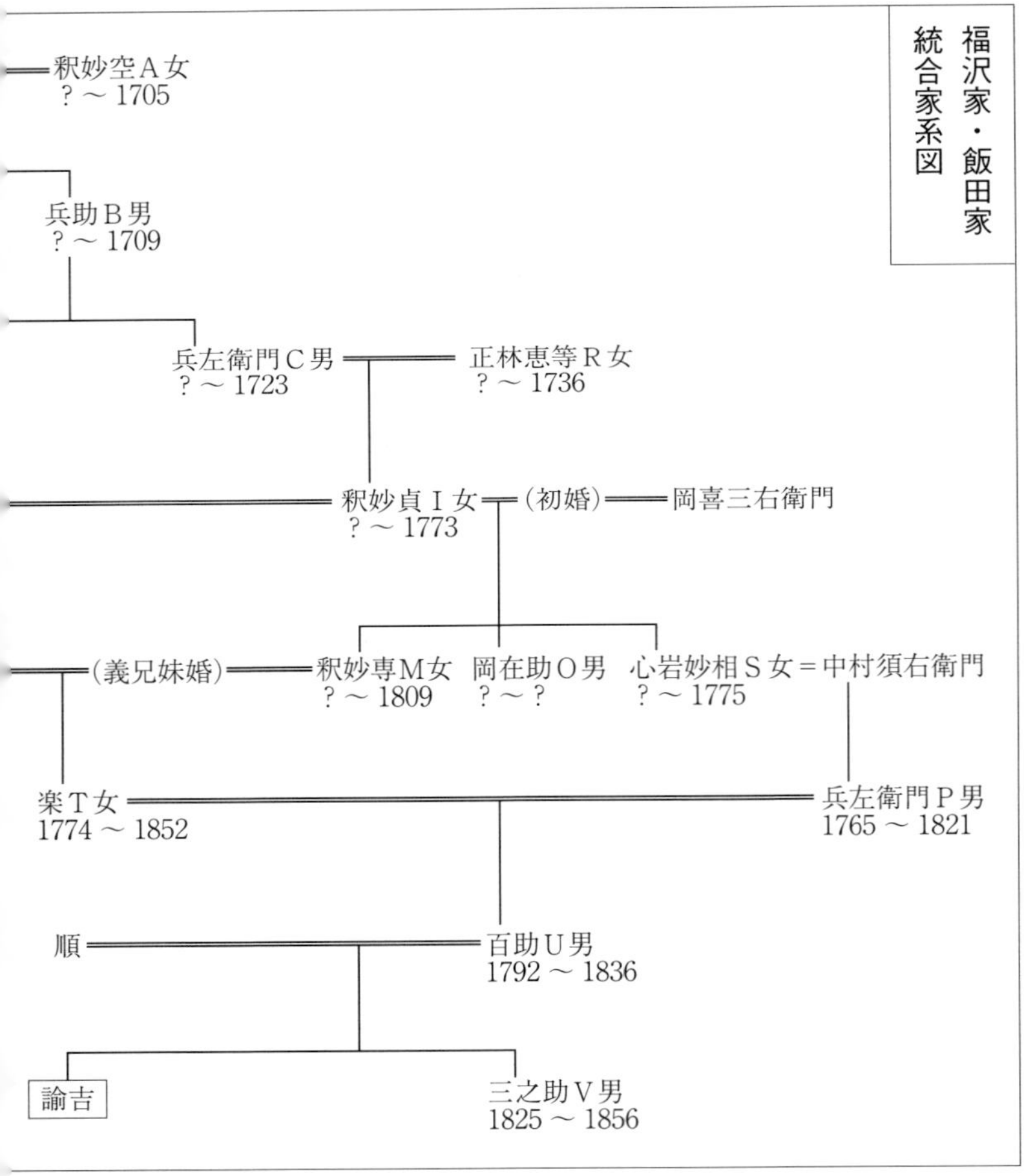

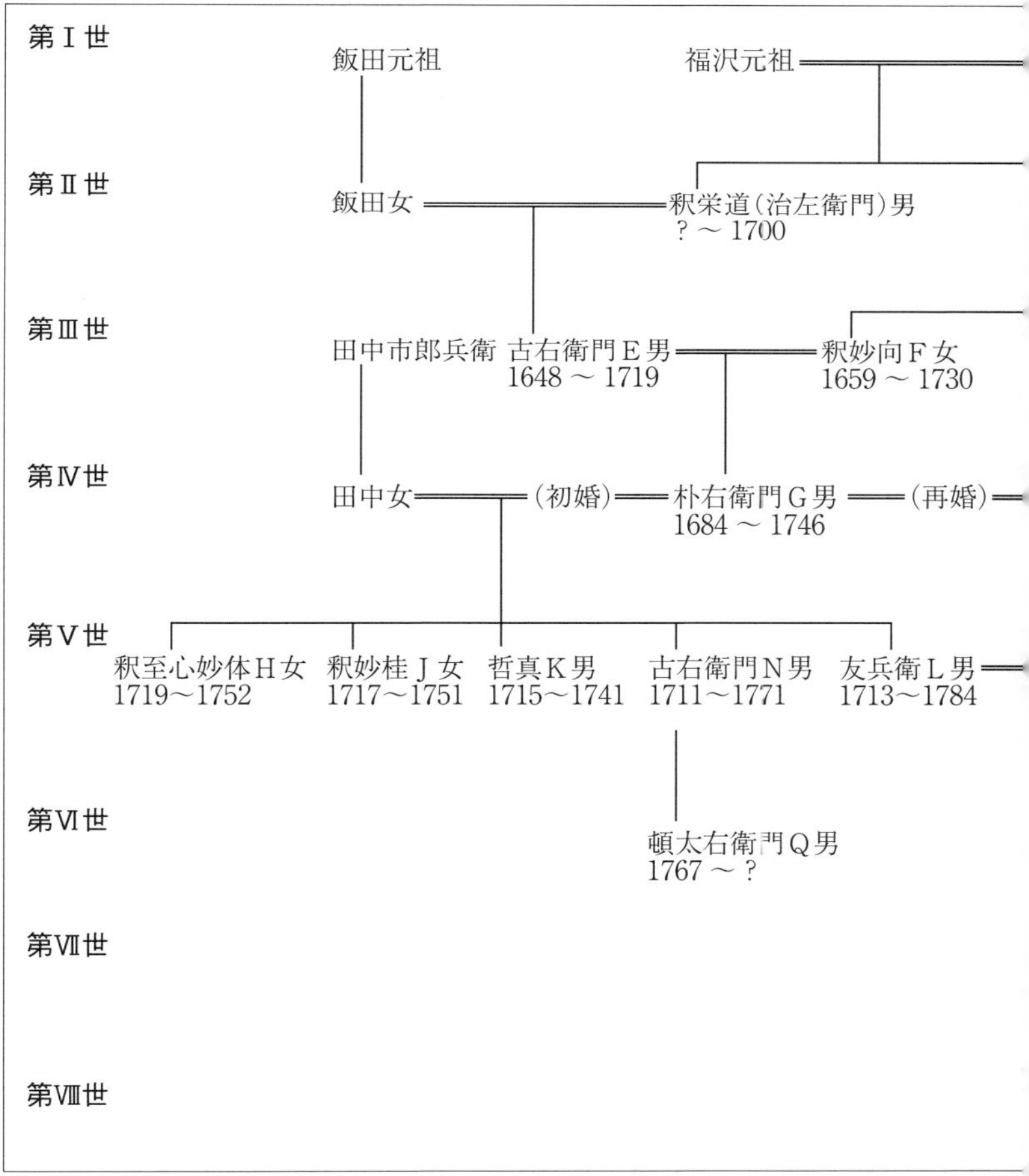
第Ⅰ世
飯田元祖
福沢元祖
第Ⅱ世
飯田女
釈栄道（治左衛門）男
？～1700
第Ⅲ世
田中市郎兵衛
古右衛門Ｅ男
1648～1719
釈妙向Ｆ女
1659～1730
第Ⅳ世
田中女
（初婚）
朴右衛門Ｇ男
1684～1746
（再婚）
第Ⅴ世
釈至心妙体Ｈ女
1719～1752
釈妙桂Ｊ女
1717～1751
哲真Ｋ男
1715～1741
古右衛門Ｎ男
1711～1771
友兵衛Ｌ男
1713～1784
第Ⅵ世
頓太右衛門Ｑ男
1767～？
第Ⅶ世
第Ⅷ世

一二名の平均寿命が五三歳ということから見て、そこまでの長寿は考えにくい。妙空（A）が兵助（B）の母親ではないとすれば、残る可能性として妙空（A）は兵助（B）の妻だったと考えたほうが無理はないように思われる。

以上、人物データの整理と統合家系図の作成で分かったことは、信州で小笠原家に仕え、主家にしたがって豊前中津までやってきた第Ⅰ世代については、福沢家や飯田家に残された遺物や、後に出仕することになった奥平家の記録からは、まったく辿ることはできない、ということである。

6　小笠原家分限帳による飯田古右衛門と福沢兵助に関する調査

本調査の発端は福沢伝執筆にあった

平成一七年（二〇〇五）三月、私は諭吉の伝記を書くための基礎資料として前節に掲げた統合家系図を完成させ、とある研究会で発表したのだが、その質疑において、「そんなことが分かったところでそれがどうしたというのだ」という批判を受けることになった。高祖父母がそれぞれ五人、三人もの連子を抱えて再婚していたとしても、また曽祖父母がその連子同士の兄妹婚だったとしても、そんなことが諭吉本人に何かの影響を与えたことなどありえない。だいたい百助作成の福沢家系図はその事実に触れていないのだから、諭吉が先祖の過去を知っていたはずはないのである。

私はその批判はまったくもっともだと思って、伝記でも諭吉の先祖について一切触れないことにした。とはいえ気になることは気になる。とりわけ小笠原家由来の史料に目を通していないことは何とも居心地が悪かった。飯田家系図では初代古右衛門直久は主家小笠原家が中津を去るまでそこに仕えていたことになっている。そうだとすると、浪人していたという福沢兵助らの記録は小笠原家に残されていなくとも、飯田家のそれはあるかもしれない。平成二三年（二〇一一）一二月、一〇年がかりの仕事に区切りをつけた私は北九州市立自然史・歴史博物館を訪問した。中津藩小笠原家の本家筋にあたる小倉藩小笠原家の史料『笠系大成』を閲覧するためである。

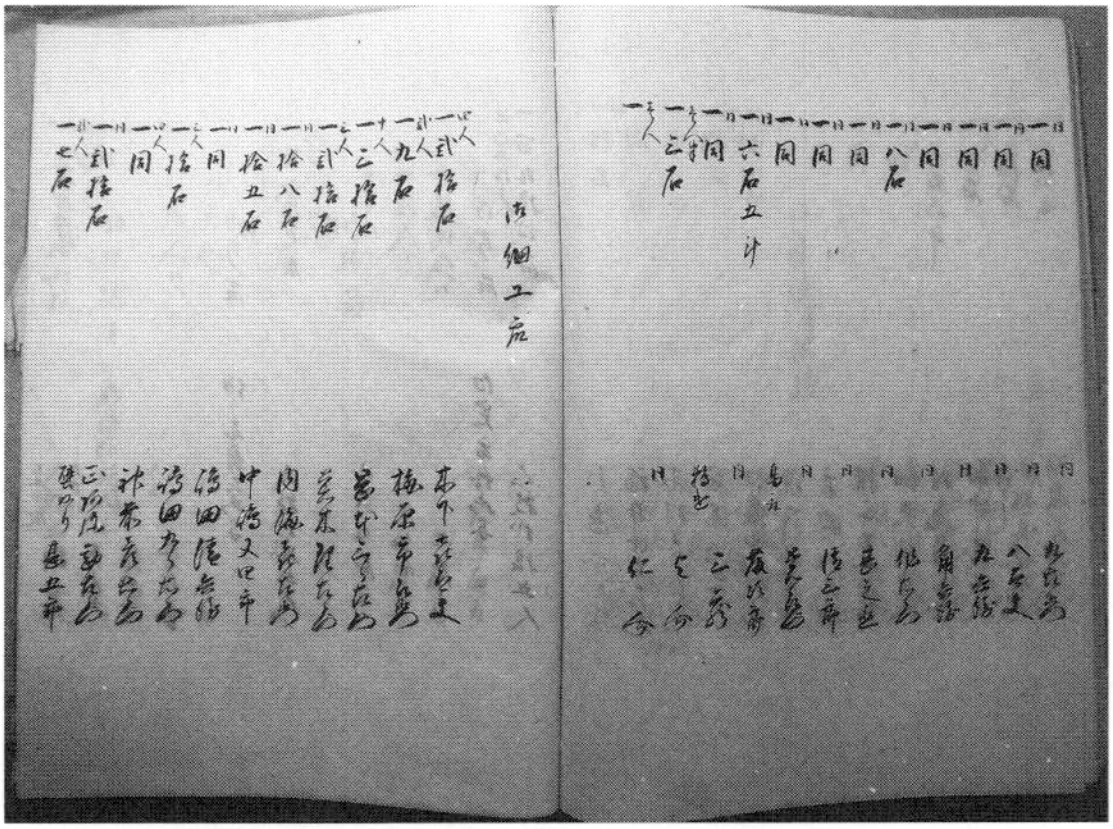

「豊前中津家中分限帳」部分（『笠系大成附録七』収録）
（北九州市立自然史・歴史博物館蔵）

小笠原家の記録

『笠系大成』　宝永二年（一七〇五）に小倉藩が作成した小笠原家記『笠系大成』には、附録として小笠原家が支配していた松本藩・小倉藩・中津藩の分限帳（家臣の名簿）が納められている。飯田家の祖先が仕官したのは小笠原秀政が飯田藩主に就任した直後の慶長六年（一六〇一）のこととされていたから、慶長一八年（一六一三）から元和元年（一六一五）までの松本藩主時代の名簿に記載されていたとしても不思議ではない。そこでまず元和二年（一六一六）作成の「信州松本家中知行高帳」を見てみると、全部で上士身分一六〇名が記載されているが、その中に飯田姓の者も福沢姓の者もいなかった。これはおそらく両者が下士身分以下であったためであろう。

ついで九州にやってきてから三四年後に作成された明暦二年（一六五六）作成の「豊前中津家中分限帳」に移ると、こちらには上士・下士・足軽・中間《ちゅうげん》等ももれなく掲載されている。飯田姓も福沢姓も見当たらないが、「御鷹匠《おんたかじょう》並《ならびに》餌指《えさし》」の項に三石取餌指の兵介という人物がいる（前頁写真版参照）。ヘイスケと読める人物はこの一人で、これがおそらく福沢兵助その人と思われる。また、古右衛門直久の父親にあたる名乗り不詳の栄道（D）に相当する人物も、この名簿には入っているはずだが、分からなかった。続いて、寛文九年（一六六九）作成の「豊前中津家中分限帳」を調べたが、こちらには兵介という名はなく、水町八郎衛門与《あずか》りの足軽中に六石取の兵左衛門なる人物がいた。福沢家二代の名前と同じなのであるが、時期が離れすぎているかもしれない。なにぶん無姓であるため人物同定には不十分である。

さらに、延宝三年（一六七五）作成の「長章御部屋住《ながあきおんへやずみ》分限帳」には、「御歩行《おかち》」の項に一〇石取の飯田治左衛門の名前がある。この治左衛門については、今まで通称が明らかでなかった飯田家初代古右衛門直久（E）の父栄道（D）と見て間違いないと思う。仕えていた長章というのは、初代中津藩主だった小笠原長次の長男でありながら家を継げずにずっと部屋住（居候のこと）だった人物である。藩主ではないにしても先代の長男として相応に家来を付ける必要があり、家臣団の一部がこちらに移っていたのである。飯田治左衛門の名前のワキに三年という注記があるのだが、これは長章付としての勤務期間かもしれない。

北九州市立自然史・歴史博物館の協力のもと、これら四冊の各丁を写真に収め、目を皿のようにして調べてみたが、これ以上の発見はなかった。私としては、餌指の兵介と飯田治左衛門についての人物同定は固いと考えているが、足軽の兵左衛門についてははっきりいえないので、もどかしい思いがある。

7　在中津史料による小笠原家改易までの調査

中津における実地調査

小倉藩作成の『笠系大成』は宝永二年（一七〇五）の完成であるため、享保元年（一七一六）の中津小笠原家の改易を記録していない。中津藩小笠原家は、寛永九年（一六三二）から寛文六年（一六六六）までの初代長次の治世に八万石、天和二年（一六八二）までの二代長勝（長章の弟）の時に豊後高田領二万八千石を加えて実質一〇万八千石、元禄一一年（一六九八）までの三代長胤《ながたね》（長章の長男）の悪政の末に四万石に減封、正徳三年（一七一三）までの四代長円《ながのぶ》（長章の五男）と、享保元年までの五代長邕《ながよし》（長円の長男）も同じく四万石、という経過を辿っている。五代長邕は三歳にして家督を継ぎ、一度も中津に国入りすることもなく六歳で死去した。中津小笠原家は無嗣改易となり、藩地は奥平家に引き継がれることになったが、長邕の弟長興が播磨国安志に一万石を給されて家の存続は許されている。

このように中津藩政は小笠原家三代長胤の治世に大きな混乱があり、領地が半減している。減封となれば人減らしをしなくてはならないのが定めで、われらの福沢兵助もその渦中に職を失ったのかもしれない。中津小笠原家の本家にあたる小倉藩主はこの間ずっと小笠原忠雄であったが、従兄弟（長次）の孫（長胤）にまつわる一族の恥辱を『笠系大成』で触れないようにしている。

そのため小倉藩に残された史料では、中津藩小笠原家の三代から五代にかけての状況はよく分からない。小笠原藩政は混乱のうちに幕を閉じたので、中津に治世の記録はあまり多くは残されていないかもしれないが、ともかく調査の対象はかつて中津で暮らした人々である。平成二四年（二〇一二）二月、私は中津での調査に赴《おもむ》いた。

中津市立図書館は小幡篤次郎記念図書館とも称されていて、福沢諭吉とも縁の深い施設である。学芸員の方に福沢諭吉の先祖に関する史料がないかどうか尋ねたところ、案の定小笠原家統治時代のものは発見されていない、との答えだった。今から一八〇年前の福沢百助から諭吉の代まで新発見はなかった。さらには諭吉没後も、何かの証跡はないものか、と石河幹明・富田正文ほか慶應義塾の関係者が何度も足を運んでいるのである。もし見つかっていたなら、その情報は私の耳にも届いているはずだ。

現在中津にある小笠原時代の史料は、「藩政治要」「分限帳」などと類別されて収蔵されている原資料が少数と、昭和一〇年（一九三五）に刊行された『中津古文書』という書籍、そして郷土史料として刊行されていた雑誌『中津藩歴史と風土』が主たるものだった。原資料は『中津藩歴史と風土』に翻刻されているので、実際には活字化されている後二者にあたればよいことが分かった。

『中津古文書』と『中津藩歴史と風土』

まず『中津古文書』であるが、その冒頭に編纂者の山本艸堂《そうどう》が、「我中津市に現存する古文書は奥平氏入国以後のもののみと云つてよい程である。之より以前のものとしては蛎瀬《かきぜ》家に多くの古文書があつたが、蛎瀬家の東都に移ると共に皆持去つたので、今実物を見る事を得ぬのは遺憾である」、と小笠原時代の史料の残存状況について概観し、さらに、「本書に収録したものは当時流行の秘史実録の如きものが多く、成恒文書のみが実物によつたもので、其他は皆多少の誤謬がある訳であるが、眼光紙背に徹する読者は大に当時の状況を知る資料となり又参考になる部分も頗《すこぶ》る多い訳である」と述べている。

文書には六編の文献が収められている。そのうちとくに興味深いのは「中津記」と「中津由来記」の二編で、前者は享保初年に作者富永沌翁《とんおう》が執筆したのを享保末年頃に藤田敬所《けいしょ》が校閲したもの、後者はその四、五〇年後に前者を基礎資料としつつ大幅な加筆によって成された作者未詳の秘史である。「中津記」が成された享保初年といえば小笠原家が改易された直後のことで、在中津の古老だった富永が、それまでの数十年の間に目の前で起きた出来事を記録したもののようである。藩内の葛藤については、家老級の主要な人物についてのみ取立てや処罰の事実が記載されている。一方「中津由来記」は、出所不明であるものの、処罰された人名がもれなく列挙されている。とくに注目すべきは、元禄一一年（一六九八）に放蕩の罪状で小倉藩にお預けとなった三代長胤に関連して暇を出された三百名の中に、内海平助なる名前があることである。ヘイスケと読める人物はこの一人だけであるが、もちろん福沢兵助と同一人である確証はない。

結局『中津古文書』所収の文献には飯田姓も福沢姓も見当たらず、ヘイスケについても異姓の一人だけということで、諭吉の先祖調べにやってきた先人たちが途方に暮れたであろうことは想像に難くない。私も同様で、『中津古文書』を閉じて『中津藩歴史と風土』に取りかかるまでは、もうこれ以上の追究はできないのだろう、と半ばあきらめムードであった。

ところが『中津藩歴史と風土』には、重要な史料が二件収められていたのである。一つは昭和六一（一九八六）年刊の第六輯に所収されている「屋敷寄帳」で、延宝六年（一六七八）四月一三日現在の、家老から足軽・中間に至る全家臣の屋敷の所在が詳細に記されている。飯田姓福沢姓ともにないが、古新堀中間町南ノ町の部に、「南側西より間口二間半入十五間中間平介有上りやしき」（二八九頁）とある。つまり中間町の南西角に平介なる中間が所有している空き家がある、という意味である。

中津市仲間町《ちゅうげんちょう》（今の表記）は、現在も当時と同じ町割りなので、その平介の屋敷がどこにあったのか特定できる。どうやら福沢諭吉旧居記念館の南二百メートル、大江医家史料館の北隣辺りのようだ。二〇年ほど前の「豊前中津家中分限帳」（明暦二年〔一六五六〕作成）にあった三石取餌指の兵介とこの人物は同一人の可能性が高いと思う。

もう一つは昭和五七年（一九八二）刊の第三輯に収められた、享保二年（一七一七）一月二四日付「中津御城御請取之次第覚書」である。小笠原家改易後、中津城はいったん豊後岡藩主中川久忠の預かりとなったが、その時中川は城下残留の小笠原浪人たちに身分証明書を発給した。その一覧の中に御歩衆一三石取の飯田治太夫の名前がある。飯田姓はこの一人だけなので、この人物が飯田治左衛門（D）の息子の古右衛門直久（E）であるのは確かである。奥平昌成の中津入部は同年一〇月一六日だったが、古右衛門が早くも翌三年四月二二日にこの新藩主に召し抱えられたのも、中川が出した証明書があったためであろう。

一方、延宝六年にはすでに中間町の家を空けていた平介が、我々が探している兵助と同一人だとしても、それから死ぬまでの三〇年間をどのように過ごしていたのかは分からない。伝承によれば居住地は下正路ということになるのだが、生業も不明なのになぜ住所だけが伝わったのか。また、元禄一一年（一六九八）に暇を出された内海平助と宝永六年（一七〇九）に死去した福沢兵助とは同一人なのか、それも定かではない。

8　初代小笠原長次

記述を前節までに留めて、それ以上の推測はしないというのが学問的立場というものであろう。とはいうものの、わざわざ九州まで出向いたことにより前二節に書いたような事実が見出されたとなると、さらにもう少し想像力を働かせたくなってきたのである。本節以下で述べることは、「もし内海平助と福沢兵助が同一人だとしたら、その背後にあるのはどのような事態なのか」という観点からの、実証と言うよりは空想であることをあらかじめお断りしておく。

中津小笠原家五代八五年

寛永九年（一六三二）より享保二年（一七一七）に至る中津小笠原家五代八五年の歴史を調べて印象的なのは、初代長次《ながつぐ》の名君ぶりと、二代長勝・三代長胤の暗愚との大きな落差である。しかも二代三代ともに治世当初は聡明を謳《うた》われながら、後半には同じ人物とは信じられないほどの崩れぶりとなっている。この二人のために、領地半減となりつつも辛うじて続いた四代五代の二代二〇年は、中津小笠原家にとって付けたりの意味しか有していない。

どうしてこのような不始末が出来《しゅったい》したのか。確かに、創業社長が育て上げた企業の財産を二代目三代目が食いつぶすことはよくあることではある。だが、周辺の歴史を調査してみると、単に主君の無能力とばかりはいえない重大な問題が、実は長次の治世の当初から胚胎《はいたい》していたことが分かってきた。

小笠原家、信州から九州へ

ことの発端は慶長二〇年（一六一五）の大坂夏の陣にあった。このとき信州松本藩主だった小笠原秀政は嫡子忠修《ただなが》とともに出陣、五月七日に親子共々討ち死にしてしまう。この忠修の忘れ形見が祖父や父の死後一八日目に生まれた長次である。松本藩八万石の家督を生まれたばかりの赤子に継がせるわけにはゆかぬ、というわけで、お家の後継者には忠修の弟忠真《ただざね》が就くことになった。この忠真が甥長次の後見役として播磨国明石藩主を経て豊前国小倉藩一五万石の主となったのは、長次が播磨国龍野藩主を経て豊前国中津に着任したのと同じ寛永九年（一六三二）のことである。

信州松本では八万石に過ぎなかったのが、叔父甥の二人がかりとはいえ、豊前小倉中津合わせて二三万石である。たいそうな出世と言いたいところだが、所帯が大きくなるとは新参者が増えるということでもあって、それが家中葛藤の火種となった。また、甲斐国巨摩郡《こまぐん》を発祥の地とし、室町時代には信濃国の守護でもあった小笠原家としては、松本は先祖伝来の地でもある。大坂夏の陣の二年後に二万石の加増で明石への改易が決まったとき、栄転にもかかわらず多くの家来たちは松本平からの退去をしぶったという。

とはいうものの、一七歳で中津藩主となった長次の政治手腕は確かなもので、犬飼半左衛門・丸山将監《しょうげん》・小笠原次郎兵衛ら家老たちの補佐を受けつつ、城下を整え、宇佐八幡宮や羅漢寺などに寄進を行い、新田開発を着実に進めることで増収を図った。寛永一四年（一六三七）の島原の乱では、幕府の要請に従って家来である宮本武蔵らを現地に派遣した。

公共事業で特筆すべきなのは承應元年（一六五二）に内海作兵衛という技術者に依頼して作り上げた水道敷設である。海に近い中津では井戸を掘ってもよい飲料水が得られなかったので、この事業は城下の人々の生活の質を大いに向上させた。この作兵衛は新田開発にも大きな貢献をしていて、山国川《やまくに》左岸の広大な地域に多数のため池を作ることで、耕作可能地に変えていった。

いま、山国川左岸と書いたが、明治二九年（一八九六）の福岡大分両県境の変更まで、その地域は中津市のある右岸と同一の統治を受けていたことは忘れられがちである。第二次世界大戦後に編纂された大分県史や中津市史に、この地域のことが触れられていないためである。

実際は江戸時代の中津藩領は現在の福岡県築上郡側にも広がっていて、城下に水道を敷いた長次が次に行ったのが、山国川を北に渡ったこの地域の新田開発だったのである。とりわけ大きな事業は寛文元年（一六六一）から翌年にかけての大ノ瀬池の造営で、その貯水量はおよそ三二万トンという巨大なものであった。

中津小笠原家藩内葛藤の原因

このように耕地の拡大に努めた長次であったが、寛文六年（一六六六）にわかに発病し、五月に五二歳で病没してしまった。その墓は、中津城の南西一キロの広津天仲寺山に葬られたが、そこは大ノ瀬池北東約一キロ半の地点でもある。長次晩年の事業の中心がこの山国川左岸の地域にあったことが、その墓所からもうかがわれる。

本来なら跡目は嫡子長章が継ぐ、というのが定石なのであるが、そこで奇妙なことが起こった。病床の長次が犬飼半左衛門や小笠原次郎兵衛ら近臣を召して、家督を長章ではなく次弟の長勝《ながかつ》に継がせるよう遺言したというのである。正室が産んだ長男を廃嫡し異母弟に相続させるとは尋常ではない。当然家中には大きな動揺が走ったが、両家老は敵対勢力（長章派）を力で押さえ込んだのであった。

私は、以後半世紀も続く中津小笠原家の動揺の原因は、この相続にあったのだと思う。「中津記」「中津由来記」さらにそれらを参照して書かれた広池《ひろいけ》千九郎《ちくろう》の著書『中津歴史』（明治二四年（一八九一）刊）

も、続く二代が暗愚なるゆえに家が傾いたように書いている。だがそれは疑わしい。

9 二代小笠原長勝

二代目の治世中途で変調をきたす

長勝が新藩主に就任すると、前代まで盛んに行われていた新田開発事業がぴたりと停止される。長勝が初めて国入りしたのは寛文七年（一六六七）八月ということになっているが、国元にいた側室「北の丸」の子である長勝はもともと中津生まれの中津育ちである。叙任のため江戸に下り、またすぐに戻ってきたということであろう。その翌年には島原藩の城明け渡しの功により、高田領二万八千石を預かり地として任されることになった。実質的には加増で、相続後七年間の長勝の統治は上首尾である。

ところが延宝元年（一六七三）、雲行きはにわかに怪しくなる。長勝の精神に変調が見られ、家来たちが主君に静養を進言、長勝は城の南一キロほどの山国川左岸の幸子《こうじ》村に別荘を建ててそこに入り浸り、本城に詰めないばかりか、江戸参勤にさえ赴かなくなってしまうのである。あとはお定まりの堕落ぶりで、四八室三層もの大規模な別荘の中を豪華な品々で飾り、上方から美女を招いて連日の放蕩三昧《ほうとうざんまい》ということになっている。

もしこの話が本当のことだとすると、家来たちは精神に異常をきたした主君の命ずるままに多額の公金を浪費したことになる。正常に機能している大名家では、主君がおかしくなったら家老たちが合議の上、主君を座敷牢に入れて次代を擁立するのが普通である。これを主君押し込めというが、公には認められていなくても、陰ではそうしたことが実行されていたのは誰でも知っていた。家臣団がそうしなかったのは、長勝の行動が彼らの画策に基づいていたからである。

開墾推進派と否定派の暗闘

あくまでも推測にすぎないが、幸子村に別荘を建てさせた家来たちは、七年前の長勝擁立にあたって煮え湯を飲まされた長章派の人々だったのではなかろうか。幸子村の別荘は長次の墓所から三百メートルの至近にあった。長次の没後中断されていた新田開発の拠点として至極好都合な場所である。

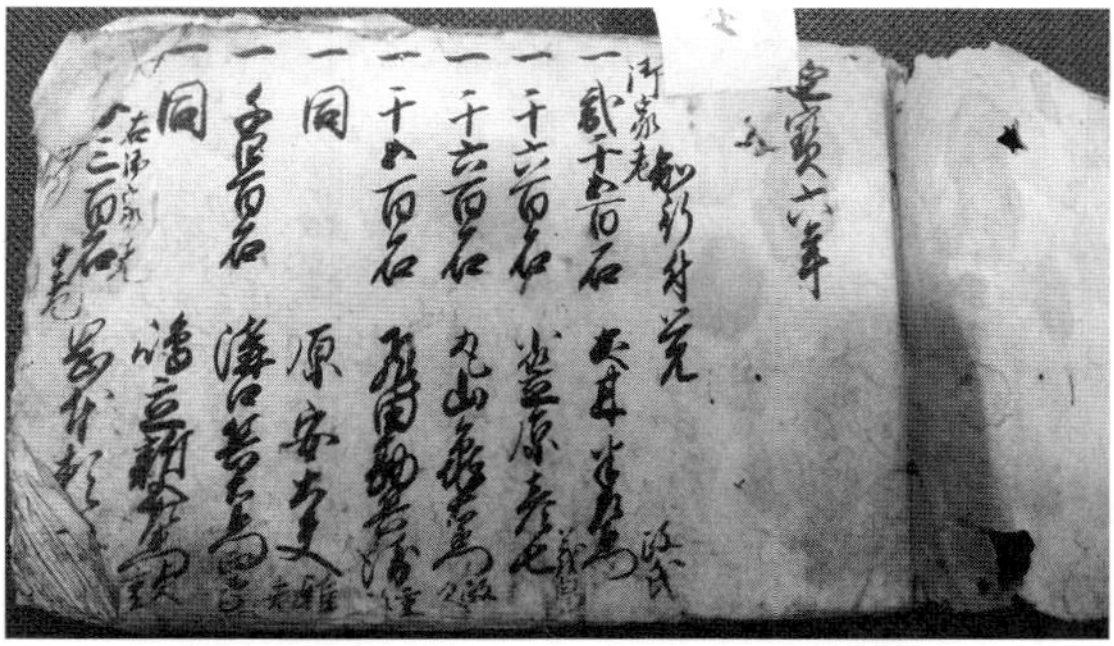

「延宝六年分限帳」部分（中津市立小幡記念図書館蔵）

将来の増収が見込めるといっても、開墾には当座の金がいる。そのためには上方の商人から資金を融通してもらうか、あるいは領民に重税を課するしかない。そのために登用されたのが郡代岩《いわ》波源三郎《なみげんざぶろう》で、岩波の新法という悪名高い施策が実行に移された。それは、家臣に対しては扶持米の減俸、農民に対しては年貢の増徴、商人に対しては藩の借金の棒引きを迫るという内容で、要するに藩庁に資金を集めようとしたのであった。延宝六年（一六七八）のことである。

天和二年（一六八二）、あるいは苛政によるものか、農村部では餓死者が続出して、藩の下役たちは死体の処理にてんてこ舞いの仕儀となった。ただしこれは全国的な規模に拡大しつつあった天和の飢饉の一部と見るべきで、すべてを岩波の新法のせいにすることはできないと思われる。ともかく民衆の恨みは極限に達していて、身に危険を感じた岩波は弁明のため江戸に向かった。長勝はその年予定されていた朝鮮通信使饗応役の任を果たすためそこにいたのである。そこで土木工事には否定的だった家老小笠原次郎兵衛が江戸に至って岩波を詰問、苛政の不首尾についての言い逃れができなくなった岩波は逐電《ちくでん》し、その家は取り潰しとなったのだった。

ところが同じ年、江戸在府だった小笠原長勝が死去してしまう。そして中津小笠原家を継いだのは長勝の息子ではなく、初代長次の長男でありながら一生部屋住みだった長章の子長胤《ながたね》だったのである。この相続について『中津歴史』は何も記していない。けれども裏には、初代長次が成功させた大規模土木工事の継続を図る長章派と、もともとそれには否定的な信濃以来の重臣犬飼半左衛門・丸山将監・小笠原次郎兵衛ら長勝派との激しい暗闘があったと想像できる。

10　三代小笠原長胤

佞臣粟屋賛右衛門登場

こうして天和三年に家督を相続した三代長胤は、「性愚ならず、封《ほう》を嗣《つ》ぐの初《はじめ》頗《すこぶる》心を政事に留めしが」、しばらくすると奸臣の言を聞くようになって、「大《おおい》に土木を起し、奇物珍宝を集めて」（『中津歴史』）乱脈を極めるようになったという。これは要するに、襲封《しゅうふう》当初は長勝派重臣の押さえが利いていたのが、やがて実父に近しかった長章派に心を寄せるようになった、ということである。

長胤に媚びへつらった佞臣《ねいしん》の代表として、「中津由来記」は栗山三右衛門《くりやまさんえもん》、『中津歴史』は栗屋三左衛《くりやさんざえ》門《もん》の名前を挙げている。この二人が同一人なのは明らかで、『笠系大成』で調べてみると、明暦二年（一六五六）作成の「豊前中津家中分限帳」には一〇石取御買物係、寛文九年（一六六九）作成のそれには一〇石取御代官として粟屋《あわや》儹《さん》右《え》衛門《もん》の名前がある。史料の性格からいって、この粟屋姓が正しいと思われるので、以下その表記で統一する。この人物に長胤に取り立てられて急速に昇進し、絶頂期には七百石取にまで出世したと「中津由来記」にはある。

開墾推進派による否定派の弾圧

不満が頂点に達した貞享三年（一六八六）、長勝派は同志相謀って幕府に悪政の訴状を提出する準備を進めていた。だがその計画は粟屋側に漏洩、関係者は広く処罰されるに至った。元禄二年（一六八九）、長胤は幕府の奥詰衆に任じられ、江戸に向かう。だがそこでも放蕩《ほうとう》はやまず、家来の諫言《かんげん》も聞かず、かえってその黒幕と見なした犬飼半左衛門と丸山将監の両家老（いずれも三代目と推測）を追放としたのだった。元禄七年（一六九四）一月のことである。続いて同年七月には小笠原彦七（次郎兵衛の息子）をはじめとする二四名も家禄没収追放となり、信濃以来の重臣がことごとく離散するという異常事態となったのである。

　これは要するに、小笠原家が九州豊前に着任した後に召し抱えとなった新参者による革命政権が中津に樹立された、というに等しい。首魁《しゅかい》はもとはといえば一〇石取下士の粟屋だが、この苗字の由来を辿るならば、筑前国粟屋村（現・福岡県遠賀郡芦屋町付近）を父祖の土地とする九州人と推測できる。小笠原家にとっては新参、元々豊前筑前の在という意味では土着の人々が中津を仕切ることになったこの事態を、『中津歴史』は、「斗筲《とそう》の小人枢要の地位を占めて、弊政百出亡国の兆《きざし》昭然として現る」と記している。

実行されたのは一〇年以上前に実施された岩波新法と同じもので、悲惨なその結末も同様だった。重税によって民衆の疲弊は進み、それに藩札の刷りすぎによる物価の高騰が追い打ちをかけた。さらに悪いことは重なるもので、折からの元禄の飢饉《ききん》によって、農村部から逃亡民が急速に増加し、城下には餓死者の死臭が充満した。

これほどの事態に至っては、幕府も看過することはできなくなった。元禄一一年（一六九八）七月二八日、小笠原長胤に領地没収の命が下され、その翌日弟長円《ながのぶ》に改めて旧領の半分となる四万石が安堵《あんど》された。長胤は小倉藩にお預けの身となり、宝永六年（一七〇九）に配所で没したのだった。

11　地獄浜

開墾否定派の巻き返し　長胤の同母弟である四代長円のとった行動は果敢だった。彼は直ちに長胤の近臣を解職捕縛したうえ、追放された信濃以来の旧臣を呼び戻し、前職に復せしめた。また、「中津由来記」には、襲封から翌元禄一二年にかけて行われた前政権支持の処分者三百名が列挙され、その中に内海平助の名前があることは第7節に書いた。

長円政権に移行して、最も重い刑罰に処せられたのは、言うまでもなく粟屋儹右衛門の一族である。「中津由来記」には、「栗山（粟屋）三右衛門前代悪逆の張本なれば、中津十四町を引廻し、大江（大江とは長浜の事なり、此時より地獄浜と云也）の後ろに於て家内召抱への男女まで斬罪なり」とある。また、『中津歴史』はこの記述を受けてか、「中津十四町を引廻はし、三族を挙げて之を闇無浜に誅し」「之より此浜を名付けて地獄浜と云ふ」とある。粟屋一族の処刑地となったために山国川河口右岸の東浜を地獄浜と呼ぶようになった、と両史書は伝えているわけだが、成立としては最も古い「中津記」では、処刑されたのは三右衛門一人となっているうえ地獄浜の由来書きもない。

内海平助を含む開墾推進派の処分

いかに恨みを抱かれたとはいえ、粟屋の奸計によってなされたのはせいぜいが追放刑であったから、報復として一族郎党皆殺しというのは不自然である。また、地獄浜の命名由来としても、元禄二年（一六九二）に同じ浜で行われた飢餓死体の処理、すなわち、「日に餓死するもの数十百人の多きに及ぶ。是に於て有司非人組に命じて龍玉無縁寺の浜に大穴を穿ち、一孔十屍或は二十屍を集めて之を埋め牛馬と更に選ぶ処なし」（『中津歴史』）によってのほうが腑に落ちることもある。

粟屋一族の誅殺の逸話は劇的効果が絶大なのではあるが、翻ってすべての歴史は勝者によって書かれることを忘れてはならない。粟屋をはじめとする長章（長胤）派三百名を処分したのは家老に復職した犬飼半左衛門や丸山将監であり、彼らは二〇年後の改易でも安志藩一万石の家老職に収まっている。しかし元禄末年の段階で既に三〇年にも及んでいた中津藩内の葛藤は、元はと言えば彼らの祖父が、初代長次の嫡子長章ではなく妾腹の長勝を擁立したことに始まっていたのである。犬飼や丸山の言い分だけを鵜呑《うの》みにすることはできない。

だいたい三百名にも及ぶ処分者が皆長胤の放蕩に関与していたなど、到底考えられないことである。歴史書にははっきりとは書かれていないものの、藩を二分する抗争の根本原因は財政問題にあったと考えられる。すなわち新田開発を行うか否かについて、実績を上げなければ昇進は望めない土着の新参者は土木を積極的に推進しようとし、既に十分な待遇を受けている信濃以来の重臣たちは民衆への重い労務負担を理由に反対の立場をとっていた、ということなのであろう。

だから、元禄一一年に免職となった内海平助が福沢兵助と同一人だとしても、彼が阿諛追従《あゆついしょう》の徒だったと早合点はできないわけである。では何故に内海平助は処分されたかといえば、それは長章（長胤）派が長年携わっていた下毛原台地通水事業に関わっていたためと私は推測する。

12 荒瀬井路

下毛原台地 通水事業の困難

下毛原《したけばる》台地とは、中津城下の南、山国川右岸に広がる丘陵地帯のことである。小笠原長次が入部してから約一〇年が経過した寛永一八年（一六四一）頃、その地域の農民から、山国川から用水を引いてほしいという嘆願が出された。既に第8節で書いたように、長次の最初の事業は承応元年（一六五二）に完成した城下への水道敷設工事だった。その次には、より開墾しやすい山国川左岸の事業に取りかかって、寛文二年（一六六二）の大ノ瀬池の完成により、上毛郡内には広大な水田が広がることになった。

次は我々の番だと下毛原台地の人々は思ったことだろう。何しろこちらは水道事業が始まる前から、もう二〇年も陳情し続けているのだから。だが、山国川右岸には、左岸にはない大きな問題があった。それは、山国川上流と下毛原台地の間には八面山という名の巨大な山があるため、長大なトンネルを掘削しない限り、この地域に水を引くのは難しいということだった。新田開発が可能だとしても、その実現には多大な困難が予想された。

あくまで推測だが、それまでの事業の成功で明君の名を高めていた長次自身も、次は下毛原台地の開墾をと思いを定めていたのではなかろうか。五一歳の彼が寛文六年（一六六六）に国元で危篤となったとき、江戸にいた嫡子長章は二九歳になっていた。当時の感覚では分別盛りの年齢に達していた長章にもし世継ぎにふさわしくない気質があったとするなら、とうの昔に廃嫡されていたに違いない。長次が後事を長男の長章に託していたのには間違いがない。

中津藩では農村部を束ねる組織を「組」と呼んでいた。下毛原台地通水事業を熱心に嘆願していたのは今津組の大庄屋今津作右衛門、蠣瀬《かきぜ》組の蠣瀬庄右衛門、佐知《さち》組の佐知条右衛門らであった。現実には長勝擁立によって計画は頓挫し、次に動き出したのは長胤の代になってから、貞享二年（一六八五）のことである。着工は翌年一〇月のことで、それは長勝派による幕府への苛政反対の訴状がもみ消されたのと同時であった。これは偶然ではなく、土木に否定的な長勝派を押さえつけることでようやく事業が開始できた、ということであろう。

新田開発により一万石以上の増収となった

長胤は工事の総司役として竹内求馬、指南役に片桐九大夫、測量設計に大工頭の内海右衛門、工事監督に大庄屋の今津・蠣瀬・佐知らを任命し、岩山のトンネル掘りには、片桐が開発した山国川上流の草本金山を閉鎖して全坑夫を投入した。そうして三年の難工事の末、元禄二年（一六八九）三月に、トンネル部分だけでも一・二キロ、水路の総延長は一三キロにも及ぶ荒瀬井路《あらせいろ》は完成したのだった。

この荒瀬井路の用水は、城下南西部から北東部にかけて二八カ村約千町歩（千ヘクタール）もの水田を潤すことになる。儒学者貝原益軒《かいばらえきけん》が山国川上流の耶馬溪《やばけい》観光に向かう途上この井路近くを通行したのは元禄七年（一六九四）五月のことで、その時の彼の紀行文「豊国紀行」には、トンネル部分の説明として「岩の内を水の通る所あり、所々によこ穴あり、是は掘る人の呼吸を通さん為なり、奇世のしわざ天工の自然になるがごとし」とある。

新田開発には多大な金銭と労力が必要である。しかしいったん完成となれば、その報酬もまた大きい。千町歩の水田から収穫できる現米は一万石以上である。三年の労苦は永久の豊作を保証するはずだったが、土木重視の長胤派にとって不幸だったのは、本溝工事完了後の枝溝拡張工事の最中に、元禄の大飢饉が襲来してしまったことだった。先にも書いたように、最も悲惨だった元禄四年（一六九一）には城下には餓死者が山積みとなり、長胤派は怨嗟の的とされた。その代表である粟屋は対抗策として犬飼・丸山両家老を罷免追放して一旦は権力を掌握したものの、江戸に残っていた長勝派の反転攻勢にあい、元禄一一年（一六九八）遂に長胤は改易となったのである。

長胤派への処断のごく小さな一部分として内海平助もまた職を失った。とはいえ、別に悪いことをしたからクビになったわけではないと思われる。実際飢饉が去った後には、彼らが作った荒瀬井路を通して下毛平野の田に水は満たされ、秋には万石の稲穂を実らせた。およそ二〇年の後、中津一〇万石の新領主奥平昌成が入封したが、その時なされた検地によって、小笠原家から引き継いだ表高四万石分が実高では五万二千石にもなることが明らかとなった。この増加分が主として下毛原台地開墾の成果であることは言うまでもないことである。

13　今一つの問題、信州福沢の所在

中間へイスケの発見が先祖調べの収穫

ここまで、豊前中津における福沢諭吉の先祖について書いてきたが、つまりは、「正確には分からない」というのが結論である。それでも従来までの研究から進んだ点もあって、それは、(1)福沢家と密接な関係があった飯田家の先祖は、遅くても一七世紀の中盤には小笠原家に仕えていたこと、(2)福沢兵助と同一人らしいヘイスケという名前の中間《ちゅうげん》が一七世紀の後半に中津仲間町（中間町）に屋敷を所有していたこと、の二点である。

中津小笠原家初代の長次の死没に始まる家中の内紛にまつわる記述は私の推測にすぎず、とりわけ内海平助と福沢兵助の同一についての証拠は何もない。そうであったら面白いという程度のことである。

信州福沢の所在確認へと話題は移る

現在のところ中津を舞台とする福沢家に関する調査はこれが限界である。だが、話はこれでは終わらない。福沢という名称についてはもう一つ明らかではない点があって、それは、兵助の先祖が住んでいたという信州福沢とはいったいどこなのか、という疑問である。本章の以下ではその問題について扱うことにする。

冒頭にも書いたように、福沢家系図の最初の作者である福沢百助は、福沢という苗字が支配地に由来する正式なものではなく、単に先祖の出身地名にすぎないことを注記している。というのも、名字とも表記することもある苗字とは、元々は藤原氏などの荘園領主が、当時「何々名《みょう》」などと呼ばれていた荘園の管理のために現地へ派遣した荘官たちに名乗らせたもので、勝手に使うことは許されなかったから

である。福沢家の場合は百助の祖父友兵衛が足軽から下士に昇進するに際して主君から許しを受けて使い始めたもので、代々の上士たちの苗字とは似て非なる扱いであった。

その証拠に上士身分以上の格式の家柄については、通常は源氏・平氏・橘氏などの本姓《ほんかばね》が付せられるのが通例なのに、福沢家系図には何も記されていない。これは百助の代まで伝わる家の伝承などなかったことを意味している。彼のもとにまで届いていたのは、先祖の出身地が信州の福沢であるという情報、ただそれだけであった。

この福沢とはどういう場所なのか、諭吉本人も探索する気がなかったため、調査が本格化したのは大正時代に石河幹明による『福澤諭吉伝』が準備されつつあった頃である。

石河は伝記の中で、「現に信州諏訪郡豊平村に字を福沢という所がある」と書いている。この場所は現在諏訪市の南東に位置する茅野市内にあるが、この情報を石河に提供したのは俳人の小平雪人《こだいらせつじん》であったと推測できる。というのも、慶應義塾の卒業生で同地の出身である雪人が、茅野福沢説とでも呼ぶべき主張をこの時期から開始しているからである。雪人はまた岩波書店の主宰者岩波茂雄と諏訪中学校の同窓でもあって、茂雄の出身地は、字福沢とごく近い場所にある。『福澤諭吉伝』の版元である岩波書店としては、信州福沢が茅野の福沢だとすることに、何の異存もなかったに違いない。以下で雪人によるその説明を聞いてみよう。

14 小平雪人による茅野福沢説の論証

「福翁祖先の地で記念事業を計画」　明治五年（一八七二）に生まれの小平雪人は、明治一九年（一八八六）慶應義塾入学、同二五年（一八九二）卒業の福沢面授の弟子である。雪人はおそらく自分の郷里のごく近くに福沢という地名があることを、諭吉本人に伝えていたに違いない。だが、福沢自身は茅野福沢説を積極的には採用せず、最初に福沢家の墓地があった麻布竜源寺の碑文には、「信州福沢（地名）」と書くにとどめている。

小平鼎《かなえ》編の『小平雪人』の巻末掲載の「年譜」によれば、信州福沢とは現在の茅野市豊平福沢だという証拠を発見したのは、大正四年（一九一五）のこととされている。新聞等に茅野福沢説を発表しだしたのはこの時期以降のようであるが、大正年間に掲載されたという新聞記事を見つけ出すことはできなかった。石河幹明は明治一八年の卒業なので同時期の在学生ではなかったが、おそらく旧知の仲だったのだろう。前節に書いたように石河は昭和の初めに『福澤諭吉伝』を執筆するに際して茅野福沢説を紹介している。

雪人は諏訪の風流人として有名だっただけでなく、その地の郷土史や考古学研究の泰斗でもあった。それはよいのだが、専門の研究者ではなかったためか、結論を導くにあたって使用した史料や証拠等の所在について、十分な言及をしていない。しかもそれは、雪人没後の一カ月後、昭和三四年（一九五九）一月一四日付『南信日日新聞』に掲載された記事がほぼすべてなのである。

新聞記事の表題は「福翁祖先の地で記念事業を計画　今に残る〝善徳屋敷〟跡」というもので、その要点は次の二点である。

(1)　県下には、福沢村と呼ばれる地区は茅野市と上伊那郡箕輪《みのわ》町東箕輪との二カ所にあり、福沢家の祖先は、どちらかわからなかったが、先年、小平雪人他一名の調査の結果、茅野市豊平福沢と分かった。福沢地区上方には芋倉《いもぐら》というところがあり、善徳屋敷の名で館跡が残っている。

(2)　福沢氏は、もとより竹仲姓を名乗り、甲斐の武田信玄の家臣として諏訪に来たもので、永禄時代の古文書に「信玄より勝頼に伝え戻らず」とあり、約四百年前諏訪家が武田氏に滅ぼされた時、福沢芋倉に住むようになり、それが竹仲善徳の時代であったので、善徳屋敷の名が残っている。その後、竹仲を竹内に改め、武田氏滅亡後、松本藩・小笠原氏に仕え、小笠原氏が播州龍野、豊前中津と移封されるに従って、九州に住むようになったらしく、竹内姓を廃し、出身地の福沢を名乗ったわけである。

矢崎孟伯による考証

(1)(2)の内容はともに「福沢家系図」に言及されていない事柄である。雪人没後二五年の昭和五八年（一九八三）に発行された郷土研究者矢崎孟伯の「福沢諭吉先祖の旧跡考」（『オール諏訪』第一二号）には、新聞記事の(1)に関してもう少し詳しい説明がある。

(A)　福沢地区に「善徳屋敷」「太郎左エ門屋敷」という屋敷名がかつて存在していた。

(B)　善徳屋敷・太郎左エ門屋敷の主《あるじ》は、天正一〇年（一五八二）木曽陣の戦いで武田軍に従軍したが、両人は福沢に戻らず。この記述が原点になり、武田軍は織田・徳川軍に敗退したが、この両人はその後、松本城主小笠原家に仕え、小笠原家が豊前中津藩に移封された際、中津に同行したと想定した。

(C)　「福沢家系図」では初代兵助の号は積善である。

(D)　「善徳屋敷」と「積善」は善という文字を共有している。善が実名の通し字だとするなら、兵助積善の先祖として善徳が想定される。

そこには新聞記事(2)の内容について触れていないが、(1)を補足する説明となっている。(A)については、雪人が大正四年に見たのは、一七世紀に作成された福沢村の古絵図らしいことが分かった。旧福沢村内芋倉のその地点の詞書に、「頼清入道善徳、太郎左エ門友家ト称ス天正十年木曽陣より両人戻らず」とあるという。(補註)私はその実物をぜひとも見てみたいと思って、各方面にあたってみたが、ついにその時期の絵図を発見することはできなかった。

絵図には両人とも出陣したが帰ってこなかったとあるだけである。復員しなかったから小笠原家に仕えたという発想には飛躍がある。通常なら、戻ってこないのだから戦死した、と推測するのが妥当なところだろう。そして私が調査したところでは、くだんの善徳入道と太郎左衛門が主家である武田家の滅亡に際して戦死したという確かな証拠が見つかったのである。

15　天正一〇年、善徳入道と太郎左衛門、武田家に殉ず

善徳屋敷と太郎左衛門屋敷があったという茅野市中大塩住宅団地内に、今では石碑が建立されている。石碑の表面には『福沢諭吉先祖之旧跡地』と刻まれていて、裏面には次のようにある。

石碑「福沢諭吉先祖之旧跡地」

旧跡地の由来

「天ハ人ノ上ニ人ヲ造ラズ、人ノ下ニ人ヲ造ラズ」ノ言葉デ有名ナ近代日本誕生ノ先覚者福沢諭吉ハ「ワガ先祖ハ信州福沢村ヨリ出ヅ。依ッテ姓を福沢ト称ス」ト語ッテイル。江戸時代ノ延宝七年（一六七九）ノ福沢村古図ニハコノ地ノ小字名ハ善徳屋敷、太郎左衛門屋敷ト記サレ、諭吉ノ先祖ト伝エラレル太郎左衛門善徳ハ天正一〇年（一五八二）二月、武田勝頼ノ武将諏訪越中守頼豊《よりとよ》（粟沢城主）ニ従イ、木曽義昌討伐ノタメ、木曽ノ鳥居峠ノ戦デ奮戦シタガ、武田方ガ敗北後、コノ地ニ戻ルコトナク、ヤガテ小笠原貞慶（信濃守護長時ノ子）ニ仕エ、貞慶の曾孫長次ノ時、豊前中津八万石に移封、福沢氏ハ小笠原氏ニ従イ中津ニ移住土着シタ。福沢氏ハソノ裔友米ガ奥平氏ニ仕エ孫百助（諭吉ノ父、学名アリ）ノ時明治維新トナッタ。明治三六年（一九〇三）頃、福沢区ノ有志ガ標高九〇三メートルノコノ善徳屋敷跡（当時ハ赤松ヤ椽ノ林デアリ、諏訪大社上社カラ福沢、中村ヲ経テ大門峠、雨境峠ニ通ズル古道ガ残存）ニ記念碑ノ建立ヲ計画シタガ実現セズ、大正一五年福沢家ヨリ当地ノ豊平小学

校へ福沢諭吉全集一〇巻が寄贈サレタ。コノ後長野県住宅供給公社ガ中大塩住宅団地ヲ造成スルニアタリ、地元住民ノ要望ニ応エ、ソノ中央部ニ位置スル善徳屋敷跡ヲ憩イノ場トシテ保存、記念碑ヲ建立シタ。コノ旧跡ガ当中大塩住宅団地発展ノ「シンボル」トシテ、マタ独立自尊ノ精神ヲ貫イタ福沢諭吉ヲ偲ブ上ニ役立ツコトヲ願ウ次第デアル。

撰者　信濃史学会理事　矢崎孟伯

昭和五十七年六月　長野県住宅供給公社建之

元々この地にあったのは、善徳屋敷と太郎左衛門屋敷の二軒なのに、この碑文では一軒になっているうえ、別人であるはずの太郎左衛門と善徳が一人に合成されている、なんとも不可思議な操作である。「諭吉ノ先祖ト伝エラレル太郎左衛門善徳」とあるが、そう伝えたのは小平雪人一人であって、その前に誰かが伝えたという事実はない。

善徳屋敷の主は諏訪頼清

だが、この不自然な碑文にも、真実を明かす手がかりが秘められている。それは、「武田勝頼ノ武将諏訪越中守頼豊（栗沢城主）ニ従イ」とある部分である。それと、絵図詞書にはありながら、碑文では省略されていた「頼清《よりきよ》入道善徳」という呼び名から、善徳屋敷と太郎左衛門屋敷の主が誰だったのか、はっきり分かるのである。種を明かせばなんだとなるが、太郎左衛門とは時の諏訪氏の惣領諏訪頼豊本人、そして善徳とはその弟の諏訪頼清のことである。

碑文にもあるように頼豊の官途名は越中守である。しかしその通名は当時の主君である武田勝頼から与えられた名前であって、私的には諏訪氏の惣領の代々の名乗りである太郎左衛門が使われていた。またその弟である頼清の名乗りは勝右衛門で、『信長公記』にはその最期の様子が描かれている。それは後に引くことにして、天正一〇年二月の木曽義昌の織田側への寝返りに始まる彼らの動向を描くならば、武田勝頼は義昌の裏切りを知った翌日の二月二日には、早くも一万五千の兵を率いて上諏訪上原城まで出向いている。諏訪一族にも出陣の要請が出されたのはこの時のことで、同族会議では深刻な葛藤が生じたという。というのは、武田家は諏訪家の主君にして親戚であると同時に、親の敵でもあったからである。

諏訪頼豊・頼清兄弟の父満隣《みつちか》が武田勝頼の父信玄によって処刑されたのは天文一四年（一五四五）のことで、以来頼豊は諏訪家の惣領ではあったが諏訪の領主とはなれないまま三七年間を過ごしていた。ここで木曽義昌に同調して武田家に刃向かえば、旧領を回復できるかもしれない。しかし謀反が失敗すれば、裏切った木曽義昌の妻子と同様、諏訪から武田側に差し出している人質は惨殺されてしまう。一族の評議は結局勝頼の命に従うことに決し、頼豊は弟の頼清ほか一族郎党を引き連れて福沢村を出発、織田勢が押し出しつつある鳥居峠へと向かった。鳥居峠は中山道の分水嶺で、ここを突破されると松本まで遮るものはない。武田勢としてはなんとしても守らなければならない峠だったが、程なくして織田勢の手に落ちた。二月一六日のことである。

碑文には太郎左衛門が行方不明となったのはこの戦の最中のように書かれているが、事実としては兄弟とも永らえて、飯田に転戦している。だがそこでの戦いも敗色濃厚となって、今度は高遠に落ち延びその城に立てこもることになった。諏訪兄弟が別々となったのはこの時のようで、兄頼豊は高遠北方の杖突《つえつき》峠から再び諏訪盆地に入り、故郷を素通りして主君勝頼のいる韮崎《にらさき》新府城へと向かう一方、弟頼清は高遠城守備隊の一員として奮戦している。また『信長公記』が、「爰《ここ》に、諏訪勝右衛門女房、刀を抜き切つて廻し、比類なき働き、前代未聞の次第なり」と頼清の妻について書いていることから、福沢村を出発した諏訪兄弟以外の郎党が、高遠城で籠城の準備をしていたことが分かる。だがその高遠城も三月二日には落ち、その後検分された首級のうちには諏訪勝右衛門頼清のものもあった。

韮崎に向かった兄の頼豊の命も長くは続かなかった。高遠城が落ちた翌日の三月三日、勝頼は新府城を自ら焼いて退散した。最初は六百人ほどもいた軍勢も次第に逃亡して、ついには四一人になった。こうなると元の領民たちによる落武者狩りは容赦がない。三月七日には織田信忠自身が甲府に入って武田一門・親類・家老らの処刑を指揮したが、そのとき斬首された者の中に諏訪越中守頼豊の名前もある。

要するに、二月初めに福沢村から出陣した諏訪頼豊・頼清兄弟ほか一族郎党は、三月上旬までに全員戦死したか処刑されていたのである。この兄弟のいずれかが生き延びて、小笠原貞慶が松本深志に入る同年七月一七日まで身を潜めていることができたとは到底考えられない。

16　では信州福沢とはどこのことなのか

福沢家と諏訪氏は無関係

というわけで、小平雪人による善徳入道兵助先祖説の考証はでたらめである。もし兵助が善徳の末裔《まつえい》と少しでも自覚していたなら、その血筋が信濃の名家である諏訪氏にあることを隠したりはしなかったろう。信州福沢村から善徳が消えてからおよそ二五〇年後、遠く九州は豊前中津に帰省していた福沢百助は、各方面にあたって先祖の事跡を探ったにもかかわらず、諏訪家との血縁を発見していない。諏訪勝右衛門頼清入道善徳と福沢兵助積善との間には、何の繋がりもなかったのだからそれは当然のことである。その戒名（善徳）・実名（積善）に共通してある「善」の字を除いては。

小笠原家には福沢姓を持つ者はもとより諏訪姓を名乗る者もなかった。これも雪人の立論の大きな困難で、そのため小笠原家に仕えていた時代には竹内または竹中という姓を使っていた、という説を立てている。新聞記事(2)の「福沢氏は、もとより竹仲姓を名乗り、甲斐の武田信玄の家臣として諏訪に来たもので」とある部分がそれで、この竹中（竹仲）というのは、あるいは雪人の身近にいた旧福沢村の名主の苗字なのではないだろうか。現に、土地の名士と推測できる『豊平村誌』の編集委員には、複数の竹中姓の人物が加わっている。また、同村誌が紹介する天正一三年（一五八五）の山役の一札には、岩下豊後・竹内刑部の名があるので、武田家が滅びて三年後のこの地域の代官（あるいは名主）に竹内姓の者がいたことが分かる。竹中や竹内なら小笠原の家来にも同姓の者がいるのであるが、問題はそのいずれかが福沢に改姓したとなどいう証拠はどこにもないことである。

信州に福沢という地名は一一カ所にある

こうした不自然な操作を二重三重にめぐらせることで成り立っている雪人の主張は、そのストーリーの面白さによって、きちんとした確認をとることもないまま、地域興しの活動に利用されるようになった。この風潮に強い懸念を抱いたのが、福沢研究者の富田正文である。

茅野市中大塩住宅団地内への記念碑建立の動きを察知した富田は『考証福澤諭吉』において信州福沢と呼びうる場所を一一カ所挙げることで、福沢とは茅野市内のその場所だけではないことを示している。

それらは、

(1)諏訪郡長地村福沢　　　　現在　岡谷市
(2)諏訪郡上諏訪村福沢　　　現在　諏訪市
(3)下伊那郡生田村福沢　　　現在　松川町
(4)東筑摩郡塩尻町福沢　　　現在　塩尻市
(5)上伊那郡伊那村福沢　　　現在　伊那市
(6)上伊那郡東箕輪村福沢　　現在　箕輪町
(7)小県郡前山村福沢　　　　現在　上田市
(8)上水内郡富濃村福沢　　　現在　信濃町
(9)上高井郡仁礼村福沢　　　現在　須坂市
(10)諏訪郡豊平村福沢　　　現在　茅野市
(11)更級郡村上村網掛福沢　　現在　坂城町

の一一カ所のことで、信州福沢と言ったって色々ある、と言うのである。そうして、「信州の福沢から出たというので福沢氏を名のっている人々のうち、現在その土地に住んで福沢と称している者の外は、前記十一カ所のいずれを出自とするか、容易に断定することはできないと思う」として、「善徳の善と積善の善とが同じ文字であるからというような理由だけで、福沢諭吉の祖先は茅野の福沢から出たなどというのは、軽率のそしりを免れることはできないであろう」（上一三、一四頁）と結論づけている。

富田は一一カ所の信州福沢の所在を掲げただけで、それ以上の絞り込みをしなかった。福沢諭吉の祖先の出身地を確定することなど諭吉本人の事跡とはまったく無関係なのであるから、そうした態度をとることは当然ではあるが、単なる好事家である私としては、どうにも気にかかるのである。これらの内どこが本当の「信州福沢」なのか。私はこれらの福沢のすべてを自分の目で確かめることにした。

17　信州福沢一一カ所めぐり

とても人の住めない福沢

平成二四年（二〇一二）四月、新学期が始まる少し前の数日間を使って、信州福沢すべてをめぐる旅に出かけた。それに先だって江戸時代の古絵図を調査し、福沢という地名が現在のどこにあたるかを割り出した。なお、その過程で善徳屋敷の記載があるという延宝七年（一六七九）の福沢村絵図が発見できるのではないかと期待したが、残念ながら見つけ出せなかった。

そこで一一カ所の現在の地番は以下の通りである。

(1)下諏訪郡下諏訪町東山田第四、第五（北緯三六・〇八五二三七、東経一三八・〇七五三二四）
(2)諏訪市元町二二近辺（北緯三六・〇四〇四二二、東経一三八・一三〇八九四）
(3)下伊那郡松川町生田福沢（北緯三五・五九一一二一、東経一三七・九二九二三）
(4)塩尻市贄川《にえかわ》長瀬福沢（北緯三五・九九〇三七七、東経一三七・八四六五九六）

(5)伊那市山寺二〇〇〇近辺（北緯三五・八四五六九六、東経一三七・九六三二〇三）
(6)上伊那郡箕輪町東箕輪二五〇〇近辺（北緯三五・九二八九〇二、東経一三七・九八九二三六）
(7)上田市前山三〇〇近辺（北緯三六・三四一〇五六、東経一三八・一九七四九四）
(8)上水内郡信濃町富濃《とみのう》一〇〇近辺（北緯三六・七八四五一四、東経一三八・二二九七三四）
(9)須坂市仁礼一五〇〇近辺（北緯三六・六〇一〇三一、東経一三八・三四二五九六）
(10)茅野市豊平福沢（北緯三六・〇一四七八四、東経一三八・一七八二一四）
(11)埴科《はにしな》郡坂城《さかき》町網掛二九〇〇近辺（北緯三六・四四二七三三、東経一三八・一六四五二九）

(1)については、旧長地村は岡谷市と下諏訪郡下諏訪町に分割され、字福沢は現在は下諏訪町に属していることが分かった。また(11)は、かつての字網掛が属していた村上村は更級《さらしな》郡内ではあるが、合併した坂城町は埴科郡に含まれているため、現在の地番は埴科郡となることが判明した。

あとは苦もなくその地点を突き止めることができて、実際にその場所に立ったのであるが、そのうち数カ所については、まず探している信州福沢ではあるまい、という確信が得られた。というのは、たしかに福沢という地名はあるのだが、それは単に沢の名前にすぎず、現在は人の住む集落がないばかりか、江戸時代の絵図にも住居の記載がない場所だったのである。(2)(4)(8)がそれで、これら三地点は候補から外れると思う。

そのほかの八地点については、「福沢氏」の館跡に由来する地名と、近くに「福沢」という沢または「福沢川」という川が流れているがゆえに福沢と呼ばれる集落ができたと想像される地点の二通りがある。前者は(7)一地点で、残りの七地点の近くには水場と想像できる渓流または湧水があった。また(7)は(11)に居住して福沢氏と称された一族が移住したことによりつけられた地名らしい（これは後に述べる）。

水場由来の七地点については、北信の福沢(9)(11)、中信（諏訪）の福沢(1)(10)と南信（伊那）の福沢(3)(5)(6)と、まんべんなく配置されている。そのうち北信の福沢(9)については、小笠原家との関係があまりに薄すぎて、主従関係を結ぶに至る経緯を想像するのが難しい。そこはかつて福沢組と呼ばれていた仁礼村の小字にすぎず、先祖の地というには範囲が小さすぎる、という印象がある。北信の福沢としては、(11)は有力といえるのだが(9)は外れるのではなかろうか。

残りの中信・南信の福沢は、小笠原家との関係からいずれの可能性もある。とりわけ南信伊那(3)(5)(6)の福沢は短期間にせよ小笠原家支配の飯田・松本藩に属していたため、小笠原家と縁があったといえる。後代の福沢家が密接な関係を有していた飯田家は南信飯田の出であるから、福沢のうち最も南に位置している(3)とはかなり近い。現在の松川町は飯田市の北東約一〇キロの場所にある。(5)については現在では地名は消失してしまっている。今はないから昔も影が薄かったとはいえないのではあるが、南信の福沢としてはやはり(3)と(6)が有力という印象である。

中信の福沢は、すでに触れた茅野の福沢以外に諏訪湖に注ぐ福沢川の右岸に福沢集落が確認できた。法泉寺（現住所：下諏訪町社七四〇四）があるあたりで、江戸時代には東山田村内の一集落だったと想像できる。となると、当時茅野の福沢は福沢村として独立した郷村だったわけだから、東山田村出身者が小笠原家に仕えたとして、自分の出身地を福沢と称した可能性は低いと思われる。福沢というなら誰でも茅野の福沢としか思わなかっただろうからである。ただし、諏訪・茅野周辺は、武田家滅亡後小笠原

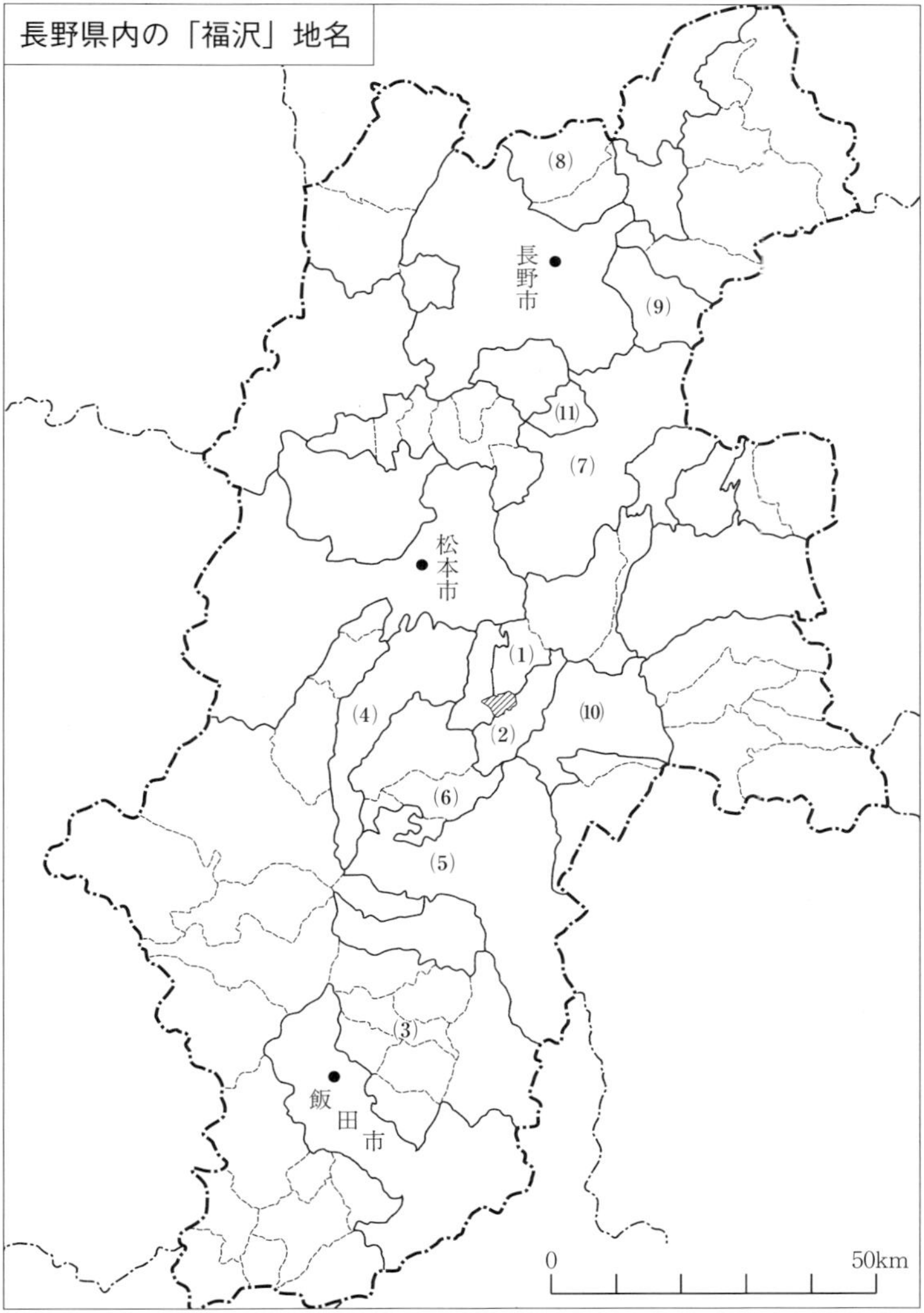
長野県内の「福沢」地名
(8)
長野市
(9)
(11)
(7)
松本市
(1)
(4)
(2)
(10)
(6)
(5)
(3)
飯田市
0
50km

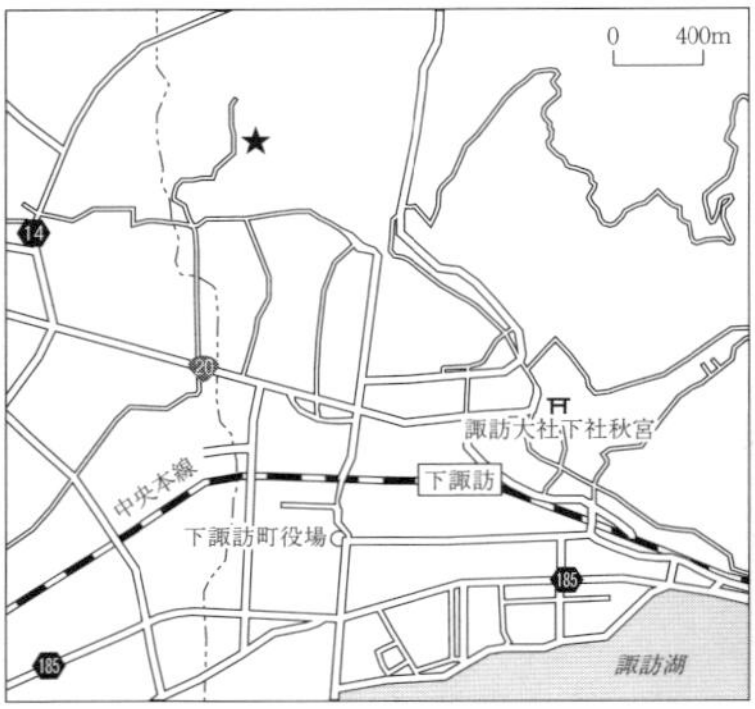

(1)下諏訪郡下諏訪町東山田第４，第５

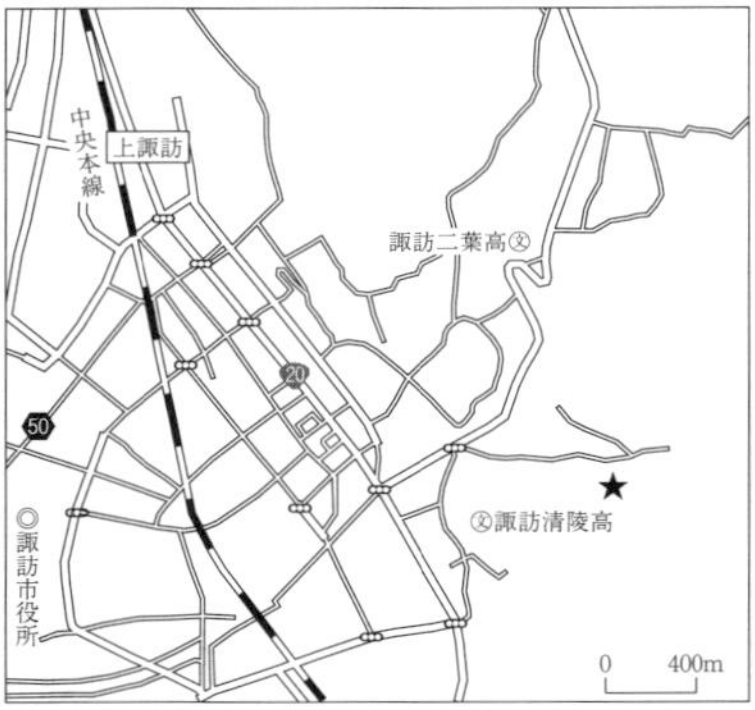

(2)諏訪市元町22近辺

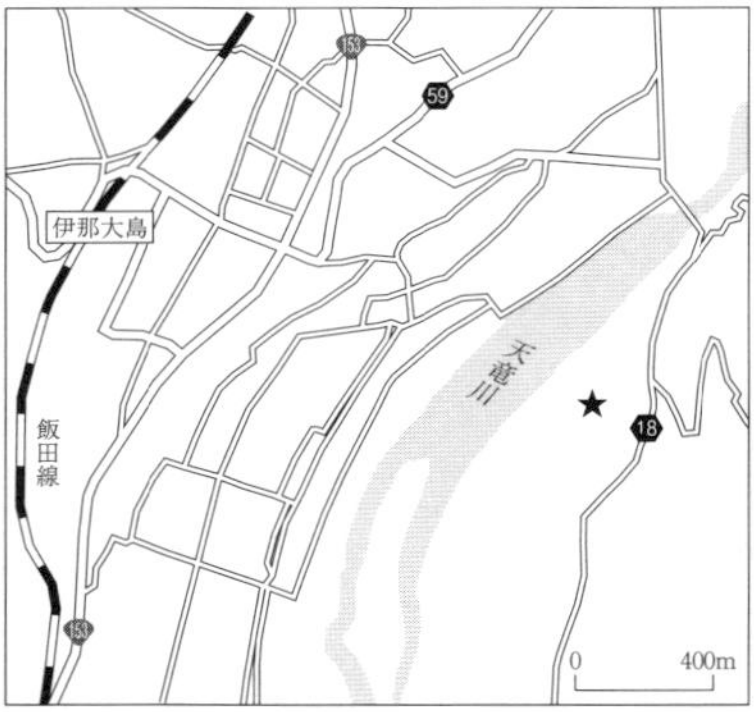

(3)下伊那郡松川町生田福沢

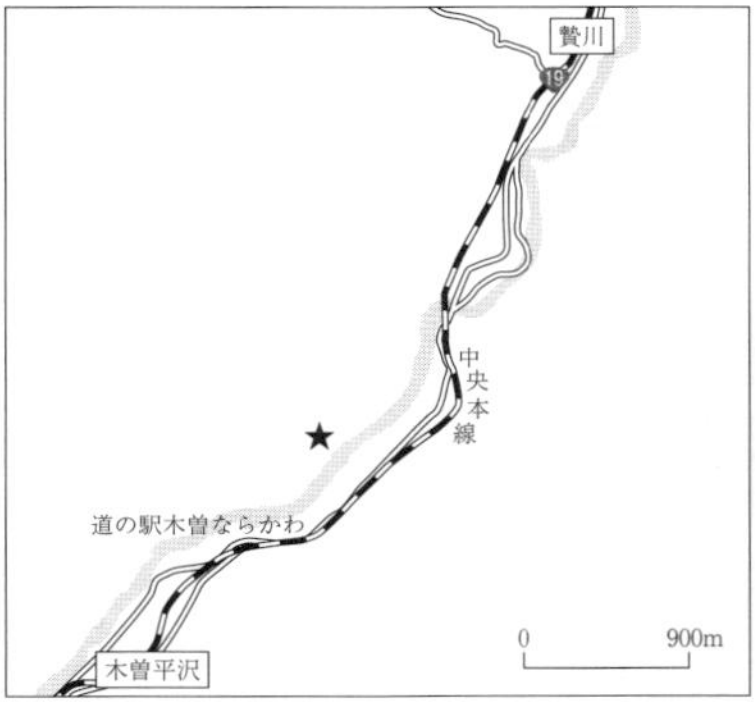

(4)塩尻市贄川長瀬福沢

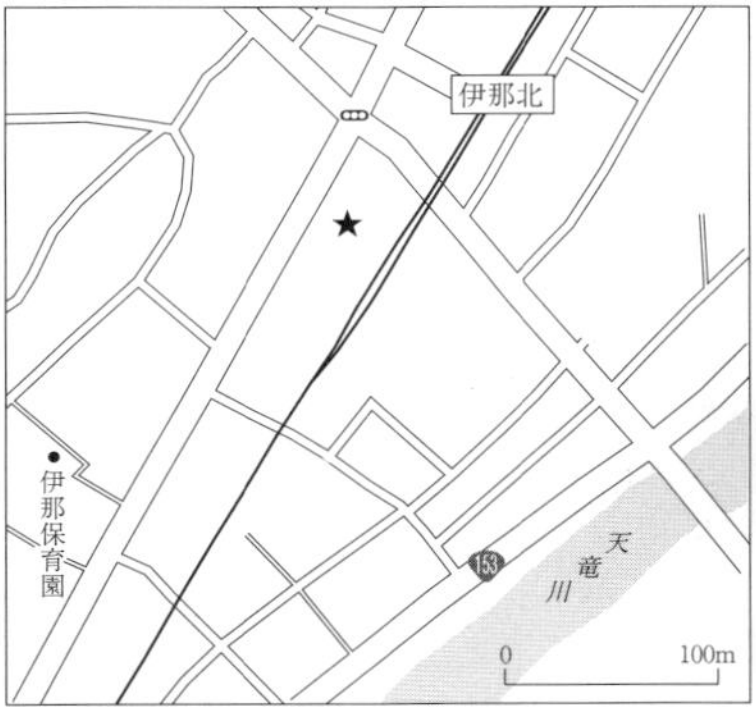

(5)伊那市山寺2000近辺

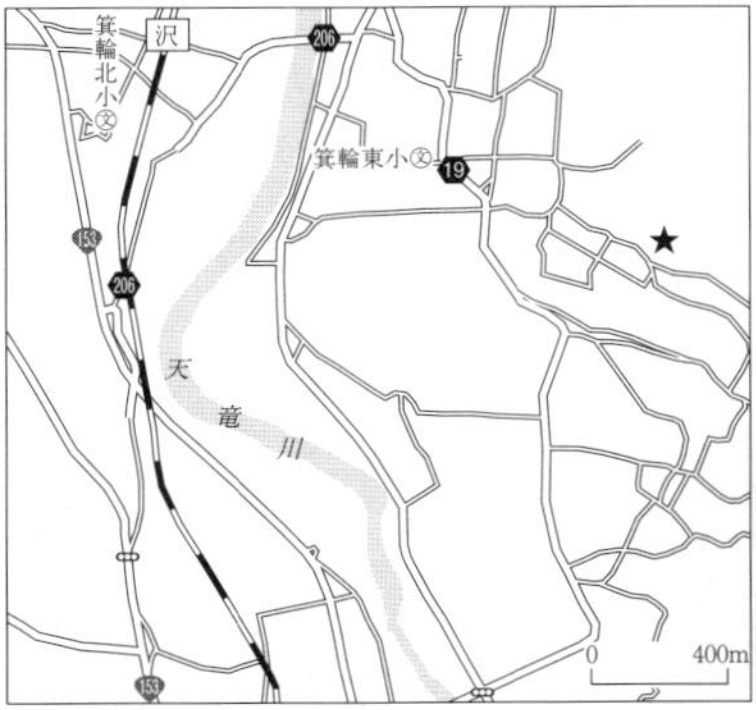

(6)上伊那郡箕輪町東箕輪2500近辺

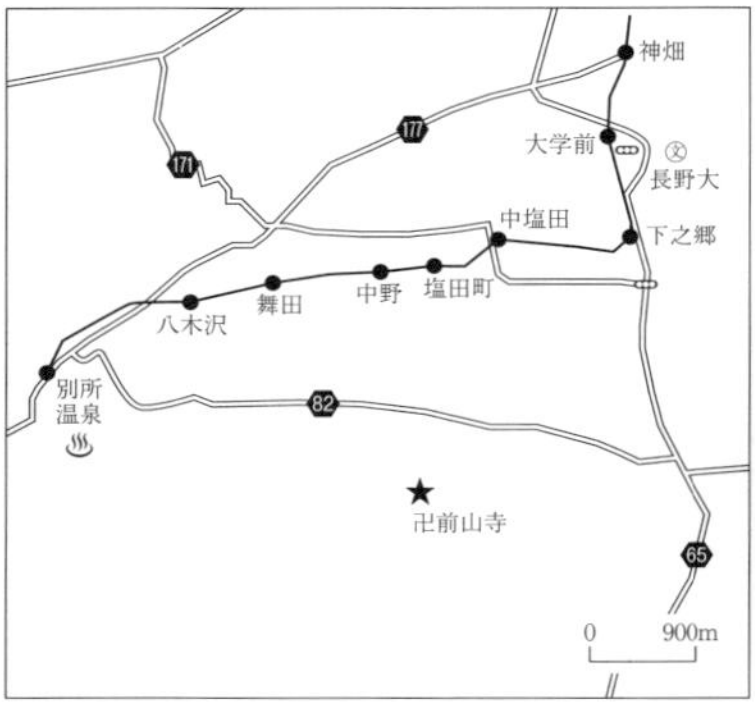

⑺上田市前山300近辺

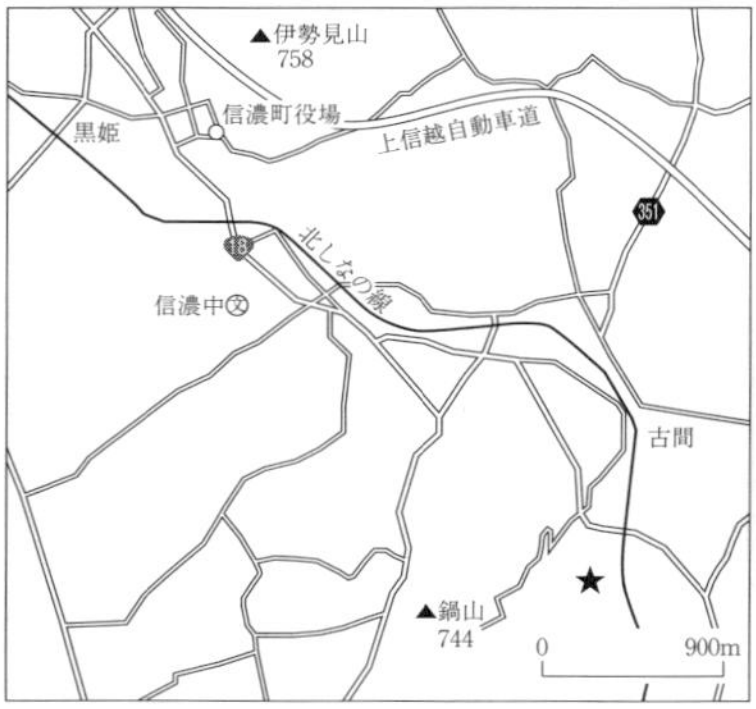

⑻上水内郡信濃町富濃100近辺

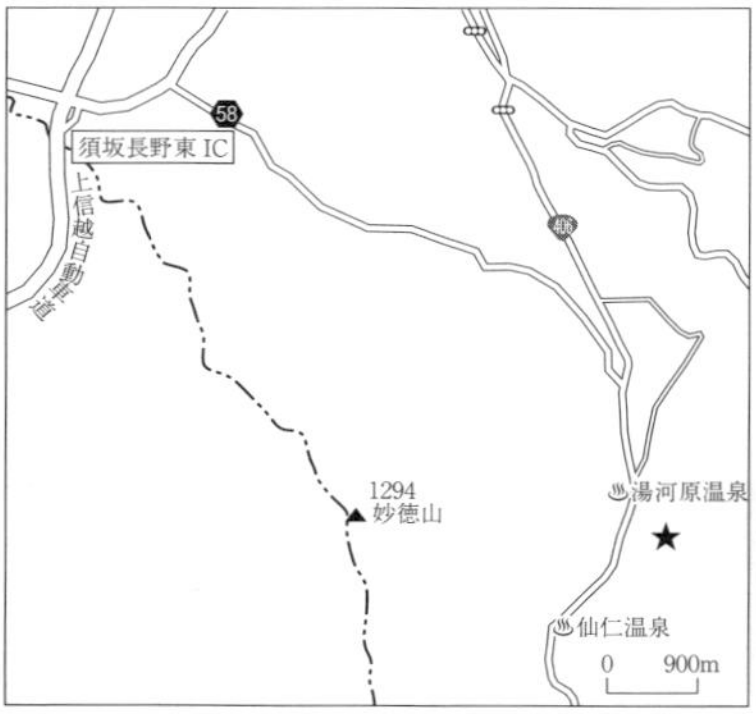

⑼須坂市仁礼1500近辺

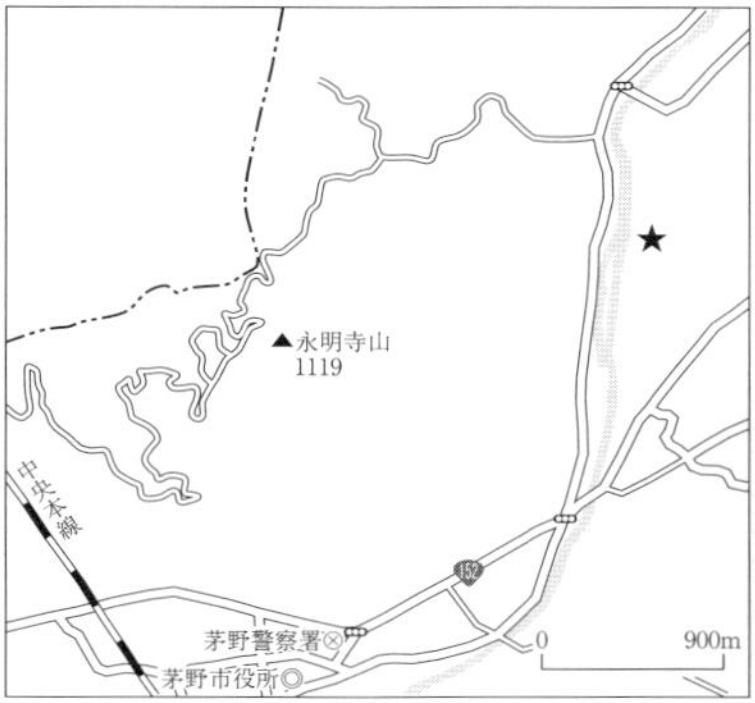

⑽茅野市豊平福沢

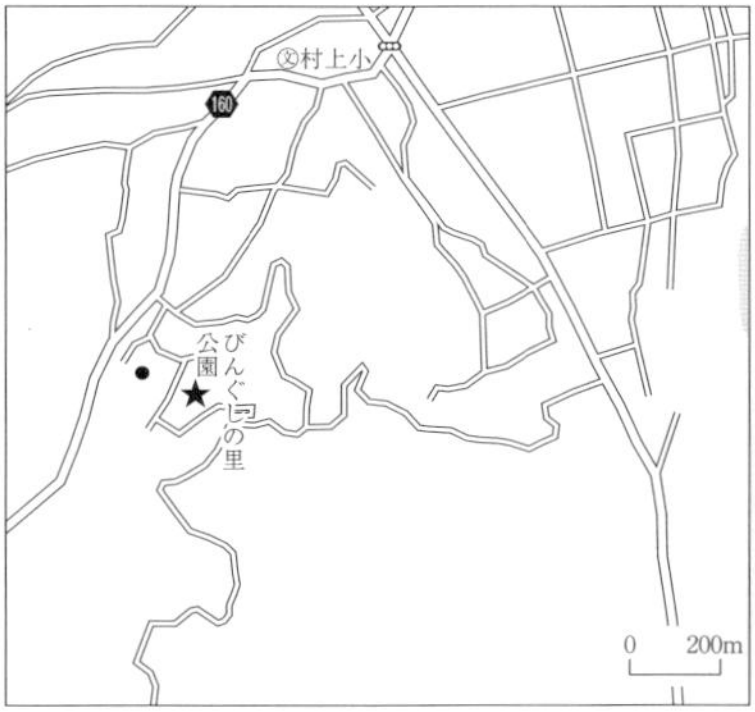

⑾埴科郡坂城町網挂-2900近辺

家の支配となったことはない。これもまた茅野福沢説の弱点の一つである。

以上一一カ所の福沢を検討して、有力候補地は茅野の福沢⑽を含めて、坂城町の福沢⑾と松川町の福沢⑶箕輪町の福沢⑹の四地点に絞られてきたと思う。これらのうち、⑶⑹については私の知る限り福沢諭吉の祖先との関連が指摘されたことはない。⑾については、茅野福沢説と張り合うように、自治体が福沢の祖先の地としようと働きかけている最中である。次項ではそのことについて扱いたい。

北信濃の福沢

平成二三年（二〇一一）に就任したばかりの山村弘坂城町長は、慶應義塾大学の卒業生である。最近アップロードされた自身のブログ（二〇一三年一月二三日付）に次のような文章を寄せているのは、やはりそれゆえなのであろうか。

「坂城の一〇〇人」第六回は　福沢諭吉です！

「坂城の一〇〇人」に福沢諭吉が登場とは、びっくりされる方が多いかもしれませんが、以前にも書いたように福沢諭吉は坂城に大いに関係があり、彼の祖先の地なのです。

坂城町は戦国武将村上義清の地として有名ですが、最近の調査で福沢氏は、この村上氏から分派したのではないかという説が有力になっています。

福沢諭吉の先祖がいつの時代に大分の中津に移ったかは諸説があり不明ですが、福沢氏そのものが村上氏の分流であり、福沢氏の故地が坂城であったということなのです。

まず、歴史的経緯を述べると、信濃村上氏の祖とされてきた「源盛清」は、寛治八年（一〇九四）の白河上皇呪詛事件により信濃国村上郷（坂城町）へ配流後、再び京へ戻り、康和五年（一一〇三）には後の鳥羽天皇となる第一皇子（宗仁）の宣旨で宗仁親王の庁を取り締まる「御監」の役を仰せつかっています。（第一回で記述した「源盛清」をご覧ください。）

この盛清の一族は、村上郷を本貫地として信濃村上氏の祖となり、中世には信濃国内で最も大きな勢力を有することとなりました。

村上氏は多くの一族を信濃国内に分派していますが、その中に一五世紀から一六世紀にかけて、村上氏の所領である広大な「塩田庄」（上田市）を支配した「福沢氏」がいました。

福沢氏は、村上郷の福沢を発祥とし、塩田庄の代官として、その力は信濃でも有数でした。中世信濃の福沢氏といえば村上一族の福沢氏であることは明白です。（『諏訪御符礼之古書』や『蓮華定院文書』などの資料より）

この後、福沢氏は天文二二年（一五五三）八月の武田信玄の塩田城侵攻により敗れ、翌年三月にその健在が確認できるものの、それ以降、歴史上から消えてしまいます。

ここまで、ブログ記事の前半をアラビア数字を漢数字に変換した以外はそのまま引用したのであるが、「最近の調査で福沢氏は、この村上氏から分派したのではないかという説が有力になっています」という部分を除いては、単に鎌倉時代に更級郡を支配していた村上氏の支族に村上村網掛福沢に屋敷を構えていた福沢氏がいた、ということが示されているだけである。現在同地には「びんぐしの里公園」という町の施設があり、そこに隣接して福沢公民館があるが、おおむねその近辺のことで、公園の北西を流れている渓流が福沢川である。

歴史的には福沢氏が居住していたから福沢川と呼ばれたのではなく、福沢川の畔《ほとり》に館を構えたことにより、福沢氏と呼ばれるようになった模様である。つまり先に地名があって、その点ではここを福沢の地と呼んでもよいことにはなる。

問題はこの地に発祥した福沢氏の末裔が、いかにして福沢諭吉と繋がるか、ということで、ブログ記事の後半に「最近の調査」の中身がどう書かれているかが重要である。そこで記事は次のように続いている。

福沢諭吉は、自分の祖先について「福沢氏の先祖は信州福沢の人なり」と記しています。

その根拠は、福沢諭吉の父「百助」が纏めた「福沢家系図」に拠っています。

そして、この福沢家系図では、更に福沢氏は「小笠原氏」に仕えていたとも記しています。

小笠原氏は、中世、信濃守護職を代々勤めた名家で、武田信玄に信濃を追われた後、徳川家康に仕えたことで、再び信州の松本や飯田に本拠を置くこととなりました。

つまり、福沢氏は塩田城の敗戦後、その消息を絶つなかで、一族の何れかの人物が、信濃国内で領主となった小笠原氏に仕えることとなり、その後、小笠原氏が幾つかの転封を経て、豊前中津に国替えになったことにより、福沢氏も中津へ移ってきたものと推測出来るわけです。

信州には福沢の地名が村上地区を含め長野県内で一一ケ所存在し、全国を見渡せば一三県一八か所に及んでます。

以上のように仮説ではありますが話を結びつけることで、最終的に福沢諭吉の先祖は中世、村上郷福沢に発祥し、塩田庄を支配していた村上氏一族の福沢氏に求めることが最も自然なのではないかと考えられるわけです。（ブログ記事終）

私としては「最近の調査」はどうなったの？と問いたいところで、肝心のその調査については何も書かれていない。仕方がないので私が独自に調べてみることにして、信濃国に関する記事をできる限り収集している『信濃史料』の索引（昭和四七年（一九七二）九月・同刊行会刊）から福沢に関する人名を抽出すると、福沢姓の人物が七名登場していることが分かった。それを年代順に並べてみるならば、

福沢像阿（儀何・入道沙弥）：文安五年（一四四八）七月所在小縣郡塩田、享徳三年（一四五四）塩田、長禄三年（一四五九）一〇月塩田、寛正六年（一四六五）塩田
福沢左馬助信胤：文明元年（一四六九）七月塩田、文明六年（一四七四）七月塩田
福沢五郎清胤：文明一一年（一四七九）七月塩田
福沢勘解由《かげゆ》：長享二年（一四八八）七月更級郡富部御厨《みくりや》
福沢修理亮《しゅりのすけ》顕昌：天文一三年（一五四四）六月塩田
福沢昌景：天文二三年（一五五四）三月所在不明
福沢五左衛門：元和三年（一六一七）飯田

となる。

最後の福沢五左衛門の名前は江戸時代になって飯田藩主に就任した脇坂《わきさか》安元の家臣名簿（分限帳）中に見られるもので、その時すでに福沢諭吉の祖先は小笠原家の家来になっていたと考えられるので、この人物が諭吉の直接の祖先とはなりえない。残り六名が村上氏に連なる福沢氏であるのは明らかである。うち福沢勘解由の名前は諏訪大社の祭祀の役割分担中に出てくるもので、村上村網掛福沢に残っていた一族の者、残余の五名は小縣郡塩田庄の代官となった福沢氏の棟領と推測される。その福沢氏は天文二二年（一五五三）の武田信玄の北信侵攻により離散したものらしい。最後の塩田代官となった福沢昌景は、信玄に殺害されることなく、翌年三月にいずこからか高野山の蓮華定院に進物を送れない旨の手紙を出している。

天文二二年に村上氏との主従の関係を絶って武田の家来になったのなら、家中に福沢姓の者がいなければおかしい。私の調べた限りでは、一六世紀の後半に信濃で福沢姓を名乗っていた家は武田家中はもとより小笠原家中その他の家来にも見出せない。つまり塩田城落城後、この村上流福沢氏は消滅したのである。

また、村上氏との関係からいうと、中津とも比較的近い瀬戸内海の村上水軍との関係で語られる場合があるが、瀬戸内海の村上氏が信濃村上氏から別れたのは平安時代末のことで、それは網掛に福沢氏が現れるより前である。いずれにせよ福沢百助が村上分派の福沢氏と自分とに何らの繋がりも見出だしていなかったことは、「福沢家系図」が信濃村上氏のことに触れていないこと、また自らの本姓を源氏と称していないことにより明らかである。

小笠原家との関係からいえば、北信濃との縁は薄い。一方南信濃の方は濃すぎるくらいで、天文一九年（一五五〇）の武田信玄の信濃侵攻に際して本家筋の小笠原長時は中信松本深志から追い出されてしまったが、分家筋の小笠原信貴《のぶたか》は信玄に降伏して飯田の松尾城を任され、信貴・信嶺《のぶみね》の親子二代に渉って武田家の家来として南信地方を管轄していた。つまり南信地方はずっと小笠原家の影響下にあったといえるのだが、問題は後に諭吉の先祖が仕えることになる小笠原家は本家筋の方だったということである。

南信濃の福沢

天正一〇年（一五八二）の織田信長による信濃甲斐攻めの時に、飯田の松尾城主だった小笠原信嶺はすぐさま織田軍に降伏してその道案内役を務めた。その直後に起こった本能寺の変で信長が自害すると今度は徳川家中酒井忠次《ただつぐ》の家臣となり、天正一八年（一五九〇）までは松尾城主として南信地方の統治を任されていた。同年九月に家康が関東に入部した際に武蔵国児玉郡本庄に移封となり、酒井家からの婿養子である信之《のぶゆき》がその藩主となった。その後もこの分家筋の小笠原家は安泰で、数回の改易の後、最終的には二万二千石の越前勝山藩主として明治維新を迎えている。

この分家筋の勝山小笠原家に福沢姓の家臣がいるかどうか東京大学史料編纂所所蔵の「小笠原文書」を調べてみたが、収録文書に分限帳が含まれていないため判然としなかった。すでに本家の家伝である『笠系大成』所収の分限帳によって本家筋に福沢姓の者はいないことは確認済みである。先に脇坂安元の家来に福沢五左衛門なる人物がいることは指摘したが、この二百石取の五左衛門が、前任地の伊予大洲から従ってきた古参なのか、それとも飯田で新規に召抱えられた者なのかは分からない。飯田藩士に福沢姓の者がいるとしても彼が飯田周辺の福沢なる場所を本貫の地としていたとは限らないのである。

先にも述べたように中世には確実に存在した北信濃の福沢氏は武田信玄の侵攻によって天文二三年（一五五四）以降はまったく所在不明となり、福沢姓を手がかりとする追究はこれ以上は不可能と思われる。人名からは辿れないとすると地名から絞り込むのが残された手段となるが、ここでは目先を替えて歴史的方面からの追究を試みたい。

地名福沢はどこを指しているか

歴史から探るというのは、前節でも参考にした『信濃史料』を用いて、そこに出てくる福沢という地名がどこの福沢かを調べることを起点とする。福沢は全部で三回地名として使われていて、その索引によれば南信濃伊那郡内の福沢が二回と北信濃水内郡内の福沢が一回となっている。水内郡内の福沢は富沢とも称するとある。伊那郡だとするならその福沢は(3)(5)(6)のいずれかを意味し、水内郡だとするとそれは(8)のこととなる。

実際に本文に当たってみると、最初に福沢という地名が登場するのは『大祝職位次日記』文安五年（一四四八）三月一三日条である。これは諏訪大社の業務日記で、この日大祝（神職最高位）諏訪頼満《よりみつ》の嫡子頼長《よりなが》七歳の祝賀として、「古田百文、南大塩百文、布分中村六十五文、福沢三十二文」が寄進されたとある。古田村は現在の茅野市豊平上古田と下古田、南大塩村は茅野市豊平南大塩、布分中村とあるのは「布の代金として中村について」と解釈できるので、茅野市湖東中村（南大塩北方七百メートルの地点）に比定できる。そうなると次の福沢が数十キロも離れている伊那郡内にあるとは考えられず、茅野市豊平福沢(10)を意味すると捉えるのが妥当であろう。

二回目に福沢が登場するのは天正六年（一五七八）二月の諏訪大社秋宮造営に関する記録中に、「北戸狩同こくはい南戸狩同黒井大坪同深沢田中同福沢飯山之内」とあるので、この福沢が現在は上水内郡信濃町に属している福沢⑻を指しているのは確かである。

最後に登場する福沢は、『三村文庫文書』中の慶長七年（一六〇二）三月一三日付諏訪頼満発給文書で、千野《ちの》左近丞《さこんのじょう》に対して安国寺・飯島・福沢にある所領の確認をしている。安国寺とは現在の茅野市宮川安国寺、飯島とは諏訪市四賀飯島を指しているのは間違いないので、この福沢も近傍の⑽のことになろう。

要するに、『信濃史料』索引で南信濃伊那郡内の福沢（⑶⑸⑹のいずれか）としている文安五年と慶長七年の史料は、いずれも中信濃諏訪の福沢⑽を指していた可能性が高いのである。これは中信濃地域では、一五世紀中葉から一七世紀初頭までの一世紀半の間、福沢といえば現在の茅野市豊平福沢を意味していたということが強く示唆されている。

18　信濃国福沢についての暫定的結論

茅野の福沢が最有力候補

以上信州福沢一一カ所を北信中信南信に分けて調べてみたが、一六世紀中葉まで福沢氏が存在したことが確実な北信では、その福沢氏に関係する地名としての福沢の使用例が確認できず、また、一七世紀初頭まで小笠原氏が支配していた南信についても、福沢氏の存在や地名福沢の用例は見つけられなかった。一六世紀までに福沢という地名として認知されていたのは茅野の福沢⑽だけが唯一確実な場所である。この調査にあたり一七世紀から一九世紀までの信濃国郷村絵図を可能な限り見てみたが、同国内の福沢村はこの一村しかなかったようだ。となると、消去法によってではあるが、福沢諭吉の先祖の出身地は、やはりこの茅野の福沢が最有力候補となる。

すでに福沢家系図の検討によって示したとおり、福沢兵助自身がこの福沢村の出身であるとするのは没年からいって不可能である。兵助はおそらく父親から「自分は信州福沢の出身である」と聞かされていたのである。その場合小笠原氏に従って雑兵として出陣したであろう父親が、誰も知らない地名福沢を名乗りの代わりとして使ったとは考えにくい。というのは、雑兵が出身地を名乗りの代用とした理由は、万一戦死した場合にその通知が確実に故郷に届くようにするためでもあったからである。諏訪郡福沢村を除く一〇カ所は、どれも郷村の一部分をなす小字に過ぎない。名乗り代わりとするには地名として小さすぎるように感じられる。

諭吉の先祖が茅野の福沢出身とする場合に問題となるのは、現在の茅野市にあたる諏訪郡がかつて小笠原本家の領地となったことがないということである。確かに天正一〇年（一五八二）の織田勢による武田攻略のときに、本家総領である小笠原貞慶《さだよし》は信長から筑摩郡（松本平）の支配を任された。同年六月の本能寺の変後は家康の家来となって、翌年には松本城主となっている。筑摩郡と諏訪郡は塩尻峠を境に隣接していて、茅野福沢から松本まではほぼ一日の旅程である。近いといえば近い。天正一〇年七月に松本城に入った貞慶は翌年にかけて武田の残存勢力の掃討に従事している。兵員の消耗もあったはずで、諭吉の先祖と私が推測する福沢村の農民某がその時に仕官した可能性はある。ただそうだとすると彼は貞慶の孫忠真が松本から播州明石に転封となった元和三年（一六一七）まで三〇年以上も小笠原家に仕えたことになる。通常なら長期任用の足軽は名字帯刀を許されて下士となり、分限帳に記載されるものなのだが。

福沢祖先の足軽任用期間について

小笠原家の分限帳に福沢姓の者が現れていないのは、兵助の父親が小笠原氏の信濃退去をそれほど遡らない時期に足軽に任用されたためではないだろうか。そうだとするなら、初代が豊前中津に移ってなした息子が明暦二年（一六五六）の分限帳記載の三石取餌指《えさし》の兵介である、という推測に無理な説明が不要となるのである。では、小笠原氏の松本退去直前の時期に、諏訪領福沢村の農民が松本藩に仕官する可能性があったかといえば、慶長二〇年（一六一五）の大坂夏の陣で、諏訪藩嗣子諏訪忠恒《ただつね》は貞慶の子松本藩主小笠原秀政の部下として戦っているのである。その戦いで士分二〇騎を含む諏訪勢総勢五百人は、戦場で小笠原勢千六百人と行動を共にしていた。

大坂夏の陣の帰趨を描くのは本章の目的から外れるので簡単に済ませるが、五月七日の天王寺の戦いで幕府軍は辛くも勝利を得たものの、こと小笠原勢に限っていえば、豊臣軍の中核をなす真田勢の猛攻のために小笠原秀政と嗣子忠修の二人を失うという惨憺《さんたん》たる結果となっていた。正確な損害は分からないものの、総大将まで失った小笠原勢の消耗は甚大であったと推測できる。要するに小笠原勢は兵員の補充に迫られていたのである。その時までに小笠原家に仕えていた飯田家の先祖が、諏訪勢に加わっていた福沢家の先祖の主替えをとりなした、というのはあくまで想像上のことに過ぎないが、もっともありそうな話ではある。どのような経緯によるにせよ、小笠原家は夏の陣から二年後に明石に転封となって、福沢の家祖が故郷に別れを告げたのは間違いないことである。

福沢村の名主に平助という者がいた

これが福沢家系図記載の信州福沢が諏訪郡福沢村であった場合の推測の一切である。私はこれが真実だなどと主張するつもりはない。四百年ばかり前に生きていた一庶民の動向を、史料の発掘によって探り出そうというのは、しょせん不可能なことである。ただ、茅野の福沢⑽について調べていて、一つ興味深いことが明らかになったので、最後にそのことについて触れたい。

それは、『長野県史近世史料編第三巻南信地方』（昭和五〇年（一九七五）二月刊）所収の「享保十五年十一月塩原村・福沢村御用雉子請証文」（四一八頁）に、「福沢村名主平助」の署名が記載されていることである。享保一五年は西暦では一七三〇年にあたるから、福沢兵助の没後二一年にもなる。この名主の平助というのは固有名というよりは屋号ともいうべきもので、家長は代々その名を使っていたと考えられる。福沢家は百助（本名百平）の代まで名前に兵（平）を付けるのが慣わしだった。この一致は果たして偶然なのであろうか。私としては、享保を遡ること一二〇年ばかりに福沢村は平助の倅《せがれ》がひょんなことから大坂夏の陣に出陣し、やがて小笠原家に仕えて自らの息子に兵助という名を授けたと推測したいところなのだが、それはもはや歴史小説の扱うべき事柄なのであろう。

（補註）『茅野市史』中巻（三三四頁）には「頼清入道善徳・太郎左衛門利家」とある。思うに絵図の友家や利家は人名ではなく、あるいは両家の意味ではなかろうか。

第二章　『西洋事情』の衝撃と日本人
――赤松「口上書」・龍馬「八策」・天皇「誓文」・覚馬「管見」等へ与えた影響――

1　赤松小三郎「口上書」は『西洋事情』の日本化

**薩摩藩兵学教授に
して会津藩洋学校顧問**

信州上田藩の兵学者に赤松小三郎《あかまつこさぶろう》という人がいた。福沢諭吉の友人に赤松大三郎なる人物がいるが、親戚ではないものの、ともに長崎海軍伝習所の出身だったので、小三郎と大三郎は知人ではあったようである。

英国式兵学の研鑽を積んだ小三郎は、慶應二年（一八六六）三五歳のときに京都に私塾を開き、そこで英国式の錬兵術を教えた。門下生は、薩摩・肥後・会津・越前・大垣などの各藩士から新選組の隊士までとバラエティに富んでいた。小三郎が薩摩藩兵学教授として京都の薩摩藩邸に招かれたのはそれから間もなくのことで、そこで中村半次郎（桐野利秋）・村田新八・篠原国幹《くにもと》・野津鎮雄《のづしずお》・野津道貫《みちつら》・黒木為楨《ためもと》・東郷平八郎・樺山資紀《かばやますけのり》・上村彦之丞《かみむらひこのじょう》ら約八百人に英国式兵学を教え、藩士たちの練兵も行うことになった。こうして小三郎は薩摩藩の兵制を蘭式から英式へと改編するのに指導的役割を果たした。また会津藩士山本覚馬《かくま》の頼みで友人の西周と共に在京都会津藩洋学校の顧問を務めてもいる。

一八六二年版の『英国歩兵練法』を金沢藩士の浅津富之助（後の南郷茂光）と分担翻訳し、下曾弥《しもそね》版として出版したが、初版には誤訳もあったため、薩摩藩から依頼を受け、一八六四年の改定版原本に基づいて、慶應三年（一八六七）五月に改めて『重訂英国歩兵練法』（七編九冊）として出版した。この重訂版（薩摩藏版）は巷に流布しないよう、薩摩藩軍局の厳重な管理下に置かれた。薩摩藩錬兵術の奥義だったからである。島津久光は、訳本の完成を大いに喜び、赤松に当時の世界でも最新式の騎兵銃を贈ってねぎらった。

慶應三年五月提出「口上書」　この時期、薩摩藩の基本方針は大名連合が幕府を支えるという公議政体論から、武力討伐へと転換していた。あるいは小三郎はその変化に気づいていなかったのかもしれない。公議政体論に基づく「御改正之一端《いちのたん》奉申上候口上書」（以下「口上書」と略）を慶應三年五月一七日に越前福井藩前藩主・松平春嶽《しゅんがく》に、また同じく五月に同様の建白書を薩摩藩の島津久光にも提出している。その内容は以下の通りである（旧字体のままとし、ルビは平山による）。

一　天孫《てんそん》御合體《ごかったい》諸藩《しょはん》一和《いちわ》御國體《おんこくたい》相立《あいたつ》根本《こんぽん》は、先づ天朝之権を増し徳を奉《そなえたてまつり》備、並に公平に國事を議し、國中に實に可被行《おこなわるべき》命令を下して、少しも背く事能はざるの局を御開立《おひらきたて》相成候事。

蓋《けだ》し権の歸すると申は、道理に叶《かない》候公平之命を下し候へば、國中之人民承服仕候は必然之理に候。

第一

天朝に徳と権とを備へ候には

天下に待する宰相は、大君、堂上方《どうじょうがた》、諸侯方、御旗本之内、道理に明にして、方今の事務に通じ、萬の事情を知り候人を選みて、六人を待《じ》せしめ、一人は大閣老《だいかくろう》にて國事を司り、一人は錢貨出納を司り、一人は外國交際を司り、一人は海陸軍事を司り、一人は刑法を司り、一人は租税を司る宰相とし、其以外諸官吏も、皆門閥を論ぜず人選して、天下を補佐し奉り、是を國中の政事を司り、且命令を出す朝廷と定め、又別に議政局を立て、上下二局に分ち、其下局は國の大小に應じて、諸國より數人の道理に明かなる人を、自國及隣國の入札にて選抽《せんちゅう》し、凡百三十人に命じ、常に其三分之一は都府に在らしめ、年限を定めて勤めしむべし、其上局は、堂上方、諸侯、御旗本の内にて、入札を以て人選して、凡三十人に命じ、交代在都して勤めしむべし。國事は總て此両局にて決議の上、

　天朝に建白し御許容の上

天朝より國中に命じ、若し御許容なき箇條は、議政局にて再議し、彌《いよいよ》公平之説に歸すれば、此令は是非共下さゞるを得ざる事を

天朝へ建白して、直に議政局より國中に布告すべし。其兩局人選の法は、門閥貴賤に拘らず道理を明辨し私なく且人望の歸する人を公平に選むべし。其局の主務は、舊例の失を改め、萬國普通の法律を立て、并に諸官の人選を司り、萬國交際、財貨出入、富國強兵、人才教育、人氣一和の法律を立候を司り候法度、御開成相成候儀御國是の基本かと奉存候。

一　人才教育之儀、御國是相立候基本に御座候事

　國中人才を育て候法は、江戸、大坂、長崎、箱館、新潟等の首府へは、大小學校を營み、各其大學校には、用立候西洋人數人づゝを雇ひ、國中有志の者を教導せしめ、大坂に兵學校を建て、各學課毎

に洋人數人づゝ雇ひ、國中兵事に志有る者を御教育相成、且國中に法律學度量學を盛にし、其上漸々諸學校を増し、國中の人民を育て候儀、治國之基礎に可有之《これあるべく》候。

一　國中の人民平等に御撫育相成《ぶいくあいなり》、人々其性に準じ、充分力を盡させ候事

是まで、人々性に應じて力を盡させ候儀不同有之《おなじからざるこれあり》、遊民多くして農而巳《のみ》多く勞し、他の諸民は運上《うんじょう》少なく候へば、第一百姓の年貢掛り米を減じ、士、工、商、僧、山伏、社人之類まで、諸民諸物に運上を賦《ふ》し、遊樂不要に關《かかわ》り候諸業諸品には運上の割合を強くし、諸民平等に職務に盡力し、士は殊に務を繁《しげ》くし國中の遊民、僧、山伏、社人、風流人、遊芸の師匠の類には、夫々有用の職業を授け候御所置き、治國の本源に可有之《これあるべく》候。

一　是迄の通、用金銀總て御改《おあらため》、萬國普通の錢貨御通用相成、國中の人口と、物品と錢貨と平均を得候様、御算定之事

錢貨は、天地に象に準じて、萬國一般圓形に造り、且萬國大凡普通の相場有之候へば、是に準じて、銀貨金貨銅貨の割合、大凡西洋各國と同様に御吹替、其大小品位も同等に造らず候ては、往々萬國の交際に不齊《ふせい》を生じ、且交易通商の上に損害可有之《これあるべく》候、又國中人口に比すれば、錢貨不足に可有之、器財物品の不足なること甚し、故に錢貨を増し、物品製造の術を大に盛にするに非ざれば、平均にいたること難かるべくと奉存《ぞんじたてまつり》候。

一　海陸軍御兵備之儀は、治世と亂世との法を別《わか》ち、國の貧富に應じて御算定の事。

蓋し兵は數寡《すくな》くして、利器を備へ熟練せるを上とす、方今の形勢に準じ候はば、陸軍治平常備の兵數は、都て凡《およそ》二萬八千許、内歩兵二萬千許、砲兵四千許、騎兵二千許、他は築城運輸等の兵とすべし。右兵士は、幕臣及諸藩より直に用立候熟兵を出し置、四年毎に交代せしめ、其隊長及諸官吏は、業と人望とに應じて、天朝より命ぜられ、望に應じて永く勤めしむ、其兵は三都其外要地に在て、警衛を職とし、此常備兵の外、士は勿論諸民皆其地へ教師を出して平常操練せしめ、且有志の者は、長官學校に入れて學問せしめ、亦士にても、望に應じて、職業商賣勝手次第行はしめて、往々士を減ずべし。海軍は速に開け難し。先づ海軍局へ洋人數人御雇ひ、國中望の者其外合せて三千人に命じて、長官より水卒迄業を學ばしめ、業の成立に準じて、新に艦を造り、又外國より買て備ふ可し。即今常備の海軍は、是迄《これまで》御有合せの御艦に人を選みて乗組を命じ、用立候程に修覆し、砲を増して備ふ可し。尚國力の増すに從て兵數を改め、兵備も充分に相増し、殊に亂世には、國中の男女悉《ことごと》く兵に用立候程に御備立《そなえたち》御所置有之有候儀御兵制の本源に御座候。

一　舟艦並に大小銃、其外兵器或は常用之諸品衣食等製造の機關、初は外國より御取寄せ、國中に是に依て物品に不足無き様御所置之事

諸物製造の局は、運輸の便地の利を選び、諸所に造營し、各局に西洋人を雇ひて傳習せしめ、國中職人を増し、盛に諸物を製し候へば、海陸兵用之利器海内に充滿し、日用の諸品廉價《れんか》にして良品を得べし。其洋人を雇ふ入費は、職人一ヶ月の雇價食料合せて凡二百より二百五十両なるべし。此金は、

日本在留中大凡費すべければ、外國に持歸る貨は些少《さしょう》なるべし、故に洋人を雇ふも、少しも厭《いと》ふべきにあらず、諸品製造局は、往々は是非開かざるを得ざる事なれば、此節速《すみやか》に御開相成《あいなり》候儀當然と奉存候。

一　良質の人馬及鳥獣の種類御殖養之事

蓋し欧羅巴人種は、アジア人種に勝る事現然に候へば、國中に良種の人を殖育し候へば、自然人才相増し、往々良國と相成候理に候、亦軍馬は外國之良種に無之《これなく》候ては、實用に不便に御座候、又牛羊鶏豚の類等の美食を常とし、羊毛にて織候美服を着候様改め候へば、器量も従て相増し、身体も健強に相成、富國強兵之基に可有之候。

此他御改正相成候とも、國風人性に逆はざる事件何程も可有之候へば、方今の無障《さしつかえなき》事件丈は速に御改正相成、其他即今難行事は、人智の開け候に應じて、漸々御改正相成候儀、天理自然に可有之奉存《ぞんじたてまつり》候、斯く御國政に關り候儀を奉申上候は、甚奉恐入候得共《はなはだおそれいりそうらえども》、心付候儀を黙止仕り候も、却て不本意に奉存候間、淺見の一二端乍恐《おそれながら》奉申上候、何卒被遊御盡力、方今適當に御國律相立、天幕御合體諸藩一和相成候様、奉懇願候、昧死稽首《まいしけいしゅ》

慶應三年丁卯五月　　松平伊賀守内

赤松小三郎

（上田市編『上田市史　下』昭和一五年〔一九四〇〕三月・昭和五七年〔一九八二〕八月覆刻、明治文献資料刊

行公刊、一二五一〜一二五三頁）

以上見られるように、ことに水準の高い完備された「口上書」であるが、その視野の広さと西洋の政治体制への深い理解は、かえって彼の身に危険を招くことになった。だがそれはまた先の話として、今はこの「口上書」がいずれに由来するのかについて話を進めたい。

「口上書」のモデルは『西洋事情』中の米国憲法と英国政治の部

先にも書いたように赤松小三郎は優秀な西洋軍事学者だった。京都で徳川慶喜の補佐官をしていた西周とも交友があって、西洋の政治システムについての知識も豊富といえた。ただそうだとしても、彼がこの「口上書」の建白を独力で執筆できたかといえば、そこまでの能力はなかったと思う。これほどの体系性を備えた、いわば私擬憲法のさきがけともいうべき文書を書くには、そのモデルとなる何かが必要なのではないか。その候補として、前年慶應二年一〇月に刊行された福沢諭吉著『西洋事情』初編中のアメリカ合衆国憲法と英国政治の部が、この「口上書」の直接のモデルになっていると私は推測する。

その中で赤松は、定数三〇人の上局と定数一三〇人の下局からなる二院制の議会（赤松の訳語では「議政局」）政治を提唱している。上局は貴族院に相当し、その議員は、朝廷と幕府と諸藩の融和の象徴として、公卿と諸侯と旗本より選出される。下局は衆議院に相当し、その議員は、各藩を基礎とした選挙区から「門閥貴賎に拘らず道理を明辨し私なく且人望の帰する人」を、入札《にゅうさつ》（選挙）によって公平に選ぶとされた。これは、身分にとらわれない民主的な普通選挙による議会政治を提言した文書として、おそらく日本最初のものであろう。「國事は總て此両局にて決議」とされ、議会は国の最高議決機関と位置付けられてもいる。
この「口上書」に先立つ七カ月前に刊行された『西洋事情』初編は、米国の二院制議会について次のように説明している。

政治　千七百八十七年議定したる合衆国の政治は、国民集会して国政を議するの趣意にて、国法を議定するの権は議事院にあり。議事院を上下二区に分ち、上院の議事官は各州の評議官にて、選挙して一州より二人宛を出し、其人数六十二名、在職六年を限とす。此人数の内三分一を二年毎《ごと》に交代せしめ、六年にして総人数一新するの割合なり。之《これ》を選挙するに定律あり。年三十歳に満たざる者及《およ》び合衆国の戸籍に入て九年を経ざる者は此選挙に当たる可らず。上院の議事官は人物を選挙して官に命じ、外国と条約を結ぶときその事を議論し、諸有司の過失を論じて之《これ》を廃黜《はいちゅつ》するの権あり。○下院の議事官は各州一般に人民の選挙するものにて、其人数二百三十三名、在職二年を限とす。之《これ》を挙るの法、十年毎《ごと》に合衆国内の人口を計《かぞ》へ、其総数を二百三十三に分ち之《これ》より一人宛を出す。（①三二九頁）

また「口上書」中で注目すべきは議会の決議事項に対しては、天皇ですら拒否できないとされていることで、これは米国議会と大統領の関係について説明した『西洋事情』中の、

○都て法令の案文を作り、両院の同議を経れば、必ず之《これ》を大統領に呈して可否を質《ただ》すべし。大統領其案文を見て同意なれば之《これ》に調印すべきなれども。若《も》し異存あれば其異存の趣意を述べて之《これ》を返すべし。

然るときは初め此案文を作たる局にて、別に大統領の異旨を書記し、案文に副て再議を発す。若《も》し再議の上、尚《な》ほ前説を持張する者、局内の総人数三分の二に至れば、此局の評議を一定して更に之《これ》を彼局に送るべし。彼局にても再議して、同意の者、総人数三分の二なるときは、大統領の異存に関はらず定めて国法となすべし。但《ただ》し斯く再議するときは、局内の総人数をして逐一其可否を述べしめ、其姓名を日記に誌《しる》し置くべし。　（①二三三頁）

に由来すると思われる。つまり赤松「口上書」は、天皇を世襲制の大統領と見なしているのである。もちろん日本は君主制なのであるから、赤松「口上書」中の国家機構の説明は英国の体制からの影響が顕著である。『西洋事情』には英国の政治に関して次のようにある。

『西洋事情初編』（慶應義塾福澤研究センター蔵）

○政府の号令は、国王より出るに非《あ》らず、王室より出るものと視做《みな》せり。王室の大臣十四名あり。其内最も権威あるものは、第一、銭貨出納の権を執《と》る宰相にて即ち大閤老なり。第二、賦税《ふぜい》事務宰相、第三、刑法事務宰相（即ち上院の長官なり）、第四、内国事務宰相、第五、外国事務宰相、第六、海外所領事務宰相。此《この》外の大臣は王室に定位なくして参議するものなり。（海陸軍の事務を司《つかさど》る宰相の如《ごと》きを云《い》ふ）
○右の如く律を定め国内治乱の責に任ずるものは国王

に非《あ》らずして事務宰相なり。故に宰相たるもの、議事院及《およ》び国民の信を失へば事柄の是非を論ぜずして其宰相の職を免じ、他人、之《これ》に代て其職に任じ、国の争端をも開くべき難事を平和して痕跡を残すことなし。故に其政治の景況、恰《あたか》も精巧なる器械の如《ごと》く、一体の内、自《みず》から調和の妙機あり。若《も》し外より強暴を以《もっ》て之《これ》を圧する歟、或《あるい》は内より互《たがい》に不和を生じて離散する等のことなくば、此《この》政治は天地と共に永久すべし。（①三七一～三七二頁）

二院制議会と立憲君主制以外の事項として、赤松「口上書」では、主要都市に大学を設置し全国民への教育機会を提供すること、人民平等の原則に基づき農民に重すぎる税負担を軽減、全ての職種に公平な税率を課すこと、金貨・銀貨を国際的なレートに従って鋳造し直し、物品の製造にあわせ通貨供給量の拡大を計ること、陸軍と海軍を拡充し諸民からも軍人を養成して士族の割合を徐々に減らすこと、戦時には国中の男女を徴兵可能にすること、西洋から顧問を迎え入れ、各地に諸物製造所を設け産業を振興すること、肉食を奨励し日本人の体格を改善すること、家畜も品種改良すること、などが建白されている。

これらの建白について、まず大学と教育の機会均等については、『西洋事情』に米国の教育制度の説明がある。

○合衆国の北部に於《おい》ては、児童を教育する小学校最多くその法甚《はなはだ》善し。亜米利加《アメリカ》政治の一美事と云べし。学校の費用は賦税《ふぜい》より出し、或《あるい》は又別に学校に附属せる元金なるもの有て、年々其金の利息を集め、州内の諸府に学童を教育する員数に準じて之《これ》を分配す。一都府の内に必ず小学校一所を設け、府外にても人家あるの地は凡《およそ》二里四方の内に一所を設けて往来の便利を為す。又一郡毎《ごと》に人物十二名を選挙し、学校の知事と為《な》して郡内諸学校の事務を司《つかさど》らしむ。学校に入らんとするものは何人の子たるを論ぜず直に之《これ》を許し、且《かつ》本人は唯《ただ》書籍を買《か》ふのみにて一切他の出費なし。小学校の教は英語の初歩、算術、地理学等なり。又都府の学校には兼て羅甸《ラテン》語希臘《ギリシア》語をも学ばしむ。

大学校の教も甚盛《はなはださかん》にして、其法、寛裕を主とせり。大学校は政府より建るものあり、或は私に会社を結て設るものあり。凡《およ》そ合衆国中、所として此学校あらざるはなし。其学科は新古語を探索し、文法を学び、歴史を読み、理学、作文学、究理学、修身学等を研究す。（①三四二頁）

税負担の平等に関していうなら、『西洋事情』には英国での納税の実際が、実に細かく説明されている。

其収税の法、日本、支那等の制度に異なり。今こゝに英国の税法を挙て一例を示す。

港運上《うんじょう》歳入第一の高なり。此内酒類烟草《タバコ》の運上、最も重し。千八百五十二年港運上の高、三千一百十七万「ポント」余なるに、運上所役人の給料并《ならび》に不時の褒美《ほうび》等、諸雑費を合せて六十五万「ポント」に足らず。収税の法の簡便なること推《おし》て知るべし。

国内産物並に官許の運上　国内の産物より尽《ことごと》く運上を取るには非《あ》らず。又物に由《より》て運上の軽重あり。有税品の大略は、酒類、麹《こうじ》、烟草、紙、石鹸、蝋燭《ろうそく》、石炭、材木、硝子《ガラス》等なり。例へば麦酒《ビール》百樽（凡七斗入）を醸《かも》すものは一「ポント」十一「シルリング」の運上を納め、千樽以下を醸すものは二「ポント」二「シルリング」、四万樽以上を醸すものは七十八「ポント」十五「シルリング」を納む。

（①二九一頁）

まことに具体的な説明で、『西洋事情』にはさらに税金の種類と納税方法の詳細が続いているのであるが、それらは省略することにして、要するに、日本と異なり西洋では一般に農民の租税負担は軽減されているということが印象づけられるものとなっている。

金銀の交換レートの国際化については、『西洋事情』に次のようにある。

合衆国の一「ドルラル」は我三歩《ぶ》に当る。方今《ほうこん》我邦の貿易場に行はる、「ドルラル」も大抵合衆国の「ドルラル」と同量なり。此「ドルラル」は合衆国の隣国「メキシコ」の通用金なり。同、一「セント」は「ドルラル」百分の一なり。

荷蘭《オランダ》の一「ギュルデン」は我十八匁《もんめ》に当る。（金一両六十目の相場）

英国の一「ポントステルリング」（書中に唯「ポント」と記す）は我三両に当る。同、一「シルリング」は我九匁に当る。同、一「ペンス」は我七分《ふん》五釐《りん》に当る。

仏蘭西《フランス》の一「フランク」は我八匁に当る。同、一「シユーズ」は我四分《ふん》に当る。

通用金の割合は時の相場に由《より》て一定せず。前条記する所は唯《ただ》その大概なり。

（①三二九頁）

さらに米国議会の権能として、

○貨幣を造て其位を調理し外国の貨幣と平均すること、并に一国の度量を正しくすること。
○合衆国の貨幣証書を偽作する者を罰する法度を立ること。（①三二四頁）

の記載もある。『西洋事情』のこの引用により、米国では為替相場が議会の所轄であることが理解できるのである。

その他の軍事・産業育成・国民の健康増進等については、『西洋事情』中でも触れるところではあるが、主には赤松が西洋学者としてそれ以前に読んでいた書籍に由来するのかもしれない。

赤松「口上書」の中核は、立憲君主制と二院制議会の提唱であるが、その二つを詳細に説明した著作は慶應二年一〇月刊行の『西洋事情』以外にはなかった。また、発想自体が独創的というわけではないにせよ、学校教育と税の平等化について、『西洋事情』の記述は具体的かつ詳細を極めている。『西洋事情』初編と赤松「口上書」を読み比べれば分かるが、「口上書」中全七項目のうちでこれらの四項目の記述は、『西洋事情』の当該部分の要約と言っていいくらいにそっくりなのである。慶應二年一〇月から翌年五月までの間、兵学教師となった赤松は京都薩摩藩邸内でこの著作の研究会のようなものを組織していたのではなかろうか。何しろ『西洋事情』は最終的には初編・外編・二編あわせて一五万部も販売されることになる大ベストセラーなのである。薩摩藩士を中心とする諸藩有志の関心を惹かなかったはずはない。新たな国家体制を構想するための多くの情報を『西洋事情』は提供したであろう。

2　嵯峨根良吉「時勢改正」は赤松「口上書」と同一

赤松小三郎の「口上書」について調べるうち、「幕末の新政権構想「船中八策」宮津の嵯峨根良吉《さがねりょうきち》　龍馬より早く建議？・」（二〇〇六年三月一〇日付『京都新聞』）という新聞記事に行き当たった。

慶應三年五月提出の上申書はもう一編ある

幕末の志士、坂本龍馬が慶應三年（一八六七）六月に示した新政権構想「船中八策」より一か月早く、同様の内容をより具体的に記した意見書が、京都府宮津市出身の洋学者嵯峨根良吉（良起）によって薩摩藩に建議されたことを知ってほしいと、良吉の親戚にあたる男性が訴えている。この程見つかった良吉の履歴にも、船中八策と酷似した内容が明記されており、専門家も「良吉と龍馬の接点の有無も含め、興味深い」と改めて関心を寄せている。

◇府内の親戚訴え　保管履歴に詳述

男性は、京丹後市大宮町の岡田孝さん。同じく親戚の二木茂さん＝京都市北区＝が保管していた良吉の履歴を記した古文書に、「一八六六（慶應二）年に薩摩藩に招かれ、翌年五月に『時勢改正』の意見書を藩庁に建議したのが契機となり、藩籍に加えられた」と記されているのを見つけた。

更に、履歴には、

・天幕合体の後、国政は天朝の主導権の下で上下二局の議政局により行われ、全国から一三〇人の選

良を出すこと
・江戸、京、大坂、長嵜（長崎）、箱館、新潟などへの学校設置
・西洋人教師を擁した人才教育
など、具体的な数字を盛り込んで改革を訴えている。

　良吉は江戸末期の医者緒方洪庵が大坂に開いた「適塾」の門下生。岡田さんは「良吉は寺島宗則や榎本武揚と航海をともにしたこともあり、海外情勢に詳しい両者らから聞いた話をもとに『時勢改正』をまとめたのでは」と推測する。

「船中八策」は、大政奉還の原動力となったことで知られている。霊山歴史館（京都市東山区）学芸員の木村武仁さんは「船中八策は龍馬の完全なオリジナルではないが、多くの意見を聞き、一思想ではなく現実的な国策としてまとめ、時の幕府を動かしたことに龍馬の偉大さがある」としている。

　適塾記念会（事務局・大阪大学内）の芝哲夫・阪大名誉教授は「立案項目の順序やその内容からみて両者は全く軌を一にしており、偶然の一致とは考えにくい」とし、「慶應三年（一八六七）春に鹿児島にいた良吉と長崎にいた龍馬の間に接触がなかったとはいえない」と、両者の関係を調べている。


（『京都新聞』記事終）

木村幸比古著『龍馬暗殺の謎』での紹介

　この新聞記事を手がかりにさらに調査を進めたところ、木村幸比古著『龍馬暗殺の謎――諸説を徹底検証』（二〇〇七年三月、PHP研究所刊）の中に、この嵯峨根の「時勢改正」についてより詳しい記述があることが分かった。すなわち、「新史料・嵯峨根良吉意見

書」の項に、「最近、龍馬の『船中八策』より、さらに一カ月前に、宮津藩士・嵯峨根良吉という人物が同じ内容の七項目を意見書にまとめていたものが子孫宅から発見され、話題となった」（六〇頁）とあり、その内容が紹介されているのである。

鹿児島藩士寺島宗則《むねのり》等の推挙する処あり、同藩に聘《へい》せらる慶應二年丙寅十月、鹿児島に至り藩の子弟を調督する。五月、時勢改正の件数項を建議せり。其要綱《ようこう》に曰く。

一、天幕御合体、諸藩一和、御国体相立候。根本は、天朝の権を増し徳を奉《そなえたてまつり》備、併に公平に国事を議し、即ち六宰相を置き、国政を主裁し、銭貨出納、外国交際、海陸軍事、刑法、租税を司らしめ、議政局上下二局を設け全国より百三十人の選良を出し、国事を議決、朝廷に上奏裁可（人皇の許可）の上、布令すべしとの趣意なり。

二、人才御教育の儀、御国是相立候。基本に御座候事、即ち江戸、大坂、長崎、箱館、新潟等の各市に大小学校を設け、大学には西洋人数人を聘し、全国の有志を教導せしめ、大坂に兵学校を設け西洋人を教師として教育し、又、所在法律度量学科を奨め、漸次学校を増設し、文明の教育を確立すべしとの趣意なり。

三、国中の人民平等に御撫教相成、人々其性に準じて充分力を尽させ候事、即ち従前人民の労逸（労苦と安逸）等しからず、農に重く他は遊民多し、爾今《じこん》農の負担を減じ、士、商、工、僧、山伏、社人を問はず、平等に賦課せしめ贅余品《ぜいよひん》に重課し、人に労逸の差同なからしめ士人民の職を繁くし、遊民を督して其業に就かしむるを以て治国の本源とすべしとの趣意なり。

四、是迄の通用金銀総て御改め、万国普通の銭貨御通用相成、国中の人口と物品と銭貨の平均を得候。御算定の事、即ち万国一般円形にして、其価規定あり。故に金銀銅貨列国と同品位に改鋳し、国際貿易上の損害を避け、又国人をして融貨の便を得せしめ、盛に工業製造を発達せしむべしとの趣意なり。

五、海陸軍御兵備の儀は、治世と乱世との法を別《わか》ち国の貧富に応じて御算定の事、即ち兵は熟練兵器精良を主とす。治平常備兵数は約二万八千人と予定し、歩二万千人、砲四千人、騎二千人と分ち、工兵輜重兵《しちょうへい》（運輸などに任じた兵）とし、幕下諸藩士より撰抜四年交代に就役せしめ、士官其の他の官吏は朝廷之を任命せられ、三都其他要地に駐屯警備に充《あ》てん常備兵外は、士衆を問はず所在に徴募し教官を派遣して、教練せしめ有志の徒士官学校に就学せしめん。又士にして商工業に就く者は之を許して其常職を減ぜん。海軍は先《ま》づ海軍局に洋人教師を聘して全国中より三千人を募り士官水兵を教育し成業に随《したが》ひ、戦艦を新造又は購買すべし。即今、常備海軍は在来の戦艦を修理し船員を補充すべし。爾今、国力の増進に従《したが》ひ兵制を改正し、漸次拡張せん。有事に臨んでは国中の男子皆兵となるの制を定むるを大本とすべしとの趣意なり。

六、戦艦併《ならび》ニ大小銃其外兵器、或ハ常用の諸器械衣食等、製造の機関初《はじめ》ハ外国より御取寄せ国中是に仍て物品に不足なき様、御処置之事。即ち各船製造局ハ運輸の便利の他所に撰定し洋人を教師に聘して伝習せしめ、国内職工を増して製造に従事せしめば、海陸兵用の利器を充すに至るべし。洋人雇聘は毎一人月費二百五十金に上るも其金、又国内に消費せん。其携帯し去るは僅《わずか》かならんのみ。故に洋人雇使は、毫《ごう》も厭《いと》ふべきことなからん。是れ兵器製作は必須且《かつ》速急を要すべしとの趣意なり。

七、良質の人馬及ヒ鳥獣の類、御殖種の事。即ち欧人種は亜人種に勝れり。須《すべか》らく良種の人を殖育して人才を増さん。軍馬又然《しか》りとす。牛羊鶏豚の類、衣食の料に有益なるものを繁殖せしめ、国民をして肉食を常として羊絨《ようじゅう》を被服に充てしめば、識見体格健強なり。富国強兵の基たるべしとの趣意なり。

（『龍馬暗殺の謎』六〇～六二頁）

この引用に続けて木村は、「当時、嵯峨根が薩摩藩に意見書として上書したものを後人が明治末期にまとめたものであるが、かなり開明的な内容である。龍馬との接点は文献上見出せないが、嵯峨根は海舟と親交があり、龍馬と会い談じたか、もしくは薩摩藩士から風聞した可能性は十分に考えられる。嵯峨根は天保八年（一八三七）三月生まれであるから、龍馬より二歳若い」（六二頁）と書いている。

坂本龍馬との関係はさておくとしても、この「時勢改正」が、細部に至るまで赤松小三郎の「口上書」にそっくりなのは明らかであろう。先の新聞記事にもあるように、この文書は、嵯峨根の親戚筋が保管していた経歴書類に要約として掲載されているもので、「時勢改正」のオリジナルではない。経歴書類がまとめられた明治末年までは残っていたのであろうが、いつしか失われて、要約だけを見ることができるわけである。

嵯峨根と福沢は適塾の同窓生

なぜこのような事態が起こったのであろうか。その理由を探るための手がかりとして、経歴書類に掲載されている嵯峨根の略歴が参考になる。

（嵯峨根）良吉丹後宮津住、嵯峨根丹海季重《たんかいすえしげ》の男なり。幼にして文武の芸術を修め歳十六、蘭学に志し大坂住、緒方洪庵の門に入りて業を受け更に長崎に赴き英学を修む。特に西洋兵書に通ず。後江戸に至り、幕司江川太郎左衛門贈正四位の招請に応じ其門弟に砲術を授く。会々《ときどき》幕府初めて蒸気船を製造す。良言、勝安芳故伯爵、榎本武揚故子爵、伊澤謹吾等と乗船近海を航行測量す。途次鹿児島に至る。幕侯島津斉彬《なりあきら》贈正一位、乗船大ニ良吉等の技能を感じ物を贈りて之を犒ふ。尋て斎藤篤信弥九郎贈正五位の塾頭となり、剣を門生に授く。良吉、文武の技能卓越なる。

（『龍馬暗殺の謎』六四頁）

適塾では福沢諭吉とほぼ同時期に在籍しているので、記録の上からは確認できないものの、面識はあったと思われる。略歴の文中にある、幕府の蒸気船が日本沿岸測量の途次鹿児島で島津斉彬を表敬訪問したというのは、安政五年（一八五八）三月または五月のことで、この時嵯峨根が乗船していたとするなら、彼は長崎で海軍伝習所に入校していたことになる。というのは、この航海は海軍伝習所の訓練としても企画されていたからである。翌年伝習所は大老井伊直弼の命により閉鎖され、それまで長崎を母港としていた咸臨丸ほかの蒸気船は、関係者ともども江戸に移された。嵯峨根が江川の砲術塾の教員となったのはおそらくその時のことで、そこで塾長をしていた適塾の先輩大島圭介の引きによると考えられる。

慶應二年（一八六六）一〇月に嵯峨根を薩摩藩の洋学教師に推挙したのは、安政五年の鹿児島訪問時に親しくなった寺島宗則とのことである。勤務地は江戸でも京都でもなく本国鹿児島で、そこに居を構えていたが、慶應三年五月に島津久光は上洛したので、嵯峨根が「時勢改正」を提出した場所は京都だったのかもしれない。

先にも記したように、赤松と嵯峨根が、偶然同一の「口上書」を同時に薩摩藩に提出することはあり得ない。軍事学者としてまた英学者としての評価は赤松のほうがはるかに高いし、学問の機会も交流の幅も、政治の中心地京都のほうが鹿児島より大きかった。私は、京都で「口上書」を書き上げた赤松が、自ら福井の松平春嶽に提出する一方、親しかった嵯峨根に同じ「口上書」を島津久光へ提出するよう依頼したものと思う。嵯峨根がそれを自分の意見として具申したのかどうかは分からない。ともかくその後の彼の運はさらに上向いて、慶應三年一〇月には正式に薩摩藩士となり、一一月には船奉行添役（西洋軍艦の副長と思われる）となった。また薩摩藩開成所（軍事学校）助教を命じられて、講義の傍ら英国海軍法規を翻訳していたが、慶應四年（一八六八）六月に三二歳で病没した。

現在のところ、嵯峨根良吉の死には不審の点は発見されていない。気の毒としか言いようのないのは赤松小三郎のほうで、慶應三年五月に松平春嶽に「口上書」を提出後、薩摩藩の武力倒幕路線に反対して薩摩の西郷隆盛や小松帯刀と幕府の永井尚志らを仲介しようとしたが、八月にはその試みも挫折し、九月に本藩の上田藩に呼び戻されることになった。

薩摩藩にとって、赤松が指導した英国式練兵術は絶対の秘密だった。幕府側にそれを知られては手の内をすべて読まれてしまう。安政六年（一八五九）に急死した先代上田藩主松平忠固《ただかた》は、日米和親条約（一八五四年）と日米修好通商条約（一八五八年）締結時の幕府老中である。つまりは、赤松が戻ろうとする先は幕府中央というべき場所ということで、薩摩藩としては何としても赤松の帰藩を阻止しなければならなくなった。そうして慶應三年九月三日、赤松は京都東洞院通りで無残にも斬り殺されることになる。暗殺者は弟子の中村半次郎、すなわち後年の桐野利秋であった。享年三六歳。

3　坂本龍馬「船中八策」は偽文書

有名な、あまりに有名な

現在では有名になっている土佐藩の志士坂本龍馬が、部下の海援隊士長岡謙吉に書き取らせたという「船中八策」なる文書がある。元は慶應三年（一八六七）六月に長崎から京都に向かう船中で参政の後藤象二郎に対し口頭で伝えられたとされ、長岡自筆の書面は残っていない。

その内容は、京都にいた主君山内容堂より将軍徳川慶喜に大政奉還を勧めるというもので、さらにその後の国家構想を簡潔にまとめたものである。すなわち、

一、天下の政権を朝廷に奉還せしめ、政令宜しく朝廷より出づべき事。
一、上下議政局を設け、議員を置きて万機を参賛せしめ、万機宜しく公議に決すべき事。
一、有材の公卿諸侯及天下の人材を顧問に備へ官爵を賜ひ、宜しく従来有名無実の官を除くべき事。
一、外国の交際広く公議を採り、新に至当の規約を立つべき事。
一、古来の律令を折衷し、新に無窮の大典を撰定すべき事。
一、海軍宜しく拡張すべき事。
一、御親兵を置き、帝都を守衛せしむべき事。

坂本龍馬
（国立国会図書館蔵）

一、金銀物貨宜しく外国と平均の法を設くべき事。
以上八策は、方今天下の形勢を察し、之を宇内万国に徴するに、之を捨て他に済時の急務あるなし。苟も此数策を断行せば、皇運を挽回し、国勢を拡張し、万国と並行するも亦敢て難しとせず。伏て願くは公明正大の道理に基き、一大英断を以て天下と更始一新せん。

（『日本の思想二〇　幕末思想集』一九六九年七月、筑摩書房刊）

ということで、この文書が本当に大政奉還より「前」に作成されていたのだとしたら、まことに先見の明に富んだ、すぐれた国家構想ということができる。

知野文哉著『「坂本龍馬」の誕生』での考証

あまりに有名な文書であるため、私もつい最近までその存在自体を疑ったことはなかったのだが、二〇一三年二月に刊行された知野文哉著『「坂本龍馬」の誕生――船中八策と坂崎紫瀾』（人文書院・以下『龍馬誕生』と略）を読んだことにより、その認識は改められることになった。先の引用文のような美しく整えられた文章に形成されるまでの過程の詳細は『龍馬誕生』に譲るとして、かいつまんでいえば、龍馬直筆の文書として残っている同年一一月の「新政府綱領八策」に、前段として大政奉還論を付け加え、さらに整理した偽文書だったのである。

『龍馬誕生』（五六～五九頁）によれば、このいわゆる「船中八策」は、明治二九年（一八九六）に民友社から出版された弘松宣枝著『阪《ママ》本龍馬』（九五、九六頁）で紹介されている「建議十一箇条」のうち初めの八条に相当しているという。作者の弘松は龍馬の長姉千鶴の孫であるから、かなり近しい親戚である。親戚なら龍馬直筆の「新政府綱領八策」の存在や内容を知っていたとしても不思議ではなく、それを元にして、大政奉還前に策定されたという「建議十一箇条」なるものを伝記に盛り込むことも可能だったわけである。

明治二九年の段階では「建議十一箇条」だったものが、さらに「新政府綱領八策」の条数に合わせて今日見られる「船中八策」へと定まって行くのには、まだしばらく時間がかかるのであるが、それは『龍馬誕生』に任せることにして、次に龍馬が書いたのが確実な「新政府綱領八策」に話を移したい。

4　坂本龍馬「新政府綱領八策」は『西洋事情』の抜粋

さて「新政府綱領八策」であるが、国立国会図書館と下関市立長府博物館に龍馬自筆のものが二枚現存している。その内容は以下の通りである。

慶應三年一一月
起草の「八策」

第一義　天下有名ノ人材を招致シ顧問ニ供フ
第二義　有材ノ諸侯ヲ撰用シ朝廷ノ官爵ヲ賜イ現今有名無実ノ官ヲ除ク
第三義　外国ノ交際ヲ議ス
第四義　律令ヲ撰シ新タニ無窮ノ大典ヲ定ム律令既ニ定レバ諸侯伯皆此ヲ奉ジテ部下ヲ率ユ
第五義　上下議政所

第六義　海陸軍局
第七義　親兵
第八義　皇国今日ノ金銀物価ヲ外国ト平均ス

右預メ二三ノ明眼士ト議定シ諸侯会盟ノ日ヲ待ツテ云云
〇〇〇自ラ盟主ト為リ此ヲ以テ朝廷ニ奉リ始テ天下萬民ニ公布云云
強抗非礼公議ニ違フ者ハ断然征討ス権門貴族モ貸借スル事ナシ

慶應丁卯十一月　坂本直柔

（『「坂本龍馬」の誕生』七〇、七一頁）

自筆の表題はないので「新政府綱領八策」というのは後年の俗称ということになるが、表現は簡潔でもよくポイントを突いた建策なので、そう呼ばれるのもむべなるかなである。

さて話を進める前に日付の確認をしておきたい。徳川慶喜による大政奉還は慶應三年一〇月一四日、王政復古クーデタが一二月九日、そして龍馬暗殺は一一月一五日である。このことを念頭において、龍馬が暗殺されるまでの半月の間に、少なくとも二枚の「新政府綱領八策」を書いた理由については、私なりの考えがある。

結論から言ってしまえば、この文書は、前藩主山内容堂に差し出された「上書」である。後年に作られた印象とは異なり、現実の龍馬は土佐藩の一員として活動していた。下士である龍馬は前藩主という高い地位の人物と面会するのは難しく、意見の具申は書類を差し出すことによってしかできなかった。この「新政府綱領八策」も、上司である後藤象二郎を通して容堂の元に届けられたものと思う。

慶應三年一一月上旬、慶喜は大政奉還すると申し出ただけで、未だ征夷大将軍職さえ免ぜられてはおらず、依然として超大物のままだった。政治空白を避けるために幕府後の体制についての審議を目的とする会議が準備されていて、容堂も出席する予定になっていた。そこで土佐藩としての意見を求められたときの用意のために、部下に意見をまとめさせたのが、この「新政府綱領八策」という見立てである。最後の署名は起案者として責任の所在を明らかにするためで、正副二部作られたこととも合わせて「上書」（「口上書」と同義）としての性格を物語っている。肝心の新政府の盟主が伏字とされているのは、その名を記すまでの職権を龍馬は与えられていなかったためと解釈できる。最上位の候補者は徳川慶喜であろうが、会議の流れによってはその他の人名が入るかもしれないということである。

容堂が諸侯会議の席上でアンチョコのように用いることを予想しての文書だとするならば、やや奇異に感じられるのは、項目によってはややそっけなさ過ぎるのではないかということである。五・六・七義などはただの言葉の羅列にすぎず、これでどうしろというのか、という容堂の不満が聞こえてきそうである。その点の解釈について、以下は私の推測である。

「八策」各項目の正しい理解は『西洋事情』によってなされる

この八策のうち一・二・四義は一般的な意見にすぎない。人材を登用し、きちんとした法令を作れ、というのは、過去の諸藩で藩政改革を求める上書にしばしば見られる要求で、取り立てて言うほどのことではない。問題は簡潔すぎるとも見える残り五項目についてで、私は「新政府綱領八策」が提出されるに際して、別に参考資料が供されていたのではないかと思う。それは、赤松小三郎の「口上書」の場合と同じく、福沢諭吉の『西洋事情』初編三冊である。

こう考える最大の論拠は、第八義「皇国今日ノ金銀物価ヲ外国ト平均ス」とそっくりな「貨幣を造て其位を調理し外国の貨幣と平均すること」という表現が、先にも引用したように『西洋事情』初編二に米国議会の権能の説明としてあることによる。さらに貨幣繋がりで調べると、初編一に紙幣と中央銀行（「官の銀坐」という苦心の訳）に関する次のような説明がある。

紙幣　西洋諸国大抵皆紙幣を用ゆ。但《ただ》し其価五十両或《あるい》は百両以上なるものは之《これ》を銀坐《ぎんざ》手形と名づく。貨幣と唱ふるものは、価一、二両許《ばかり》にして市中日常の売買に用ゆるものなり。仏英蘭等には紙幣なくして唯《ただ》銀坐手形のみを用ゆ。総《すべ》て紙幣及び手形は政府の銀坐より出《い》だす。この銀坐には固《もと》より紙幣、手形丈《だ》けの現金を備置《そなえお》くべき理なれども、一法ありて、必しも其元金の備をなさずして紙幣、手形を引替るに指支《さしつか》へなからしむべし。其法、何人《なんぴと》にても金を貸さんと欲するものあれば、官の銀坐より通法三、四分の利息を以《もっ》て之《これ》を預り、其金を以て紙幣局の元金となす。故に政府にては之が為《た》め別に元金の用意を為すことなし。金主より預け金の返済を願ふときは、即時に其元利を返す。但し出入の手数銀として元金二釐五毛《もう》（四百分の一）を官に収む。右は政府より建る銀坐の法なり。（①二九六頁）

現在ではどうということもない説明でも、慶應二・三年の人々としては初めて聞くことばかりだということに注意が必要である。「新政府綱領八策」で簡単すぎる五項目についても、それだけではちんぷんかんぷんだとしても、それぞれに応じた説明がなされている『西洋事情』の該当部分にしおりをはさんでおけば、各項目への理解が深められるわけである。その観点から調べてみると、例えば第三義「外国ノ交際ヲ議ス」については、『西洋事情』初編一に次のようにある。

> 西洋の諸国は其風俗言語各々異同あれども、新たに開《ひらけ》たる支那、日本の風俗と西洋の風俗と相異なるが如《ごと》くならず。その各国交際の模様を譬《たと》へて云《い》へば、日本の諸侯の国々にて互《たがい》に附合《つきあい》するが如し。各国の人民此彼《しひ》相往来して、商売は勿論《もちろん》、婚姻をも取結び、其君主も互に好《よしみ》を結び、吉凶相賀弔し緩急相救うの風なり。然《しか》れども元《も》と何《いず》れも独立の国にて制度一様ならざるが故に、其争端を防ぐ為《た》め各国互に約束を結で、懇親を固くし交易を便にするもの、之《これ》を条約と名づく。既《すで》に条約を結めば、此国より彼国へ全権のもの一人を遣《つかわし》て其都府へ在留せしめ交際の事務を商議せしむる者、之《これ》を「ミニストル」と称す。「ミニストル」の職掌は、条約の大義に基き両国の親睦を保全するを趣旨とせり。
>
> （①二九八頁）

これは外交に関する明快な説明であろう。

また、第五義「上下議政所」については、先にも引用した米国についての詳しい説明がある。そのほかの「海陸軍局」「親兵」についても同様で、『西洋事情』さえ座右にあれば、それを辞書のように用いることで「新政府綱領八策」の内実を捉え損ねる心配はなさそうである。

龍馬が『西洋事情』を参考にしていたのは百年前の常識

龍馬の「新政府綱領八策」は参考書『西洋事情』とともに容堂に提出された、というのは私の推測に過ぎないが、そこにある思想が『西洋事情』に由来するというのは、実は百年も前から指摘されてきたことである。というのも、『史学雑誌』大正二年（一九一三）六月号に掲載された維新史料編纂会会員岡部精一の講演「五箇条御誓文の発表に就きて」に次のようにある。

（「新政府綱領八策」と「船中八策」を続けて引用した後―平山註）

これが実に土州の大政奉還の建議の基をなしたるもので、兼てまた御誓文の前駆ともなつて居るのであります。この文の中に上下両議事所《（ママ）》を設くる云々の事が見えて居ります。これは明治元年の閏四月に至つて政体書といふものが発布せられました時に太政官に上下両局を設けられましたが、実に其の根源であります。此頃既に福沢諭吉氏の西洋事情が世に行はれて居りましたから坂本などは長崎で既にこの書は見て居つたものであらうと思はれますから、其思想は此等の書から来つたものと見えます。現に福岡子爵の御話を聞きましたときにも此書が参考になつたと申されました。（一一頁）

出現して一五年あまりにすぎない「船中八策」まで本物と信じきっている点に岡部の問題点があるといえばあるのであるが、ともかく維新史料に精通し、次節で扱う「五箇条の誓文」の起草者である由利公正や福岡孝悌と面識もあった人物の証言として、「新政府綱領八策」や「五箇条の誓文」が『西洋事情』の影響下にあったということこの講演は重要なのである。

5　明治天皇「五箇条の誓文」は『西洋事情』の換骨奪胎

暗殺の直前に龍馬は由利公正と面会していた

まあ私も人のことはいえない。「船中八策」を本物と信じていたのは岡部ばかりではなく、つい最近までの私も同様だったのだから。従来までの半ば定説では「船中八策」が「五箇条の誓文」に影響を与えたということになっているが、それは怪しくなってきた。とはいえ、「船中八策」自体は偽文書だとしても、龍馬直筆の「新政府綱領八策」は「五箇条の誓文」に四カ月ほど先行するので、依然として龍馬が誓文起草者の由利公正に影響を与えた可能性は残る。

それを言うためには、「新政府綱領八策」を執筆した時期に由利と面会していなければならないが、その事実自体は既に確認されていることである。というのも慶喜の大政奉還後、龍馬は土佐に味方してくれそうな松平春嶽《しゅんがく》の上京を促すため福井に赴き、そこで由利と意気投合していたのである。日付は一一月二日とはっきりしており、帰京して「新政府綱領八策」を起草する直前のことと思われる。

六月に記録されたという「船中八策」が本物だったとしたなら、龍馬から由利にアイディアが伝わった、ということが真実らしくなるのだが、偽文書とはっきりした以上、龍馬から由利へとも由利から龍馬へとも、どちらの可能性もあるわけである。その吟味は材料が揃った時点ですることにして、以下では慶應四年（一八六八）三月一四日に「五箇条の誓文」が出されるまでの過程を辿りたい。

「五箇条の誓文」が成立するまでの過程

慶應三年（一八六七）一二月九日の王政復古クーデタで発足した明治新政府は、寄り合い所帯であるがゆえに、全体がまとまるための基本方針を模索していた。翌慶應四年一月、参与に就任していた由利公正が、「議事之体大意」五箇条を起案し、同じく参与の東《ひがし》久世《くぜ》通禧《みちとみ》を通じて議定兼副総裁・岩倉具視に提出した。それは以下の文面であった（旧字体で引用）。

一　庶民志を遂け人心をして倦《う》まさらしむるを欲す
一　士民心を一にし盛に經綸を行ふを要す
一　知識を世界に求め廣く皇基を振起すへし
一　貢士期限を以て賢才に讓るへし
一　萬機公論に決し私に論するなかれ

諸侯會盟之御趣意右等之筋ニ可被仰出哉《おおせいだるべきや》　大赦之勅
一　列侯會盟式　一　列藩巡見使ノ式

制度取調参与の福岡孝悌は、この由利五箇条に対して第一条冒頭に「列侯会議を興し」の字句を入れるなどして具体的な政治状況に合わせた文面とした。表題も「會盟」と改めたため、幕末以来実施が望まれていた列侯会盟（帰順宣誓）のようなものになった。さらに福岡は発表の形式として天皇と諸侯が共に会盟を約する形を提案した。しかし、この「會盟」の形式では、天皇と諸侯とが対等に宣誓することになってしまい、あくまで天皇が諸侯に命ずる形をとる必要がある王政復古の理念に反するという批判にさらされた。その福岡案は以下の通りである。

會盟式

一　上ノ議事所ニ於テ

皇帝陛下臨御列侯《れっこう》會同三職出座（衣冠礼ノ如ク坐配議事式ノ如クス但下參與ノ者席ニ列坐スヘシ）總裁職盟約書ヲ捧テ讀之（御諱并總裁名印既ニ存ス）列侯拜聽就約

一　總裁職盟約書ヲ讀ミ終リ議定諸侯一人宛中央ニ進ミ名印ヲ記ス（本氏ヲ書スヘシ）次ニ列侯同之

一　盟約式終リ列侯退ク次日約書ノ寫ヲ以テ天下ニ布告ス

盟約

一　列侯會議ヲ興シ萬機公論ニ決スヘシ

一　官武一途庶民ニ至ル迄《まで》各其志ヲ遂ケ人心ヲシテ倦マサラシムルヲ欲ス

一　上下心ヲ一ニシ盛ニ經綸《けいりん》ヲ行フヘシ

一　知識ヲ世界ニ求メ大ニ皇基ヲ振起スヘシ

一　徴士期限ヲ以テ賢才ニ讓ルヘシ

右ノ條々公平簡易ニ基キ

朕列侯庶民協心同力唯我日本ヲ保全スルヲ要トシ盟ヲ立ル事如斯《かくのごとし》背ク所アル勿レ

たしかにこの「會盟」では何かの売買契約の式のようになってしまう。そこで、総裁局顧問の木戸孝《たか》允《よし》が、天皇が天神地祇《てんじんちぎ》（簡単に言えば神）を祀り、神前で公卿・諸侯を率いている状態で共に誓いかつ全員が署名するという形式を提案し、採用されることとなった。その際、木戸孝允は、福岡案第一条の「列侯会議ヲ興シ」を「廣ク會議ヲ興シ」に改め、「徴士」の任用期間を制限していた福岡案第五条を削除して木戸最終案第四条「舊來ノ陋習ヲ破リ天地ノ公道ニ基クベシ」を新たに組み込み、五箇条の順序を体裁良く整え直すなどして大幅に変更を加え、より普遍的な内容にした。

以下が実際に発布された「五箇条の誓文」である。

一　廣ク會議ヲ興シ萬機公論ニ決スベシ
一　上下心ヲ一ニシテ盛ニ經綸ヲ行フベシ
一　官武一途庶民ニ至ル迄各其志ヲ遂ケ人心ヲシテ倦マザラシメン事ヲ要ス
一　舊來ノ陋習《ろうしゅう》ヲ破リ天地ノ公道ニ基クベシ
一　知識ヲ世界ニ求メ大ニ皇基ヲ振起スベシ

我國未曾有ノ變革ヲ爲ントシ朕躬《み》ヲ以テ衆ニ先ンシ天地神明ニ誓ヒ大ニ斯《この》國是ヲ定メ萬民保全ノ道ヲ立ントス衆亦此趣旨ニ基キ協心努力セヨ

慶應四年三月十四日　御諱

勅意宏遠誠ニ以テ感銘ニ不堪《たえず》今日ノ急務永世ノ基礎此他ニ出ベカラズ臣等謹ンデ　叡旨《えいし》ヲ奉載シ死ヲ誓ヒ黽勉《びんべん》従事冀《ねがわ》クハ以テ　宸襟《しんきん》ヲ安ジ奉ラン

慶應四年戊辰三月

總裁名印

公卿諸侯各名印

ここには慶應四年とあるが、同年九月の明治改元にともない、一月一日に遡って明治とすることになったので、この日付は明治元年と読み替えられることになる。

なお誓文発布二カ月後の慶應四年閏四月に明治新政府の政治体制を定めた政体書は、最初に「大いに斯国是を定め制度規律を建てるは御誓文を以て目的とす」と掲げ、続いて誓文の五箇条全文を引用した。政体書は、アメリカ憲法の影響を受けたものであり、三権分立や官職の互選、藩代表議会の設置などが定められ、また、地方行政は「御誓文を体すべし」とされた。このことは後に触れたい。

誓文と文明政治の六条件との類似点

以上が「五箇条の誓文」が出されるまでの経過であるが、普遍的な統治方針を述べた由利案が、福岡によって具体的な会盟形式に変質し、さらに木戸によって戻された結果、もとの姿をよく残していることが分かる。

偶然にもせよ結果的に普遍的な言明となったことは、「五箇条の誓文」の命脈を永らえさせただけではなく、『西洋事情』の冒頭に掲げてある文明政治の六条件（原文は一三三、一三四頁に掲載）との再接近をもたらすことになった。すなわち誓文の第一条は『西洋事情』初編の最初にある英国の政治機構の説明と、第二条は文明政治の六条件の第五条件である保任安穏と、第三条は文明政治の六条件の第一条件である自主任意と、第四条は『西洋事情』初編に全文掲載されているアメリカ独立宣言の最初と、第五条は文明政治の六条件の第三条件である技術文学との間に類似がみられる。

さて、本節冒頭で提起しておいた坂本龍馬の「新政府綱領八策」と由利公正の誓文素案の影響関係だが、どうやら由利の考えが龍馬に影響を与えたと見るほうが妥当なようである。というのは、従来までは慶應三年六月に作成されたとされた「船中八策」の中の第二条「上下議政局を設け、議員を置きて万機を参賛せしめ、万機宜しく公議に決すべき事」が、「五箇条の誓文」の第一条「廣ク會議ヲ興シ萬機公論ニ決スベシ」の下敷きとなったとされてきたが、「船中八策」が偽文書と判明して、むしろ逆に誓文から八策が作られた可能性が高まったからである。確実に龍馬が書いたと分かっている「新政府綱領八策」と「五箇条の誓文」素案を比較するなら、完成度は由利の方が高いのは明らかで、こうなると慶應三年一一月初めに福井で二人が対面したとき、由利から龍馬に誓文のアイディアが伝わり、それをもとに龍馬は「新政府綱領八策」を仕上げたというのが妥当なところであろう。おそらく彼らは、大政奉還後の政局で福井藩と土佐藩の連携を探っていたのである。

実際には薩摩藩の画策により一有力大名に降《くだ》った徳川慶喜を加えた形での諸侯会議は開催されなかったので、龍馬暗殺後「新政府綱領八策」は宙に浮く形となった。そうした状況下で由利は新政府の運営が薩摩と長州に牛耳られてしまうことに懸念を覚え、「五箇条の誓文」素案の売込みを主に薩長以外の諸藩有志に図ったのであろう。

6　山本覚馬「書付」は赤松との協同を示唆する

京都御所の中で「五箇条の誓文」が準備されていたのとちょうど同じ頃、そのすぐ北に隣接している薩摩藩京屋敷内に囚われの身となっている一人の男がいた。会津藩砲術師範山本覚馬《やまもとかくま》である。

慶應四年三月

誓文が出されたのと同じ三月に、覚馬は薩摩藩に対して朝敵となった会津藩桑名藩の赦免を嘆願している。それが「時勢之儀《じせいのぎ》に付拙見《せっけん》申上候書付《かきつけ》」である。現代人の目からは読みにくい古文ではあるが、史料的な価値があると思われるので、まず全文を旧字体のまま引用する（ルビは平山による）。

山本覚馬
（同志社大学提供）

時勢之儀に付拙見申上候書付

先般御《お》取押《とりおさえ》相成重大罪之罪萬死《ばんし》を不免《まぬがれず》深《ふかく》奉恐入《おそれいりたてまつる》候儀に付 謹而《つつしんで》御所置相待居《あいまちおり》申候過日御藩渕邉直《ふちなべなお》右衛《え》門《もん》殿え申述候通り私儀兼而《かねて》為國家 聊《いささか》心を盡し居候に付假令囚虜《しゅうりょ》之身たりとも素志徹底仕度奉存當正月騒擾後も滞京 罷在《まかりあり》候儀に御座候先年来時勢紛擾《ふんじょう》既往之儀は萬ヽ御洞見之候於元幕府天朝御尊奉外國交際等其外件々不行届之廉有之然る処去る子年以来長州

御所置之儀に付幕臣勝安房守《かつあわのかみ》申上候には長州無罪不可討《うつべからず》且御藩之儀は従来為國家《こっかのため》御厚配被為在《あらせられ》候処幕府時情迂闊《うかつ》にして却而《かえって》疑惑を生し儀に付御藩決而不可疑於弊藩も私共并両三輩同論申立候え共貫徹不仕《つかまつらず》遂に不都合之始末に至り其後土藩《とはん》より國家大本御立直し之儀に付　王政復古之建白於御藩も御同論之儀慶喜公於寡君《かくん》は宇内形勢も熟知　皇國一新挽回之機会と奉存昨卯年九月政権返上相成候処幕吏並諸藩士井蛙《せいあ》管見の輩に至り候ては因循姑息《いんじゅんこそく》私論相立慶喜公於寡君も無拠取扱兼候廉も有之畢竟幕府者軽浮柔懦《にゅうじゅ》に流弊藩は山野に生育頑愚《がんぐ》固陋《ころう》之風俗御藩之如き西陸之一大國に而萬國時情も疾《しっ》に御通し公明正大御卓見も被為在《あらせられ》候儀有之併幕府有勿論弊藩桑藩《そうはん》に至り候而者為國家《こっかのため》焦思苦慮罷在《まかりあり》候得共事情齟齬《そご》従何となく確執形を生み天下之物議に渉り候儀も有之哉に付萬事一洗彼此嫌疑氷解《ひょうかい》仕度奉存候に付昨卯年六月私儀赤松小三郎《あかまつこさぶろう》を以御藩小松氏西郷氏え其段申述候処御同意に付幕府監察ゑも申談候得共更に取合不申《もうさず》猶夫是奔走周旋罷在候同年十二月　天朝より御制度御正　被仰出《おおせいだされ》其節幕吏並同藩井蛙輩紛沓《ふんとう》不穏右情を察し慶喜公寡君共下坂仕當春に至り慶喜公上洛先供偶然行違従闕下《けっか》及騒然候段天地神明え対し不可遁《のがるべからざる》之大罪併右一戦之儀は國勢為挽回御深慮も被為在《あらせられ》候儀と奉恐察候私従申上候者如何敷候得共幕府は勿論弊藩桑藩に於而《おいて》も決而他心無之國事憂慮之余り事件に及候儀に付傍者之徒とは相違も可有之候間右情実《じょうじつ》篤と御諒察被成下幕府御疑無之弊藩桑藩共御悪み無之人心に基き萬國公法之如く正大公明之御取扱を以速に御鎮撫《ちんぶ》相成確乎たる皇國之基本相立外國と並立候様仕度奉存候私儀ヶ様之身上に而《て》右等之始末申上僭越《せんえつ》至極《しごく》奉恐入候得共御時節柄に付私心を離れ建言仕候間可然《しかるべく》御取捨被成下候様奉願候以上

辰三月　山本覺馬

御執事中　（青山霞村著『山本覺馬』昭和三年〔一九二八〕一二月、同志社刊、二六〇～二六二頁）

これだけでは何が書いてあるのか理解しがたいと思われるので、以下では本文の現代語訳を掲げる。

　先般逮捕された際重大な罪ということで、死刑は免れないと思っておりましたところ、そうはならないと分かって恐縮しております。謹んでご処置を待っているところです。先日薩摩藩の渕邉直右衛門殿へ申上げましたように、私としても国家のためを思っていささか心を尽くして参りました。たとえ捕虜の身になっているとはいえ、初志を遂げたいと願っています。この正月の騒擾（鳥羽伏見の戦い）の後にも京都に留まっていたのはそのためなのです。先年来の時勢紛擾《じせいふんじょう》の経緯は、皆様よくご存知のことでしょう。先の幕府には天朝をご尊奉するその仕方や外國交際の手際など、さまざま行き届かないことがありました。そうこうするうち、去る子年（一八六四）以来、長州の処置について幕臣勝安房守は「長州に罪は無いので討伐してはなりません。さらに薩摩藩については今までも国家のために大きな貢献をしてきました」と上申していたのです。ところが幕府は情報に疎くて、かえって疑惑を生んでしまいました。「薩摩藩を決して疑ってはいけない」と会津藩でも私他三名の人たちがその意見を申し立てましたが、その意見を通すことはできず、ついに好ましからざる事態に陥りました。その後土佐藩より国家体制の大変革について、王政復古の建白が出されましたが、その点については薩摩藩も同じ意見だったでしょう。徳川慶喜公及び我が主君（松平容保）は国内の情勢をよくご存知でした。皇国の体制を一新し、再び盛り立てる機会とお考えになり、昨卯年（一八六七）九月に政権を返上されることになりました。ところが幕府の役人や会津藩の士分、井の中の蛙が狭い世界を見上げるような人々は、因循《いんじゅん》姑息《こそく》にも自分勝手な論をわめきたててしまったのです。そうした内部の事情により、慶喜公と我が君は取り成すことができなくなってしまったのでした。結局幕府の人たちは軽佻《けいちょう》浮薄《ふはく》な軟弱者、一方我が会津藩は山野に生育して頑《かたく》なで凝り固まった風俗なのです。薩摩藩のような九州の大国では、世界の情勢にもすばやく反応して、公明正大な卓見も出されようものですが、幕府のみならず会津・桑名両藩にいたっては、国家のために思いを焦がし、苦慮はしつつも諸事情に齟齬《そご》をきたし、そのため何となく確執が形を生み、天下の物議へと事が大きくなってしまいました。全てのことを洗い流して双方にわだかまる誤解を氷解させるため、昨卯年（一八六七）六月、私が赤松小三郎を介して薩摩藩の小松（帯刀《たてわき》）氏西郷（隆盛）氏へ政権返上について申し述べましたところ同意してくださいました。さらに幕府監察（大目付）へも申し上げたのですが、取り合っていただけませんでした。その後も何とか周旋しようと奔走していたのですが、同年（一八六七）十二月朝廷より王政復古の大号令が出されて、その時幕臣や会津藩の視野の狭い人々が不穏な情勢を察して慶喜公と我が主君と一緒に大坂に下りました。この春（一八六八）に至って慶喜公が再び上洛しようとしたところ、先導する警備の兵が偶然にも官軍と接触してしまい、騒然となってしまったのでした。このことは天地神明に対して逃れられない大罪で、さらに戦闘にまで及びましたことは慶喜公に今一度の政権復帰への願望があったためと思われます。私として強調しておきたいことは、幕府は勿論会津藩桑名藩につきましても、国を憂える心情のあまりに起きてしまった事件だったということです。幕府をお疑いに傍観者ではないのですから、その実情について厳正な判断をお願いしたく存じます。

ならぬよう、また会津藩や桑名藩を憎しむことのないようお願いします。人間としての真心に基づき、万国公法のように公明正大なお取り計らいをすれば、内戦も速やかに平定されることでしょう。そして確固とした皇国の礎が築かれて、外国とも並び立つような立派な国家ができることでしょう。私としてはこのような捕虜の身の上ですので、何かを上申するというのは僭越《せんえつ》至極《しごく》ということは十分承知しております。とはいえこの時節にそうも言ってはおられず、私心を離れて建白しようというのです。この建白を捨て去ってしまうことのないようにしてください。以上。

（「書付」現代語訳終）

この覚馬「書付」は従来から知られていたのではあったが、近年赤松小三郎の「口上書」と嵯峨根良吉の「時勢改正」が発見されるまで、その重要性に気付かれることはなかった。具体的に何が重要なのかといえば、それは、慶應三年（一八六七）六月について書かれた次のくだりについてである。「昨卯年（一八六七）六月、私が赤松小三郎を介して薩摩藩の小松（帯刀）氏西郷（隆盛）氏へ政権返上について申し述べましたところ同意してくださいました。さらに幕府監察（大目付）へも申し上げたのですが、取り合っていただけませんでした（昨卯年六月私儀赤松小三郎を以御藩小松氏西郷氏え其段申述候処御同意に付幕府監察ゑも申談候得共更に取合不申）」とある部分についてである。つまり覚馬は、自分が大政奉還のアイディアを出して赤松小三郎を介して薩摩藩に持ちかけ、さらに幕府大目付永井尚志にも申し出たが、彼は大政奉還を拒否した、とあるのである。

この記述の裏打ちが何もなければ、ただのはったりということになろうが、われわれはすでに赤松による完備された「口上書」の存在を知っている。そして彼が慶應三年五月に福井藩松平春嶽、また嵯峨根良吉に託して薩摩藩島津久光にそれを提出し、六月から八月まで薩摩藩の小松や西郷、そして幕臣永井らと交渉しながら挫折し、九月に薩摩藩士中村半次郎によって暗殺されたことをもである。覚馬の「書付」は前年夏から秋に掛けての動きに正確に対応していて、それはとりもなおさず大政奉還後の体制について詳述してある赤松の「口上書」の作成にも関与していたことがうかがわれるのである。

大政奉還後の政治構想としての『西洋事情』

事態の推移を時間を二年前の慶應二年（一八六六）まで戻して説明しよう。この年の一月二三日、土佐の坂本龍馬らの周旋により薩長同盟が結ばれた。ただしこの同盟はあくまで朝敵となっている長州の赦免《しゃめん》を薩摩が支援するという内容のもので、武力倒幕が謳《うた》われたものではない。この時期には幕府による第二次長州征伐の準備が進められていたが、薩摩藩はそれに協力しないまま六月七日に開戦、戦闘に参加したのは幕府直参と譜代の一部に留まり、八月一日には幕府軍の拠点である小倉城が陥落して長州優勢となったところで、一四代将軍家茂の死（七月二〇日）を口実にして九月二日に休戦となった。

こうして、薩摩の支援なしでは幕府の政権維持は不可能ということがはっきりした。そこでにわかに現実味を帯びてきたのが大政奉還論である。征夷大将軍なしで諸大名が直接朝廷に仕える体制なら前例がある。豊臣秀吉の時代（一五八九〜九八年）がそうだった。問題は二八〇年も前の制度をどのように一九世紀後半の時代に生かすかで、大政奉還後の政治構想が喫緊《きっきん》の課題となったのである。そんなときに刊行されたのが福沢諭吉の『西洋事情』だったのである。

慶應二年冬、赤松小三郎は薩摩藩京屋敷内に設置されていた兵学校の教師となっていた。山本覚馬に請われて西周（慶喜の補佐官）とともに会津藩の洋学校の顧問にもなっている。以下は想像であるが、翌年五月に完成する「口上書」のアイディアは、『西洋事情』の米国憲法と英国の国家体制の部分を参考に、この三人によって練られていったのではなかろうか。天皇を世襲制大統領に、各藩を米国諸州になぞらえるこの「口上書」の体制によれば大政奉還後の政局も安定するという見込みは、実際にそのように運営されているアメリカ合衆国が存在しているということから、説得力をもっていたと思われる。

おりしも慶應三年五月には、京都でいわゆる四侯会議が開催されていた。それは薩摩藩の小松帯刀・西郷隆盛・大久保利通らが、有力諸侯として知られた伊達宗城（前宇和島藩主）・山内容堂（前土佐藩主）・松平春嶽（前越前藩主）に働きかけ、彼らを朝廷の名の下に京都に呼び寄せ、島津久光（薩摩藩主島津忠義の父）とともに開港問題や長州赦免問題について話し合うためのものだった。しかし四侯会議は、慶喜の巧みな政局操作と両問題の討議順にこだわる些末な議論に終始したために無力化してしまったのである。島津久光の意図とは裏腹に、かえって慶喜の主導により五月二三日の徹夜の朝議で両問題に勅許が下されることとなった。慶喜の政治手腕は尋常ではない、という一種の恐れが有力諸藩の人々の間に広がった。

赤松の「口上書」の日付である五月一七日は四侯会議の開催中ということから、赤松や嵯峨根は京都でそれを提出したことになる。また「口上書」が提出された先は、今日では福井藩と薩摩藩だけが知られているが、実際には幕府・土佐藩・宇和島藩そして会津藩にも送られていたのではなかろうか。このような次第で慶應三年六月には大政奉還論が多くの人の口の端に上っているが、たとえ「口上書」自体を見ることができなかった人でも、『西洋事情』は大量に流布していて、その米国憲法の部から大政奉還後の政治体制にイメージをもつことはできたのである。

六月の段階で「口上書」案が採用されていれば、大政奉還後の徳川慶喜の排除などという事態は避けられたに違いない。薩摩の首脳部も四侯会議までは、慶喜に大政奉還さえ呑ませれば後は何とかなると甘い期待を抱いていたのだが、慶喜の政治手腕に並々ならぬものがあると判明した以上、将軍罷免後の政界放逐をも企図せねばならなくなった。覚馬は六月に大政奉還論は薩摩藩首脳に受け入れられたと「書付」に記しているが、それは誤った認識である。実際には慶喜の政権排除は同じ六月に定まっていて、その後も幕府と交渉していた赤松が九月初めに薩摩の手により暗殺されてしまったのも、その見込み違いによっていたのである。

大目付永井尚志が大政奉還を受け入れられなかった理由

覚馬は早期の大政奉還論が実現できなかった理由を、主に大目付永井尚志の頑迷によると見ている。四侯会議が幕府から見て成功を収めたので、大政奉還などする必要はないと強く出たとも考えられるが、私は永井にはもう一つ受け入れられない点があったのだと思う。それは第二次長州征伐の正式な講和がないまま長州藩が赦免され、大政奉還後の諸侯会議でも佐幕派の諸藩と同等の地位を占めるとなると、それまで激派テロリストとして追及してきた人々まで力を回復してしまう、ということである。四侯会議の結果決まった長州寛典論は、あくまで主君毛利慶親《よしちか》・広封《ひろあつ》父子の赦免だけで、穏健派指導の新長州藩首脳部による激派処罰を暗に含んでいた。大政奉還により無条件赦免となればそうはいかないであろう。

激派指導の長州藩がそのまま京都に乗り込んで来るとなると、永井にはさらに気がかりな点があったと思われる。それは長州藩が、それまで幕府に協力して洛中の安全を図ってきた会津藩配下の見廻組《みまわりぐみ》や新選組の処罰要求を出すかもしれないということである。命令に従っただけの彼らに罪がないのは明らかで、幕府としては彼らの生命の安全を保障する必要があった。

現実の事態の推移はすでによく知られている通りである。永井は鳥羽伏見の戦いの後慶喜とともに江戸に戻り、その後は慶喜の帰順命令にも背いて奥羽越列藩同盟に合流、榎本武揚が率いていた旧幕府海軍の軍艦に同乗して函館に至り、翌明治二年四月まで抵抗を続けた。最後まで一緒だった新選組隊士は明治政府軍への投降後処刑されたので、結局彼らの生命を守ることはできなかったが、筋を通すことはできたのである。永井はしばらくの間投獄されていたが一年で釈放され、その後明治二四年（一八九一）まで生きた。作家の三島由紀夫は彼の玄孫である。

7 太政官「政体書」は『西洋事情』の復古的解釈

「五箇条の誓文」の実施規則

話は慶應四年初夏の京都に戻る。由利公正とともに「五箇条の誓文」の文案を練った福岡孝悌《たかちか》は土佐藩の上士だった。後藤象二郎の盟友で坂本龍馬の上司でもある。福沢より三カ月遅い天保六年（一八三五）三月生まれの福岡は、福沢より一八年も長く生きたので、明治維新の裏話を数々残している。その一つが先にも引用した「政体書」は『西洋事情』の影響下にある旨の発言で、それはすでに定説化している。

「五箇条の誓文」に比べて読まれることの少ない「政体書」は、誓文の内容を実施するにあたっての規則である。一二の項目が立てられているが、そのうち第一項は誓文前文の再掲、第一二項は官職の職制についての事務的な記述なので、以下では主要一〇項目を引用する。

一　天下ノ権力総テコレヲ太政官ニ帰ス則チ政令二途《にと》ニ出ルノ患無カラシム太政官ノ権力ヲ分ツテ立法行法司法ノ三権トス則偏重ノ患無カラシムルナリ

一　立法官ハ行法官ヲ兼ヌルヲ得ス行法官ハ立法官ヲ兼ヌルヲ得ス但シ臨時都府巡察ト外国応接トノ如キ猶立法官得管之《これをかんするをう》

一　親王公卿諸侯ニ非ルヨリハ其一等官ニ昇ルヲ得サル者ハ親親敬大臣ノ所以ナリ藩士庶人ト雖トモ徴士ノ法ヲ設ケ猶其二等官ニ至ルヲ得ル者ハ貴賢ノ所以ナリ

一　各府各藩各県皆貢士ヲ出シ議員トス議事ノ制ヲ立ツル者ハ輿論公議ヲ執ル所以ナリ

一　官等ノ制ヲ立ツルハ各其職任ノ重キヲ知リ敢テ自ラ軽ンセシメサル所以ナリ

一　僕従ノ儀親王公卿諸侯ハ帯刀六人小者三人其以下ハ帯刀二人小者一人蓋シ尊重ノ風ヲ除テ上下隔絶ノ弊ナカラシムル所以ナリ

一　在官人私ニ自家ニ於テ他人ト政事ヲ議スル勿レ若シ抱議面謁《ほうぎめんえつ》ヲ乞者《こうもの》アラハ之ヲ官中ニ出シ公論ヲ経ヘシ

一　諸官四年ヲ以テ交代ス公選入札ノ法ヲ用フヘシ但今後初度交代ノ時其一部ノ半ヲ残シ二年ヲ延シテ交代ス断続宜シキヲ得セシムルナリ若其人衆望ノ所属アツテ難去者ハ猶数年ヲ延サヽルヲ得ス

一　諸侯以下農工商各貢献ノ制ヲ立ツルハ政府ノ費ヲ補ヒ兵備ヲ厳ニシ民安ヲ保ツ所以ナリ故ニ位官ノ者亦其秩禄官給三十分ノ一ヲ貢スヘシ

一　各府各藩各県其政令ヲ施ス亦　御誓文ヲ体スヘシ唯其一方ノ制法ヲ以テ他方ヲ概スル勿レ私ニ爵位ヲ与フ勿レ私ニ通貨ヲ鋳ル勿レ私ニ外国人ヲ雇フ勿レ隣藩或ハ外国ト盟約ヲ立ツル勿レ是小権ヲ

以テ大権ヲ犯シ政体ヲ紊《みだ》ルヘカラサル所以ナリ

（「政体書」終）

米国憲法の影響下にある

ここに見られるように、不十分ながらも三権分立が提唱され、立法官と行政官の区別が図られ、地方自治体からの議員の選出が謳《うた》われ、さらに四年毎の選挙が定められている。全体的に『西洋事情』で翻訳されている米国憲法を日本風にアレンジしたもので、問題なのはそのアレンジによって、どうすることなのか内実不分明になってしまったことである。これでは、上の議事所で政務を執る親王・公卿・諸侯以外の庶民でも、下の議事所で徴士や貢士として政治に参加できる、という程度のことしか分からない。

この「政体書」が発布された慶應四年（一八六八）閏四月は未だ戊辰戦争が継続中で、その中身についてすり合わせができたとしても、実施は不可能という状況だった。「五箇条の誓文」が現在に至るまでしばしば引用されることがあるのに、それに基づいて作られた「政体書」（これは constitution 国家体制すなわち憲法の意味とされる）がほとんど忘れられてしまったのは、この後頻繁に太政官の組織変更があり、当初の文面を参照する理由がなくなってしまったからである。また、「政体書」が新政府のモットー、王政復古という文言にとらわれて米国憲法を解釈した結果として曖昧になったという反省から、二二年後の大日本帝国憲法発布にあたっては、徹頭徹尾ドイツの法律概念の正確な移し替えが図られることになった。

8　山本覚馬「管見」は『西洋事情』への応答

全文紹介

薩摩藩京屋敷内に囚われていた山本覚馬が、弟子の手助けによって「管見」を完成させたのは慶應四年六月のことだった。後にもう少し詳しく述べるが、事態の推移からみて、覚馬の能力に気づいた薩摩藩が、今後の政権運営の参考にするために彼に依頼したものと考えられる。二カ月前に土佐の福岡孝悌《たかちか》を中心にしてなされた「政体書」には曖昧な点が多く、薩摩としてはもっと明確なものを作って政権の主導権を握る意図があったのだろう。かなり長いものであるが、以下で全文を紹介する（原文はカタカナ漢字まじり。旧字体のまま句読点・ルビは平山による）。

管見

近年世上紛々騒擾《ふんぷんそうじょう》に至候者寡君抔《かくんなど》不行届より起り殊ニ當春之擧動不可遁之《のがるべからざるの》大罪窮竟に於私共も不行届之儀深く奉恐入《おそれいりたてまつり》候爾来國家之御動静之毫《ごう》も不相辨け《あいいいわけざる》様の身上にて　御國體江《おんこくたいへ》関係之儀申上候而者越俎《えっそ》至極重々奉恐縮候得共御時節故兼而《かねて》時勢に付苦慮罷在《まかりあり》候管見別紙に相認《あいしたため》備高覽候間御不都合に無之候はゞ其江《それへ》御差出し被下度尤追々文明維新之御制度御変革右等は必然蛇足に属し候儀ト奉恐棄《きょうきたてまつり》候得共萬一御採用之廉《かど》有之献芹《けんきん》之野志相貫候はゞ上者　御國恩を報じ下者寡君之罪状を償ふ一端にも相成可申歟《あいなりもうすべきや》ト奉存候間格別之御乗憐《ごじょうりん》を以可然御取扱《おとりあつかいしかるべく》被成下候はゞ難有仕合《ありがたきしあわせ》奉存候以上

辰六月　　山本覺馬

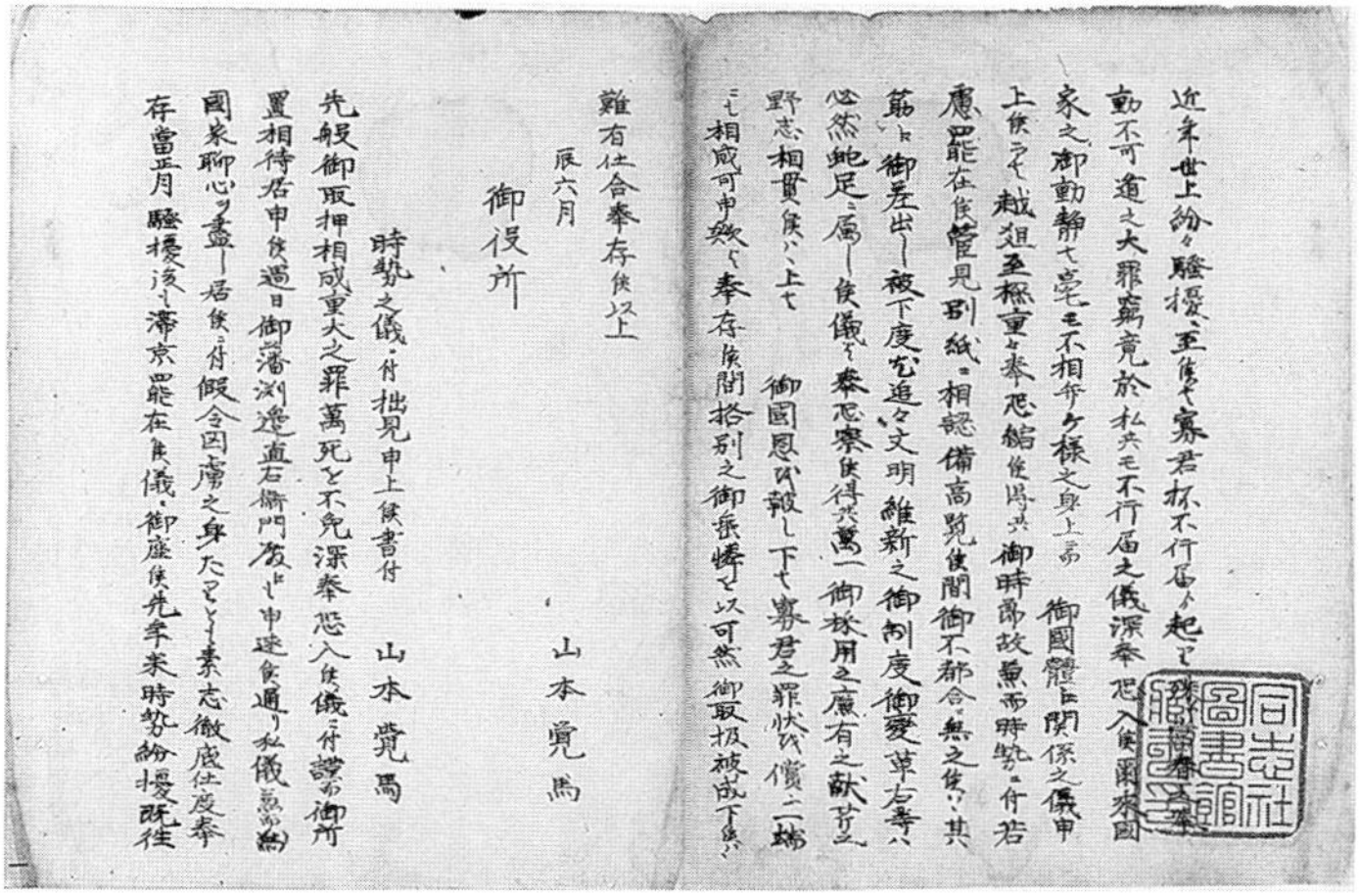

山本覚馬「管見」（写本）部分（同志社大学図書館蔵）

御役所

管見　小引

本邦通信外國の情状を察するに魯西亞《ロシア》日に強大に至るべく近来北蝦夷地《えぞち》を彼従開拓依て去る寅年元幕府元扱には彼此の経界論に及ひしに従来混茫不毛の地なれば各随意に開所領とせは天地の道理にも叶ふべしと彼の議論にて其説行の由且《かつ》先年来箱館へ番兵を置く譬《たと》へば碁に先手を下す如し或人曽《かつ》て魯人と對話せしに彼地球をさして曰《いわく》日本も遂に黄地に変へしと魯國は元黄地に属するものなればかく言しなり是により之を観れは我國を併呑するの萌《きざし》ならん歟《か》去る子年魯より對州を侵せし時英人の力にて之を取戻せり英人は上海を根據とし友邦本邦と交易をなす故對州魯に屬するには英の不利なり且魯英佛とも我國を覬覦《きゆ》する勢あれども必兵を以てせす夫意人心に基き戎弊《へい》に乗ずるなるべし元來佛欺僞《ぎぎ》を以関東に親めは英之を西に訐《あば》き、英私意を以て関西に結めは佛之《これ》を東に誹《そし》る方今佛の「ナポレヲン」は前「ナポレヲン」の甥にして一時共和政治を主張し其君を廃し其位を奪ふ誠實を以なすにあらす曽《かつ》て魯従「トルコ」を侵し「セハステホル」に戦時に英佛「トルコ」を援く各其國の利不利を謀てなり我國彼三國との交際に於るも亦大に之に類すべし之を防は確乎不易の國是を立冨強を致すにしかず國家騒擾の際會に乗すれは変制も仕易ものにて追々文明の御政體御施行なるべく余憂國焦思の餘りに兼て愚考の拙口を述ぶ然るに眼か不明執筆不能依て人を雇之を認疎漏杜撰多ければ只識者の取捨を待のみ

慶應四年戊辰五月　山本覺馬

政體

王政復古萬機一途に出るに付ては、普天率土《ふてんそつど》忽風靡《ふうび》朝命を不仰《あおがざる》はなし。然るに皇國開闢《かいびゃく》以来綿々継統彼漢土の夏殷周《かいんしゅう》其時代につれ法制損益あるとは異る事なれば、我國體を不異萬世不易の準則を立《たて》、皇威赫然《かくぜん》外國と并立《ならびたて》、彼の侮りを受けさるは、國民一致王室を奉戴するにあり。政権は盡く聖断を待へき筈なれ共、さすれは其弊習なきに非ず。依而《よって》臣下に権を分つを善とす。臣下の内《うち》、議事ものは事を出すの権なく、事を出すものは背法者を罪するの権なく、其三つの中に権一人に依る事なきを善とす。官爵《かんしゃく》の権、度重《どちょう》の権、神儒仏の権、議事院の吏長を黜《しりぞけ》る権、是は専ら王に歸すべき也。

議事院

於官府《かんぷにおいて》大小の議事院を立て、其大者《だいは》は大臣を置《おき》（今の縉紳《しんしん》家又は諸侯指《さす》）其小者《しょうは》小臣を置《おく》（文明政事開に従つて四民従《より》出べし然ども方今人材士にあらざればなし故に王臣又は藩士より出べし）。其小者凡一萬石にて半人、五萬石にて壹人、拾萬石にて貳人、二拾萬石にて参人位の積りにて出す。然し恒産なきものを出さず、大臣小臣の中に裁判人有、各國より大小事件申出づる事有れば、其使訴たとへ訥辨《とつべん》の者たりとも、其國の利弊を吐露せしめ、是非を決る其任也。議事院大者議論自ら因循、小者自ら果断、之に依て議論自ら中を得べし。

學校

我國をして外國と并立《ならびたつ》文明の政事に至らしむるは方今の急務なれば、先づ人材を教育すべし。依て京摂其外於津港《しんこう》學校を設け、博覧強記の人を置き、無用の古書を廃止し、國家有用の書を習慣せしむべし。學種有四《がくしゅによつあり》。其一、建國術萬國公法の如きもの、性法國論表記經濟學等も亦其中なり。其二、脩身成徳学。其三、訴訟聴断。其四、格物窮理其外海陸軍に付ての學術を教諭せしむべし。（當時之に醫學を加へ五種とせり）

變制

皇國の大本御建直しに付ては太平澆季《ぎょうき》の風習を脱し、一新不易の制度御變革なるべし。億兆蒼生《そうせい》の父母たるものなれば、強て民を束縛せず。各天稟《てんりん》の才力を伸し、生活を遂しむるに有る故に、法を改るも、譬《たと》へば人の年に寄《より》教を施す如く、國の開の遅速に随ひ、よく人情に基き、緩急もある事なれば、或は一月《ひとつき》にして変、或は三月《みつき》にして改、或は沿習《えんしゅう》して漸く定るもありて、遂に、其令一定し、文明の政治四境に達すべし。又人を知らず此等は最も政治の悪弊也。且刀剣も古来、國俗の佩《おび》る事にて、無益にも非ざれども、要用の器にも非ず、追て國の闢《ひらく》るに随ひ之を廃停するも可ならんか。此説的當也。先第一に人材を抽擢《ちゅうたく》し國是を定むべし。

撰吏

プロイスの「レーマン」〔覚馬が交流していたドイツの武器商人―平山註〕曽て余に書を送て曰、日本の惰吏多くして吏の給料も少し。故に吏を減、能者を挙、給を増し與ふなし。又蒸氣道傳信機等を制し、歩行の労を省事、有事は糧米兵器輸送、或ハ軍を催すも速に弁なし。常に津港に艤為舩も盡く外國制を用ひ和制の舩からは賦を多く出さしむべし。さすれば自ら外國制に変すべし。士に至りては無能遊惰のもの多く、徒に刀剣を帯、農工商を侮蔑し、却而三民よりよく生活するを知らず。此等点皆政治の悪弊也。且刀剣は古来國俗の佩る事にて、無益にもあらねども、要用の品にも非ず。追々國の開るに従ひ、之も廃停するも可ならん、と云々。此説的當也。先第一に人材を抽擢し、國是を定べし。

國體

我國は皇統綿々萬國比類なき美事なり。此度皇政復古なれども、俄《にわか》に國體を郡縣に変難《かえがた》ければ、封建と郡縣との間の制度を立つべし。其法如何《いかん》となれば、我國数百年以還官武と分れ、大小諸侯其禄土を自己の有とす。今更盡《ことごと》く　王室へ帰し難し。故に諸侯並陪臣へも有領の禄土は其儘與へきりに致す可《いたすべ》きなれども、普天率土は皆王臣なれば、陪臣は其諸侯へ　王朝よりの被附属《ふぞくさる》姿なる可く、且各より相應の賦を納しむなり。其法は惣て高《たか》より取り人より取るに非ず。譬《たと》へば其地を質とすといへども、質より取し者従出《より》す也。士にても業に堪さる者は、其地を賣り農商に帰するとも人を束縛せず。其所好をなし、長枝を盡さしむ可し。又従来上下隔絶の弊を止め、貴賤混淆《こんこう》学術技藝を磨しめ、官に當るは貴賤等級を不論《ろんぜず》、賢愚により擢《えらぶ》可し。然し貴者は資産も富萬事自由なれば、我國にて學のみならず外國へ遊学となす也。依て人材多く貴者より出づるは自然の理也。如斯《かくのごとく》せは封建と郡縣との間にて、遂に漸く郡縣の姿に変ずる也。且軍卒は禄の大小に因り一家より一人、或は半人宛出さしむ可し。年齢十八九より廿五迄を常備兵とし、廿六より三十迄を國衞兵とし、三十一より三十五迄を第二國衞兵とす。又文吏武官に望ある有志の者にて、學術技藝を学ばんとする者、常備國衞の年齢に當り、人をして己に代り出す。是を一種賣る自由兵と云ふ可し。如斯せは士の人々混和確執の弊なく、一人武幹一人の武威に非ず、天下の武備と云ふ可し。且兵庫港へ海軍所を立つ可し。若し議事院の法に叛き、國中亂賊の徒有之《これある》時は、神速に軍を催陸軍随て之に継可く、たとひ外國たりとも萬國公法に信戻《しんれい》する者あらば、彼をも討夷するに足る可し。且《かつ》方今農は賦も取り労も多き事なれば、四民共に賦を平均するを善とす。先づ然らしむるは、遊藝其外遊女屋等益なきものには多分賦を収しめ、書肆米醤《べいしょう》等販《ひさ》く人事に益ある者よりは軽く、若しくは取らず。それ故物價を廉に賣しむ可し。工人も是に倣ひ多少各々有差《さあり》。其賦税をすべて議事へ収め、高何程内《うち》何用何用と定めさすれば國民平均至當の法と云ふ可し。

建國術

余思ふに、宇内の國々其國本を建るに、商を専とするあり、農を専とするあり、商を以てする國は政行し、衣食も足り、富饒にして人も勇敢、兵備も充實也。農を以てする國は之に如かず。「ヨーロッパ」の内にては「イギリス」「フランス」「プロイス」商を以て盛なる國也。日本支那等は、農を以てする故に、之に如かず。其故如何となれば、譬へば百萬石の地より収る賦、凡百萬金と見て、夫を工人へ渡し、器物を作らしめば一倍増して二百萬金となる。夫を商人へ渡し商はしめば、又之に二倍、遂には金の増事限なかる可し。然る上に矢張元の百萬金をとるなり。如斯せは農も盛へ、工思ふまゝに物をも作られし、商も利を得可し。余曾《かつ》て「プロイス」の人「レーマン」に聞く、「アメリカ」にては器械を以て田を耕し二人にて七十人程の働をなす、と。「和蘭」の人「ハラトマ」に聞く、「イギリス」の富を致すは蒸汽器械を発明してより也と云々。固より「イギリス」は石炭の多き國也。故に工人の功を増せしもの也。余曾て崎陽《きよう》〔長崎〕に遊び「和蘭」の人「ボードーイン」「イギリス」の人「ゴロール」等に逢ふて事を聞くに、彼等日本へ来りし時は僅か壹萬金程ももたざりし由。今に及びて巨萬を累舟六七十艘も所持し、崎陽上海の間に商賣し、一月に十五六萬金に下ずと。此輩の如きは只一商人にて、如斯《かくのごとく》其大なる事推て知るべし。余二十年前、我隣國仙臺米澤の事を聞しに、仙臺は其地米澤に五六倍、仙臺は農を以て專とす。米澤は商を以て專らとす。然るに仙臺より粥《ひさ》く米の價、一ヶ年三十萬金の由。方今米の價三倍と見て凡そ百萬金。帛《きぬ》の價一ヶ年十八萬金の由。方今の價四倍と見て七八十萬金なるべし。其外諸細工物の價等合せて金の入事殆比較す。仙臺は國も広大にして山海を帯、至極上國なれ共、貧國なれば政事も衰へ、農商ともに日々に減し、米澤は之に反す故に、商を以國を建る時は、農ははげみ、士は強壮、工は巧に富國強兵に在らん歟。

製鐵法

余嚢《さき》に洋書を讀みて鐵の章に至り大に感ず。其書に曰く、鐵の人の智に關係する最甚しと。先人の生活するや穀を食ひ、穀は田畑より生《しょう》じ、其田畑を耕に鐵を以てす。家は木を以作る。其木を伐るに鐵を以てす。鐵は山より成る。其山を穿《うが》つに鐵を以てす。人を殺すも鐵を以てす。其外人の生活に要する物、鐵より大なるはなし。其鐵の発明するや、始「フランス」にて鐵の降りし事有り。之を取て火を交へしに、忽《たちまち》熔解す。其近き邉りに「アルペン」なる山あり。火山にして烟焔《えんえん》常に絶へず。其山より飛出せしを察し、其所に至り相似たるものを熔して見れば同種類なり。故に方今追々発明加はり、海岸の臺場、軍艦其外大小之器械、盡《ことごと》く鐵に非るはなく、其價も又木より廉なり。日本にては鍋釜等の小器に用ゆれども猶足らず。其價木より又高し。其所以は雲伯〔出雲伯耆〕南部等にては「フイゴ」にて「トコ」と伝ふ物に多分の炭を焚《たき》鐵を得る、三四日に千貫目程、一月に七千貫目過す。外國は不然《しからず》。熔爌爐《ようこうろ》にて鐵を製し、其熔爌爐を晝夜用ひて十月又は一年位保つに、晝夜にて鐵之鑛千貫目程を得。一月に三萬貫目、十月に三十萬貫目なり。熔爌爐を晝夜不絶用ひても内部は微々損する而已《のみ》にて外部は損せず。水車蒸汽の力を加る事故《ことゆえ》人の勞を省くなり。たまたま南部にて右之器を作り用ひけれども「ヒールハストステイン」と伝ふ者ゝ用方を知らず。遂に廢物となれり。十五日程の鐵代あれはたとへ異人を雇ても一年の給料は足る可し。故に官府の命を以て要用の地へ取建可し。さすれば、鐵は益々盛になり、鐵城も出来、鐵軍艦砲臺等作られ、其外人民に益有事推て知可し。かゝる緊要の事を捨て何をかせん。昔王政の頃日本六十餘州國の大小により釜座を一州に何軒と勅許有り。

今も猶然り。鍋釜は人民日用離し難きものなれば、右の如くせしなり。然るに鍋釜目方重ければ、鐵も多く費《ついやす》故《ゆえ》、今より以後「反冩爐《はんしゃろ》」といふものにて鍋釜を鑄《い》、是を「ろくろ」にて薄くすべし。反冩爐は鐵を穿《ほ》る所に取建鍋釜を作り釜座へ送るべし。さすれは荒鐵従は運輸の費も省《はぶく》べし。殊に因《よ》りては釜座へ反冩爐を置くも可なり。右鍋釜薄くせば、一日一軒にて薪三本省くとも、日本凡五千萬の人口として、一家五人づゝと見千萬軒なれば、三千万本也。國の開るに従ひ、人も増は薪も費る事なれど、薪は元造作の力にて生育し必用のものなれば、多分に用ゆれば無益なり。鍋釜はたとへ高價に求るとも、金は世上融通の物なれば廃るに非ず。材木を多分に用ゆるは、天地に對しても無益也。

貨幣

貨幣の位は物價高低に関る事にて、國家の緊要の品也。中古金壹兩銀六十目と定めしは、實に相當也。然るに元幕府の猾吏《かつり》、金銀の間銀を上せ金を吹下げ共に不相當也。近年四民の困窮の元は幕府困窮の元より起り、幕府は四民に對し借金といふ様なる者也。然し政事のために遣しものなれば、自今以後年々三十萬両にても、五十萬両にても、元のよき位に吹替へ、悪しき金と混して用ひば、速に相當の品に改るべし。且金銀とも銅何程入《なにほどいり》と書物か又は新聞紙にても載せ、公然と世界へ布告し、外國の貨幣とても其儘日本にて通用すべし。貨幣は融通の物なれば、角なるは止りつかゆる姿故忌へり。小判甲州金の如く圓形をよしとす。外國も皆然り。王政になりし事なれば、新造の錢は盡く銅にすべし。青銅黄銅は銅よりは余程位劣りし物也。然るに銅へ鉛錫を交へ銭を作るは、天地萬國へ對し條理を不辨《わきまえず》愧《は》づべきなり。日本紙幣通用の國あれども、王政になりては是を止べし。如何となれば紙幣を用ゆれば國衰微して富を不致《いたさず》。然れども外國にても紙幣を用ゆる國は、其用方《もちいかた》官府にて商人より十萬金借れば十萬金紙幣を商人へ渡し、隨意に融通致させ、壹萬金にても貳萬金にても返せば紙幣も其通りに致皆返せば紙幣を取上る也。如此《かくのごとく》せば紙幣の弊もなく、却而《かえって》便利なり。世界不通用の我貨幣を以て外國と交易せば、日を追つて日本の衰耗《すいもう》窮なし。速に外國に模倣して是を改むるは急務なるべし。

衣食

我國人性質怜悧明敏なれども、往々事に堪兼《たえかね》る者あるは、其所以を尋るに、養生の悪き故なりと。衣食は人身に取り最大切の者也。粗食粗品にて学問をなし、精神を費せば、身體労し廃人となり、後年事に堪がたし。肉食の國は人材多く、牛豚の肉を食ひ、毛織の衣を着すれば、身體強健精神充實する也。古聖賢も牛羊鶏豚の肉を好み、我國も上古は肉食なりしに、佛法盛に行れてより追々肉を不食《くわず》、人も柔弱になりぬ。故に毛衣肉食を以て筋骨を健にし、氣力を養ひ、人材を育するは、方今の急務なるべし。

女學

國家を治むるは人材によるものなれば、是を育するは緊要なり。日本支那は婦人に學問を教へず。自今以後男子と同しく學ばすべし。夫婦とも精神十分の智を盡す者なれば、其子親に優り又其子も親に優り、追々俊傑の生るは其理也。童子は婦人と関する事多ければ、婦人賢にして教ゆると、愚此を育つるとは其相違甚し。夫《それ》女は生質沈密の者なれば、其性にかなふ学術國體に関る者を撰び教ゆべし。且《かつ》才女は猶学ばすべし。

平均法

冨者は常に逸《やす》し、貧者は常に労す。如此《かくのごとく》貧富偏るもつまりは一國貧に至る也。且嫡子《ちゃくし》は愚なるも家督を續《つ》ぎ、二三男は賢なるも産業もなく徒然《いたずら》に世を過、國の悪弊甚大焉。然れども冨者をして貧者に財を分ちがたし先　天子を除くの外、侯伯士農工商に至るまで其子五人有れば五人、三人なれば三人、人数依りて己の家督を　各《おのおの》へ平等分與すべし。さすれば貧富偏することなく遂に日本の冨を致すに至るべし。且我國子なき者の家産を挙て他人へ譲るは是其理に戻る也（女子有て聟《むこ》を迎家名を續す可きなり）家督の絶る時は家産を親戚に與ふべく親戚なき時は官府へ収むべし。

醸酒法

方今日本米を以常食とす。然るに人の幅輳《ふくそう》する津港こそ米も十分あれども、僻境の山中にいたつては甚乏木實《きのみ》或は草などを食す。是を以《もって》國中ならし見れば甚不足なるを知るべき也。且米穀の十五分の一は酒を醸為に費也。米穀の高低は諸價に関係する事なれば、米價をして廉ならしむべき也。且人身窮理を以て見るに、米の酒は養生に害あり。故に之を醸事を官府の命を以國中に禁べし。さすれば僻境も米に足り、諸物價廉になり、我國産にて辨し他産不廉の品を用ひざるに至らん。「麦」「葡萄《ぶどう》」「ハレーナヨ《馬れい薯》」皆人身に補ある者なり。是を以酒をつくるべし。「葡萄」は奥羽蝦夷邉《あたり》に多く生れども捨てゝ取らず、空く腐るに至る。是を以製すべし。我國にては土器に酒をもる事なれども、體裁も悪しく酒を損不利の物也。且之を作るに人手もかゝり薪炭も費故に西洋の「フラスコ」を用ゆべし。是を製作するはよき仕法にいたし、半時に百貳拾本、一晝夜二千八百八拾本程は出来、其釜二十日程は保つべし。一釜に五萬七千六百本出来るべし。さすれば價も廉に酒もかはらず、倹なれば天地へ對しても宜敷、よく開けたる國は土器を用る事少し。

條約

方今兵庫開港に付ては、先《ま》づ淡路嶋明石阿波の鼻とまか島へ砲臺《ほうだい》を築くべし。然るに軍艦は他國の制をうけず自由に出入するは萬國公法なれども、右四ヶ所は我國の内海にて領地も同様にて、殊によれば埋《うま》ることもあれば、商舩は不許に入も可也。軍艦は不許に入るは不可也。方今如此規則を立ざれば後に外國交際に於て葛藤を生ずべし。

軍艦國律

我國追々開くるに随ひ軍艦を備へざるべからず。然れども官府のみにて是を製作し諸藩に於て作るを禁ずべし。如此規律を立てざれば後日に至つて其弊を生《しょう》ずることあるべし。

港制

兵庫開港貿易盛になれば各國の人輻輳《ふくそう》すべし。異人館を横濱の如く建つるを悪しとす。然れども既に落成なれば不得止《やむをえず》、依て今の内町内へ堀を穿《うが》ち、海濱より舟の往来を自由にすべし。さすれば輸送の労省け物價も自ら廉ならん。今是をなすは易く後是をなすは難し。且「コウベ」の方はさわりなき事なれども、和田の岬の方はたつみ風にて、もし誤て舟中より火災起らば、延焼不可救に至らんが故、逃避の為渠《みぞ》を掘るべし。官府にて心を用ゆる先づ是等を急務とす。

救民

近頃、於西洋蒸汽船、重力、種痘三つの大発明あり。重力にて潮の差引をせぬ其外萬物の働を辨ず。昔は三年にて地球を一週す、今は蒸汽船にて僅か一月余りにて一週す。種痘にて人民数百萬を救ひ日本にては未だ重力にて事物の道理を辨せず、蒸汽船も未だ十分益あるに至らず。種痘の事に於ては已に人民を救ふ、十萬を以算すべし。然るに疳瘡《かんそう》にて身を亡し、病人となり、其毒子孫に及ぶものあり。其元を推すに遊女より傳染する也。之を防がざるは國政の届かざる也。我國津港宿驛等人の輻輳する處に遊女場あり。其病を治する方を立ざるは陥井《かんせい》を國中へ設くる如し。依て官府より醫師に命じ、七日目位に遊女及び遊ぶ男子をも改め、病あらば其手當をなすべし。さすれば其病根を盡すべし。外國にても是を憂《うれ》ひ、遊女を廃せし事あれども、密に犯す者多く、却て疳瘡盛になりしかば、遊女場を元へ復し、病を防ぐ前に有る如くし、殆ど絶るに至る由。曩《さき》に蘭人「ボードーイン」崎陽へ来りし時、一書生一夜妓樓《ぎろう》に登り、翌日疳瘡を発し、三日にして鼻腐爛《ふらん》し遂に廃人となる。「ボードーイン」愠《いかりていわく》曰是悪疾を防ざるは國政の悪きなり、と云々。我思ふに大に然り、夫政治は親の子を戒《いまし》むると異る（遊女場に行くが事なかれといふ也）ことなれば、少しく理に戻れる如くなれども、小利を見ずして大害を除くにあり。さすれば億兆の人民を救人材を育する一助となるべし。

髪制

余古記繪巻物の人物を見るに、髭髪《しはつ》を剃らず、自ら質朴の風なり。今も八瀬大原の里人は髭髪を剃らず、自ら王政の古風存するなるべし。然るに應仁の乱、夏日の炎天に困しみ、頭の前を剃りしが、遂に世上一般の事となりぬ。清朝の風も見悪きことなれども、我野卑に比すれば優にして、士風も品格も高く、天地萬國へ對し宜き事なれば、之を復するにしかず。方今京大坂江戸にては、凡貳萬五千人程の結髪職有り。其結髪所至つて雑沓する事なれば、或は半時或は一時を費《ついや》し遊惰の者集り博奕又は遊冶の談のみにて少年輩を悪道へ導き、徒《いたずら》に光陰を費すのみにて、大に風俗を乱す也。且日本五千萬一軒五として千萬軒也。一家一年用ゆる剃刀油元結費金貳分つゝと見て五百萬金なり。右人口結髪の間業を廃る入費五百萬金位に當るべし。如此《かくのごとき》冗費を省古風の如く士農工商冠の前を立て、毎朝自ら梳《くしけず》らは品格もよく快かるべし。然れども一時に改むれば、人情に背く事もあるべし。故に十歳以下の者は古風に復し、其余は随意に任すべし。結髪職油元結を製する者も十歳前は禁ずべし。さすれば二十年を出すして古風に復すべし。

變佛法

我日本六拾余州の小國にて寺院四十五萬軒あり。其大者住僧数百人、小なるものも二三人を下らず。法を辨へ戒を守るもの千人の内一人、悪行せざる者百人に壹人僅か有るのみ。餘は皆肉食をなし婦女を蓄へ物欲は俗人よりも肆《きわまる》、又は甚しきものは寡妻を奪ふに至る。古の僧は愚民を教諭し善に導きしか、今は徒に佛像を擁して墳墓を守るのみにて、世に益なきは推てしるべし。寺に多分入禄を與ふるあつて、衣食足る故に業を守らざるに至る。之を廃する方可なるべし。或は貨幣の融通をなし俗に云ふ金貸の如し。法に戻る事甚し。故に自今以後分限を正し、行末《ゆくすえ》業の成否を察し、官許を受けて後僧となすべし。依て従来の僧は悪弊を除き、まづ語学算術手跡等を始として惣《すべ》て實學をなさしめ、寺を小學校に當て、市町村里の商人には英佛の語、算術、農人には農業等、又は人に益ある事を教へしむべし。且《かつ》法戒を嚴にし、僧に堪へ兼る者、又は法に背くものあるとも是を罪せす職人となし、業を授くべし。さすれば凡百萬人と見ても一人十金の職をなせば千萬金の益を得べし。且歸俗のものあらば、其空寺を學校とし、農商に學術を授けて両全経國の一助となるべし。

商律

兵庫開港貿易するに付ては我國産を外國へ送り、彼國産を我へ運《はこ》ぶ。若し洋中に於て破船すれば船の價は五六萬金位なれ共、殊により産物は百萬金にも及ぶべし。さすれば商人は勿論小諸侯にても家産を失ふに至らん。今世國家の事に於ては、兵を商と並立する者なるに、右の如く不測の禍に逢《あ》ひ、商を廃すに至らば益々国の縮《ちぢみ》となる。故に貿易は初は自分船を製造し、別に船の請負といふ者を立て（船を造りし時船主より分割を附、如何程《いかほど》にても敷金を請負人へ渡し、航海の度毎に同様敷金を渡し、船百艘あるとも破船僅か二三艘位の事なれば、右金を以是を補ひ、又は年を経船破損せば、新に作べく船主は一度造るのみにて無窮に傳はり、請負人も相應の利益あり、両全と云へし）荷物請負といふ者を立て（荷物を金二百分の一を航海の度毎に此請負人へ渡し、萬一荷物覆没《ふくぼつ》せば百萬金に二百萬金《(マヽ)》に償ふべし）又人の請負といふ者を立て（航海の毎度分割を附、此請負人へ金を渡、もし千人に一人三千人に一人死亡せば、父母妻子をも撫育し其子の成長まで養ふべし）總て商社を結《むす》び譬《たと》へば五萬両分限の者五人にて一萬両宛出せば五萬金也。拾人なれば拾萬金也。是を合せて商賣する也。商賣は損得定りなき事なれば一人にて是をなし、産を破れば回復し難し。右の如く組合置《くみあわせおく》より商社の法則を立法《たて》に背く者あれば、上より是を罪すべし。是迄の貿易にては、富める者は手を袖にして、貧賈或《ひんばいあるいは》猾商《かつしょう》などのみなすことなれば、萬一利益を得とも、極意日本の縮となる。段々商法を立てたとへ士にても有志の者には航海術と通辨を學ばしめ、商賣をなさしめば國益々大なるべし。

時法

我國の時刻は一晝夜十二時なれ共、西洋各國の如く午より子までを十二時に定むべし。時刻は上下日用常行の事に関ることなれば、一時一分一厘と分ち正しくすべし。正しければ人を役するにも平等に使はれ、物を製するにも正しきを得べし。生を欲し死を悪《にくむ》は人情の常なれども、時に駒隙《くげき》を過し易きものなれば、時計を以て翫物《がんぶつ》とせず、必用とし、寸陰を惜むに至らば人事に益あるべし。

暦法

夫《それ》暦數は上古黄帝の時に始り、夏、商、周ともに異なりしに、孔夫子も夏の時を用ゆといつて、我日本往古より聊《いささか》の変革はあれども夏正《かせい》を用ひ、夏正なれば年に寄り閏月《うるうづき》あり。閏月は人事に益なきものにて、上たるもの貢賦《こうふ》を収め、下たるもの給料を得るも其月を加るに至らず。しかし依旧《いきゅう》心附ぬ事なれども、其實害なきにあらん。如何となれば人は日に寄り生活する者なるに、月により暦を作りし故也。且毎年新暦を取りて梓《あずさ》に上せ、手数も費、加之《のみならず》暦中下段は 朝廷の撰なれ共、天地の間の吉凶あるべき理なし。然るに愚者は惑ひ智者は是を笑へり。外國へ對しても實に愧《は》ずべきなれば、西洋の如く一年三百六十五日四分度の一と定め、四季に一日の差出すべし。故に四ヶ年の暦を一度作れば萬代不易にて、暦の價闔國《こうこく》戸数に當れば二十五萬両ほども省くべし。紀元も度々改るは不都合故、古代の如く是を廃し、神武帝即位の年を始めとして何年々々と数ふべし。さすれば綿々たる皇統を欽《きん》仰《ぎょう》する端にて、國家の美事なるべし。

官醫

夫《それ》病を治するは醫《い》による事なれば緊要の術也。故に外國の醫は自他の学術ともに研究し、技藝精巧なれば、一級は一級、二級は二級と他國へ行きても分る也。我國官醫の如き門地を以てす。其巧拙三歳の童子たり共論を待たず。然し崎陽にて洋醫へ親しくし、業の熟せし者も両三輩あれども是を置く。 玉體を唐醫に委するは實に恐多き事也。依而《よって》方今第一等の醫を挙け、 玉體を奉護する事急務なるべし。

(「管見」終〔章末補註参照〕『山本覺馬』二六二〜二九一頁)

『西洋事情』との関係

まことに委細を尽くした立派な上申書である。提出先の「御役所」とは薩摩藩の事務方という意味で、明治政府のどこかという意味ではないと考えられる。

というのは、冒頭部に松平容保の赦免について書かれていて、この「管見」の提出と引き換えに何らかの配慮があると期待しているように受け取れるからである。長州藩激派にとっては松平容保は宿敵でも、薩摩藩にとっては行きがかり上仕方なく敵対している相手にすぎない。薩摩藩としては覚馬に知恵を出させるほうが得策で、「書付」を読んで感心した薩摩藩首脳が新政府へ向けての提言を覚馬に依頼したのではなかろうか。

そこで以下で内容について検討したい。「政体書」が、『西洋事情』を参考にしつつも、律令制度の残影とでもいうべきものに引きずられて曖昧模糊《あいまいもこ》としたものになってしまったのに対し、「管見」の記述はどこまでもシャープである。そのポイントを今一度まとめてみよう。

(1)「政體」天皇制度のもとで、三権分立を確立する。
(2)「議事院」大小の議事院による二院制とし、大臣(大議事院議員)と小臣(小議事院議員)を所属させる。士分出身の小臣は藩の石高で人数を規定する。
(3)「學校」京阪と重要港に学校を設置する。
(4)「變制」制度改革は臨機応変に行う。
(5)「撰吏」人材を抜擢して国是を定める。(写本でのみ立項—平山註)
(6)「國體」諸侯に臣従している家臣は、天皇から付託されているとみなす。士分が帰農したり商売を営んだりすることを認める。徴兵制度を確立し、公平な課税制度へと改革する。
(7)「建國術」農業立国から商業立国へと転換する。

(8)「製鐵法」国営の製鉄所を設置する。
(9)「貨幣」交換レートを国際水準とし、銅の保有量を増やす。
(10)「衣食」毛織物着用と肉食の奨励を図る。
(11)「女學」女子教育を推進する。
(12)「平均法」財産の嫡子独占相続を見直し、子には均等に相続させる。
(13)「釀酒法」主食である米から酒を製造するのを減らし、麦や葡萄を原材料に転換させる。
(14)「條約」開港地神戸周辺に砲台を設置する。
(15)「軍艦國律」軍艦建造については中央政府の専管事項とする。
(16)「港制」神戸開港に伴い地域水路を拡充する。
(17)「救民」種痘を奨励し性病対策をする。
(18)「髪制」髪結所を廃止し、髪型を自由化する。
(19)「變佛法」破戒僧を追放し、僧侶を官許化する。
(20)「商律」生命保険制度と海上損害保険制度を導入する。また貿易商社設立を奨励する。
(21)「時法」西洋式の定時法に変更する。
(22)「曆法」太陽暦に変更する。
(23)「官醫」家格にとらわれずに優秀な医師を養成する。

以上「管見」には二三項目の提言が含まれている。これらの提言を覚馬が無の状態から書き上げたのだとしたら、まさに驚きである。実際そのように思い込まれているものか、近年刊行された山本覚馬に関する文献で、多くの研究者がそうした驚きを率直に表明している。ところが私の印象はといえば、大方の人々の感情とは異なり、「おや、どこかで見たことがあるぞ」という既視感だったのである。

たとえば(2)「議事院」について、この用語は福沢諭吉が作ったとはっきりしていて、初出は慶應二年（一八六六）一〇月刊行の『西洋事情』初編である。これだけでも覚馬が「管見」執筆時に『西洋事情』を参考にしていたことが分かるが、内容から見ても、この「管見」が、『西洋事情』冒頭に掲げられている文明政治の六条件は、いかにすれば日本で実現できるか、という観点から書かれていることが明白に理解できる。

すなわち『西洋事情』にある文明政治の六条件とは、

欧羅巴政学家の説に、凡《およ》そ文明の政治と称するものには六ケ条の要訣ありと云へり。即ち左の如し。

第一条　自主任意」国法寛《ゆるやか》にして人を束縛せず、人々自《みず》から其所《このむところ》好を為し、士を好むものは士となり、農を好むものは農となり、士農工商の間に少しも区別を立てず、固《もと》より門閥を論ずることなく、朝廷の位を以《もっ》て人を軽蔑せず、上下貴賤各々其所を得て、毫《ごう》も他人の自由を妨げずして、天稟《てんぴん》の才力を伸べしむるを趣旨とす。但《ただ》し貴賤の別は、公務に当《あたり》て朝廷の位を尊ぶのみ。其他は四民の別なく、字を知り理を弁じ心を労するものを君子として之《これ》を重んじ、文字を知らずして力役《りきえき》するものを小人とするのみ。（本文、自主任意、自由の字は、我儘放盪《わがままほうとう》にて国法をも恐れずとの義に非らず。総てその国に居り人と交て気兼ね遠慮なく自力丈け存分のことをなすべしとの趣意なり。英語に之を「フリードム」又は「リベルチ」と云ふ。未だ的当の訳字あらず。）
第二条　信教」人々の帰依《きえ》する宗旨を奉じて政府より其妨《さまたげ》をなさゞるを云《い》ふ。古来宗旨の争論よりして人心を動揺し国を滅し人命を害するの例尠《すくな》からず。英国にてもハノオーフル家の世に至てより以来は、専ら「プロテスタント」の宗旨を奉じ、一時は国内に令を下して他宗を禁じたれども、阿爾蘭《アイルランド》人の如《ごと》きは古来天主教を信じて政府の命に服せず、由《より》て又法を改め、宗門は人々の意に任すべしと定めたり。然《しか》れども政府は固《もと》より「プロテスタント」を奉ぜしめんとする意なるが故に、或《あるい》は大に其寺院を建立し或は他宗の教師を擯斥《ひんせき》して「プロテスタント」の教師に大禄《たいろく》を与うる等のことありて、動《やや》もすれば人心に戻《もと》り、又近来は一法を立て、国政に関る大臣は「プロテスタント」宗の人に非《あら》ざれば才徳ある者と雖《いえど》も擢用《たくよう》することとなし。右等の故を以て、天主教に帰依する者は家を挙て他国へ移住すと云う。是即《これすなわ》ち政府にて信教の趣意を失する一例なり。
第三条　技術文学を励まして新発明の路《みち》を開くこと。
第四条　学校を建て人才を教育すること。
第五条　保任安穏《ほにんあんのん》」政治一定して変革せず、号令必ず信にして欺偽《ぎぎ》なく、人々国法を頼み安《やすん》じて産業を営むを云ふ。譬《たと》へば、或は国債を償はず、或は通用金の位を卑《ひく》くし、或は商人会社の法を破り、或は為替問屋の分散する等、皆其政治に保任の趣意を失ふものなり。現今仏蘭西《フランス》帝所有の金を英国の為替問屋へ預けしと云ふも、その制度の固くして頼むべき所あるの一証なり。
第六条　人民飢寒《きかん》の患《うれい》なからしむること。即ち病院、貧院等を設て貧民を救ふを云ふ。
（①二九〇～二九一頁）

以上が文明政治の六条件であるが、これらを思い切って項目化するなら、㈠自由の尊重、㈡信教の自由、㈢科学技術の導入、㈣学校教育の拡大、㈤法治主義、㈥福祉の充実、とでもなろうか。この六条件に従って先の「管見」二三項目を分類するなら、㈠自由の尊重については⑹⒅、㈡信教の自由については⒆、㈢科学技術の導入については⑺⑻㉑㉒、㈣学校教育の拡大については⑶⑾、㈤法治主義については⑴⑵⑷⑸⒇、㈥福祉の充実については⑽⒄㉓が当てはまろう。

これらのうち㈡信教の自由に関しては、それまで野放図だった体制的仏教の統制強化が謳われていて、それが信教の自由に繋がるのかどうかは判然としない。キリスト教についてはまったく触れられておらず、後年アメリカン・ボード（米国伝道機構）による同志社英学校の設立に深く関与した覚馬ではあったが、この時点では信教の自由についてさほど重要視していなかったことが分かる。

文明政治の六条件に当てはまらない「管見」の残りの六項目については、明治元年（一八六八）の現実に対する対応策で、財政に関する提言⑼⑿、農政に関する提言⒀、国防に関する提言⒁⒂⒃に分類できる。

人には得意分野・不得意分野があって、軍事学者だった覚馬の得意分野が科学技術と国防にあったのは確かである。ただ、専門外である法治主義についても頑張っていて、この分野への見識の深さがうかがわれる。ただその点についても赤松・龍馬・由利・福岡同様、『西洋事情』の米国憲法の部が、主たる情報源なのではないかという印象がもたれる。

⒇の損害保険制度の導入については、武器購入のため出張していた長崎で外国人商人からその仕組みの説明を聞いた可能性がある。ただ、盲目の捕囚の身でそれを一から弟子に書き起こさせる必要はなかった。というのは、生命・損害保険制度については、福沢の『西洋旅案内』にすでに詳しい解説があ

『西洋旅案内』（慶應義塾福澤研究センター蔵）

るからである。

災難請合《さいなんうけあひ》の事《こと》イシユアランス

災難請合《さいなんうけあひ》とは、商人《しやうにん》の組合《くみあい》ありて、平生無事《へいぜいぶじ》の時《とき》に人《ひと》より割合《わりあひ》の金《かね》を取《と》り、万一其人《まんいちそのひと》へ災難《さいなん》あれば組合《くみあひ》より大金《たいきん》を出《いだ》して其損亡《そのそんまう》を救《すく》ふ仕法《しはう》なり。其大趣意《そのたいしゆい》は、一人《いちにん》の災難《さいなん》を大勢《おほぜい》に分《わか》ち、僅《わづか》の金《かね》を棄《すて》て大難《だいなん》を遁《のが》る、訳《わけ》にて、譬《たと》へば今英吉利《いまいぎりす》より亜米利加《あめりか》へ一万両《いちまんりやう》の荷物《にもつ》を積送《つみおく》るに、二百両計《にひやくりやうばかり》の請合賃《うけあひちん》を払《はら》へば、其船《そのふね》は難船《なんせん》するとも荷主《にぬし》は償《つくのひ》を取返《とりかへす》べし。又此一万両《またこのいちまんりやう》の荷物《にもつ》を二百両《にひやくりやう》にて引請《ひきうけ》し商人《しやうにん》の組合《くみあひ》も、数千艘《すせんざう》の船《ふね》を請合《うけあ》ふことゆへ、其船百艘《そのふねひやくさう》の内《うち》に二艘難船《にさうなんせん》するとも、九十八艘《くじうはつさう》の請合賃《うけあひちん》を以《もつ》て二艘《にさう》の償《つくのひ》となせば、損得《そんとく》はなき姿《すがた》なり。若《も》し又世間《またせけん》に火事難船多《くわじなんせんおほ》くして、請合人《うけあひにん》は始終償金《しじうつくのひきん》を出《いだ》す計《ばかり》の様《よう》にては損亡《そんまう》なれども、斯《か》く災難《さいなん》の続《つゞ》くこともなく、丁度平均《うどへいきん》して双方《さうう》よき様《よう》に割合《わりあひ》をなせり。

○災難《さいなん》の請合《うけあひ》に三通《みとを》りあり。

第一《だい、ち》　人《ひと》の生涯《しやうがい》を請合《うけあ》ふ事《こと》。此法《このはう》は甚《はなは》だ入組《いりくみ》たることなり。素人同士組合《しろふとどうしくみあひ》を結《むすび》て、若《も》し組合《くみあひ》の内《うち》に病気其外災難《びやうきそのほかさいなん》に逢《あ》ふ者《もの》あれば、組合一統《くみあひいつとう》より金《かね》を出《だ》し合《あは》せてこれを救《すく》ひ、又《また》は死後《しご》に其妻子《そのさいし》を扶助《ふじよ》することあり。又或《またあろひ》は商人《しやうにん》に元金《もときん》を以《もつ》て組合《くみあひ》を立《たて》、人《ひと》の生涯達者《しやうがいたつしや》の内《うち》に年々何程《ねんねんなにほど》かの金《かね》を取《とり》て、若《も》し其人病気《そのひとびやうき》を煩《わづら》ひ渡世《とせい》の出来《でき》ざるよふになれば、死《し》ぬまでの手当《てあて》を年々組合《ねんねんくみあひ》より払戻《はらひもど》し、又《また》は約束次第《やくそくしだい》にて死後《しご》の妻子《さいし》を養《やしな》ふこともあり。又或《またあるひ》は商人《しやうにん》に組合《くみあひ》ありて、此組合《このくみあひ》へ年《ねん》々積金《つみきん》を納《おさむ》れば、十年《じうねん》か二十年《にじうねん》の限《かぎり》にて、毎年積金《まいとしつみきん》の高《たか》を減《げん》じ、年限《ねんげん》を終《おは》れば金《かね》を出《いだ》さずして其組合《そのくみあひ》に入《い》り、其後《そのゝち》は却《たつ》て仲間《なかま》の割合《わりあひ》を取《とり》て、其身《そのみ》の老後《らうご》、死後《しご》の暮向《くらしむき》を立《たつ》る法《はう》もあり。都《すべ》て此請合《このうけあひ》は、年《とし》の老若《らうにやく》生質《うまれつき》の病身《びやうしん》と達者《たつしや》とに由《より》て、年《ねん》々金《かね》を納《おさむ》る高《たか》にも多少《たせう》あり。又《また》は平生《へいせい》より死後《しご》の覚悟《かくご》と思《おも》ひ商人《しやうにん》の組合《くみあひ》へ金《かね》を納《おさ》め置《お》きしに、老年《らうねん》に及《およん》で不幸《ふこう》にして妻子《さいし》を失《うしな》ひ、死後《しご》の心掛《こゝろがゝり》なき様《よう》になりし者《もの》は、夫《それ》まで払《はら》ひし金《かね》を自分生涯《じぶんしやうがい》の内《うち》に取返《とりかへ》し、安楽《あんらく》に命《めい》を終《おは》ることもあり。

（②一六四～一六五頁）

福沢諭吉の『西洋旅案内』は、慶應三年（一八六七）初冬（一〇月）の刊行である。翌慶應四年（すなわち明治元年）の初夏に「管見」を書いていた覚馬がそれを読んでいたとしても不自然ではないのだが、問題は薩摩藩京屋敷内に軟禁状態となっていた彼が福沢の著作を参照できたかどうかである。実はそれはできたのである。というのは、赤松小三郎が一年前まで勤めていた薩摩藩兵学校はこの京屋敷内にあり、その書庫には関連書目が完備されていたからである。先にも触れたように覚馬は薩摩藩の依頼で「管見」を執筆したと推測できるので、その完成に支援を惜しまなかったのであろう。

なお、『西洋事情』ほか福沢の著作から強い影響を受けているとしても、そのことによって「管見」の意義はいささかも貶められるものではないのは言うまでもない。「管見」は「管見」として、明治元年の日本の現実への有効な提言だった。そして、それほど気づかれていないようだが、「管見」の中身は薩摩藩提案の政策として実行に移された可能性も高いのである。ざっと見たところ、二三項目中⑿⒀を除いた残りは最終的に実施されている。もちろんこの「管見」によってだけ、とは言わない。そこでの提案は薩摩系の政治家や官僚に共有されたことにより、最終的にそうなった、ということである。

9 『西洋事情』の衝撃

維新前後の思想界に与えた影響は甚大

以上、本章は慶應三年（一八六七）五月の赤松小三郎の「口上書」から翌明治元年六月の山本覚馬の「管見」まで、大政奉還を挟んでの約一年の間に書かれた新体制に向けての提言や、明治新政府から出された「五箇条の誓文」や「政体書」といった重要文書が、福沢諭吉の著作、とりわけ『西洋事情』初編の強い影響下にあることを示した。

なぜこれほどのことが気づかれてこなかったのかと、読者はあるいはいぶかしく思われるかもしれない。最近になってその名を高めてきた赤松の「口上書」や覚馬の「管見」ならともかくも、以前からよく知られていた坂本龍馬の「新政府綱領八策」、由利公正ら立案の「五箇条の誓文」、そして福岡孝悌ら起草の「政体書」にまで影響を与えていたのなら、どうして『西洋事情』にもっと高い評価が与えられてこなかったのか、ということである。

『西洋事情』が過小評価されてきた三つの理由

私の思うところでは、その理由として次の三点が挙げられる。

その理由の第一は、明治維新を挟んで活動していた人々にとって、『西洋事情』を読んだ時に受けた衝撃はあまりにも自明で、そのことをわざわざ表明する必要を感じなかったのではないか、ということである。『西洋事情』初編は、明治の、ではなく幕末の大ベストセラーだった。佐幕派倒幕派を問わず、およそ日本の将来に関心のある人々はすべてその本を読んでいたといっても過言ではない。そこで紹介されていたのはアメリカ独立宣言や米国憲法、さらに英国憲政史や税制の詳細ではあるが、『西洋事情』の読者はそれを海の彼方の事象としてではなく、明日の日本の姿として読み込んだのである。そうして出来上がった「口上書」や「誓文」が、たとえ日本風にアレンジされた『西洋事情』の記述だと気づいたとしても、それを口にする必要を認めなかったのであろう。

ついで理由の第二は、福沢諭吉の明治政府への非協力が、新政府始動時に彼が与えた影響について言及させにくくしたのではないか、ということがある。明治一〇年代（およそ一八八〇年代）に確立した日本の教育制度が、小学校から帝国大学まで、あるいは陸軍士官学校・海軍兵学校まで、国公立の学校教育を主軸としていたことは言うまでもない。慶應義塾ほか私立の学校から帝国大学へ進学する道は閉ざされ、国家の中枢が官立学校出身者によって占められるようになって、明治の国家構想に福沢が果たした役割について言及するのがはばかられるようになったのではないか。もちろん明治中期以後も慶應義塾は経済界を中心に人材を供給していて、そちらの方面からの福沢評価は一貫して高かった。実業人福沢諭吉という評価が定まった後に、いまさら「五箇条の誓文」の中核部は『西洋事情』にある文明政治の六条件でした、とは言えなくなったのではなかろうか。

そして理由の第三は、第二とも関わることであるが、日本憲政史研究における『西洋事情』の完全無視が、現在の研究者の目をその著作からそらさせている、ということがある。本章を書くにあたって調べ直して分かったのだが、近代日本の憲法構想について扱った著作では、主要関連文献を紹介する場合に、横井小楠の「国是七条」（一八六三年）の後に伝坂本龍馬の「船中八策」（一八六七年）または赤松小三郎の「口上書」（一八六七年）を置くことが多い。人脈からいって小楠と龍馬・小三郎は広義の師弟関係にあって、その配列自体に疑問があるわけではないのだが、問題は両者の間にある大きな跳躍である。富国強兵と政治参加の拡大が必要とだけしか言っていない小楠から、立憲君主制や二院制議会さらには税制の改革などを唱える小三郎の意見が自然に芽生えるはずもない。この跳躍を説明するのにはどうしても間に『西洋事情』初編（一八六六年）を噛ませる必要があるのだが、不思議なことに従来の憲政学者は『西洋事情』からの影響を著書に注記すらしてこなかったのである。

あるいは教えられることがなかったから書かなかったのかもしれない。あるいは気づいていたとしても書かなかったのかもしれない。いずれにせよ、赤松小三郎・坂本龍馬・由利公正・福岡孝悌・山本覚馬らに強い影響を与えた福沢諭吉の『西洋事情』に触れぬまま日本近代史研究を進めることは、今後は許されぬこととなろう。

（補註）「管見」について。本章に採録した「管見」の底本は、『山本覺馬』（一九二八年、同志社刊）所収であるが、校閲が不十分で読み取り難い部分も多い。そこで同志社蔵「山本覚馬建白」で不足を補った。ただ、「建白」は写本であり山本の原本をよく反映しているのか、それとも改変があるのかは定かではない。そこで本章は、刊本を最大限尊重した上で、「建白」はあくまで参考にとどめた。ただし項目「撰吏」については刊本にはないので「建白」から全面的に起こした。

第三章　福沢諭吉の「脱亜論」と〈アジア蔑視〉観

1　『時事新報』社説としての「脱亜論」

脱亜思想と「脱亜論」の区別

本章で取り上げるのは、福沢諭吉の「脱亜論」と彼が抱いていたという〈アジア蔑視〉観の関係についてである。そこで最初に断っておきたいのは、この場合の「脱亜論」とは、一般にいわれる彼の脱亜思想のことではなく、あくまで新聞『時事新報』に掲載された社説「脱亜論」についてということである。それというのも、論説「脱亜論」と、福沢の思想の中核をなす脱亜思想とでもいうべきものはしばしば混同されがちで、そのために重要な点が見失われているように思われるからである。

福沢が脱亜の主義として終生儒教を排したということについての研究者の理解には、大きな隔たりはない。しかし排儒教の表明としての脱亜思想と、論説「脱亜論」が一般に受け取られている印象にはややずれがある。たとえば広い意味での脱亜思想の著作である『学問のすすめ』や『文明論之概略』はしばしば肯定的に扱われるのに、論説「脱亜論」には、近代化しつつある日本のおごりやアジアの人々に対する民族蔑視として、否定的な評価しか下されることはないのである。

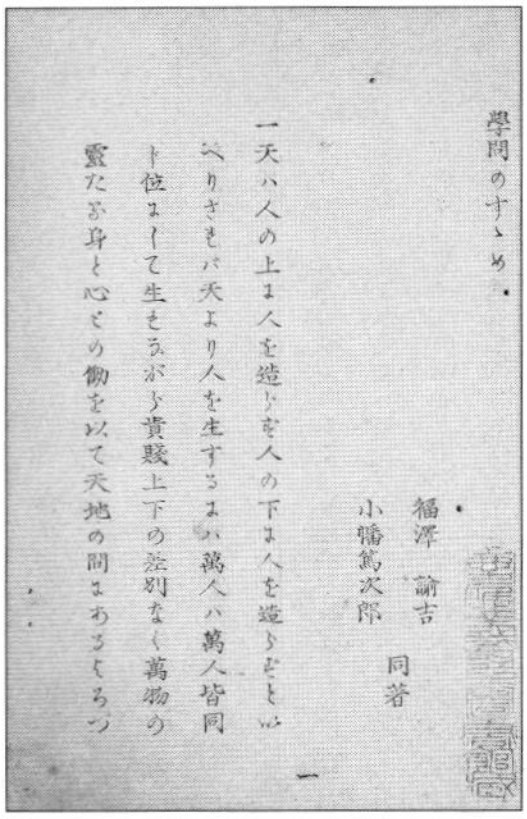

學問のすゝめ

福澤諭吉
小幡篤次郎　同著

一天ハ人の上ニ人を造らず人の下ニ人を造らずと云へりされバ天より人を生ずるにハ萬人ハ萬人皆同じ位にして生まれながら貴賤上下の差別なく萬物の靈たる身と心との働を以て天地の間にあるよろづ

一

『学問のすすめ』部分
（慶應義塾図書館蔵）

いったいそれはなぜなのか。福沢の主張する脱亜思想と論説「脱亜論」を同一視してしまうと、このあたりの差異が見えにくくなってしまうように思われる。

「脱亜論」全文

論説「脱亜論」は明治一八年（一八八五）三月一六日に新聞『時事新報』紙上に社説として掲載された。『時事新報』はその三年前に福沢の肝煎《きもいり》で創刊された新聞ではあったが、主筆は甥の中上川《なかみがわ》彦次郎が務めていたので、社説文中の主格「我輩」を福沢本人と同一視することはできない。紙面で「脱亜論」を目にした読者はそれを『時事新報』の意見とは見なしたものの、無署名のその社説を福沢個人の思想として受け取ったのかどうかは分からない。

そのことを念頭に置いた上で、次に「脱亜論」全文（⑩二三八〜二四〇頁）を掲げる。

「脱亜論」明治一八年（一八八五）三月一六日掲載

世界交通の道、便にして、西洋文明の風、東に漸《ぜん》し、到る処、草も木も此《この》風に靡《なび》かざるはなし。蓋《けだ》し西洋の人物、古今に大に異《ことな》るに非ずと雖ども、其《その》挙動の古《いにしえ》に遅鈍《ちどん》にして今に活発なるは、唯交通の利器を利用して勢《いきおい》に乗ずるが故のみ。故に方今《ほうこん》東洋に国するものの為に謀るに、此《この》文明東漸の勢に激して之を防ぎ了《おわ》るべきの覚悟あれば則《すなわ》ち可なりと雖ども、苟《いやしく》も世界中の現状を視察して事実に不可なるを知らん者は、世と推し移りて共に文明の海に浮沈し、共に文明の波を揚げて共に文明の苦楽を与《とも》にするの外あるべからざるなり。

文明は猶《なお》麻疹《はしか》の流行の如し。目下《もっか》東京の麻疹《はしか》は西国長崎の地方より東漸して、春暖と共に次第に蔓《まん》延《えん》する者の如し。此《この》時に当り此《この》流行病の害を悪《にくみ》て之を防がんとするも、果して其《その》手段あるべきや。我輩断じて其《その》術なきを証す。有害一偏の流行病にても、尚且其勢《なおかつそのいきおい》には激すべからず。況《いわん》や利害相《あい》伴《ともな》うて常に利益多き文明に於《おい》てをや。啻《ただ》に之を防がざるのみならず、力《つと》めて其《その》蔓延を助け、国民をして早く其《その》気風に浴せしむるは智者の事なるべし。

西洋近時の文明が我日本に入りたるは嘉永《かえい》の開国を発端として、国民漸《ようや》く其《その》採るべきを知り、漸《ぜん》次《じ》に活発の気風を催うしたれども、進歩の道に横わるに古風老大の政府なるものありて、これを如何《いかん》ともすべからず。政府を保存せん歟《か》、文明は決して入るべからず。如何となれば近時の文明は日本の旧套《きゅうとう》と両立すべからずして、旧套を脱すれば同時に政府も亦《また》廃滅すべければなり。然《しから》ば則《すなわ》ち文明を防《ふせぎ》て其《その》侵入を止めん歟、日本国は独立すべからず。如何となれば世界文明の喧嘩《けんか》繁劇《はんげき》は東洋孤島の独睡《どくすい》を許さざればなり。

是《ここ》に於てか我日本の士人は国を重しとし政府を軽しとするの大義に基き、また幸《さいわい》に帝室の神聖尊厳に依頼して、断じて旧政府を倒して新政府を立て、国中朝野の別なく一切万事西洋近時の文明を採り、独り日本の旧套を脱したるのみならず、亜細亜全洲の中に在て新《あらた》に一機軸を出し、主義とする所は唯《ただ》脱亜の二字に在るのみ。

我日本の国土は亜細亜の東辺に在りと雖ども、其《その》国民の精神は既に亜細亜の固陋《ころう》を脱して西洋の文明に移りたり。然《しか》るに爰《ここ》に不幸なるは近隣に国あり。一を支那と云い、一を朝鮮と云う。此《この》二国の人民も古来、亜細亜流の政教風俗に養わるること、我日本国民に異ならずと雖ども、其《その》人種の由来を殊《こと》にするか、但しは同様の政教風俗中に居ながらも遺伝教育の旨に同じからざる所のものある歟、日支韓三国相対《あいたい》し、支と韓と相似るの状は支韓の日に於けるよりも近くして、此《この》二国の者共は一身に就《つ》き又一国に関して改進の道を知らず。交通至便の世の中に文明の事物を聞見せざるに非ざれども、耳目《じもく》の聞見は以《もっ》て心を動かすに足らずして、其《その》古風旧慣に恋々《れんれん》するの情は百千年の古《いにしえ》に異ならず。此《この》文明日新の活劇場に教育の事を論ずれば儒教主義と云い、学校の教旨は仁義礼智と称し、一より十に至るまで外見の虚飾のみを事として、其《その》実際に於ては真理原則の知見なきのみか、道徳さえ地を払うて残刻不廉恥《ざんこくふれんち》を極め、尚傲然《なおごうぜん》として自省の念なき者の如し。

我輩を以《もっ》て此《この》二国を視《み》れば、今の文明東漸の風潮に際し、迚《とて》も其《その》独立を維持するの道あるべからず。幸にして其《その》国中に志士の出現して、先《ま》ず国事開進の手始めとして、大に其《その》政府を改革すること我維新の如き大挙を企て、先ず政治を改めて共に人心を一新するが如き活動あらば格別なれども、若《も》しも然《しか》らざるに於ては、今より数年を出でずして亡国と為り、其《その》国土は世界文明諸国の分割に帰すべきこと一点の疑あることなし。如何となれば麻疹《はしか》に等しき文明開化の流行に遭《あ》いながら、支韓両国は其《その》伝染の天然に背き、無理に之《これ》を避けんとして一室内に閉居し、空気の流通を絶て窒塞《ちっそく》するものなればなり。輔車唇歯《ほしゃしんし》とは隣国相《あい》助くるの喩《たとえ》なれども、今の支那朝鮮は我日本のために一毫《いちごう》の援助と為らざるのみならず、西洋文明人の眼を以《もっ》てすれば、三国の地利相《あい》接するが為に、時に或はこれを同一視し、支韓を評するの価を以《もっ》て我日本に命ずるの意味なきに非ず。

例えば支那、朝鮮の政府が古風の専制にして法律の恃《たの》むべきものあらざれば、西洋の人は日本も亦《また》無法律の国かと疑い、支那、朝鮮の士人が惑溺《わくでき》深くして科学の何ものたるを知らざれば、西洋の学者は日本も亦《また》陰陽五行の国かと思い、支那人が卑屈にして恥を知らざれば、日本人の義侠《ぎきょう》も之がために掩《おお》われ、朝鮮国に人を刑するの惨酷《さんこく》なるあれば、日本人も亦共に無情なるかと推量せらるるが如き、是等《これら》の事例を計《かぞう》れば枚挙に遑《いとま》あらず。之を喩《たと》えば此《この》隣軒を並べたる一村一町内の者共が、愚にして無法にして然《し》かも残忍無情なるときは、稀に其《その》町村内の一家人が正当の人事に注意するも、他の醜《しゅう》に掩《おお》われて堙没《いんぼつ》するものに異ならず。其《その》影響の事実に現われて、間接に我外交上の故障を成すことは実に少々ならず、我日本国の一大不幸と云うべし。

左《さ》れば、今日の謀《はかりごと》を為すに、我国は隣国の開明を待て共に亜細亜を興《おこ》すの猶予あるべからず。寧《むし》ろ、其《その》伍を脱して西洋の文明国と進退を共にし、其《その》支那、朝鮮に接するの法も隣国なるが故にとて特別の会釈《えしゃく》に及ばず、正《まさ》に西洋人が之に接するの風に従て処分すべきのみ。悪友を親しむ者は共に悪名を免《まぬ》かるべからず。我れは心に於て亜細亜東方の悪友を謝絶するものなり。

（「脱亜論」終）

2　「脱亜論」を書いたのは誰か

自筆草稿も証言もなし

以上が「脱亜論」の全文である。よくもまあ、近隣諸国の批判を遠慮もなく吐露したものだ、という感想をもたれるのはある意味当然のことである。これだけを見れば福沢はアジアに対してひどい偏見をもっていた人物であるということになるかもしれない。

ところが、第1節でも触れたことだが、無署名で発表されている「脱亜論」の執筆者が福沢かどうかは、じつははっきりしていない。福沢作ではない可能性もあるのである。この点を曖昧にしておくことはできないので、「脱亜論」本文の分析とその影響に関する問題に移る前に、まずそのことについての私の立場を明らかにすることにしよう。

現在では大変有名になっている「脱亜論」ではあるが、じつは自筆草稿も福沢による言及も一切発見されていない。それを昭和八年（一九三三）から翌年にかけての刊行の『続全集』に採録したのは弟子の石河幹明であり、その選択はひとえに石河の選択眼にのみ依拠しているのである。

私が調べたところ「脱亜論」が発表された明治一八年（一八八五）に社説を書いていたのは、福沢のほか、中上川主筆と社説記者（論説委員）の高橋義雄と渡辺治の計四名であった。先にも少し触れた中上川は福沢の甥で、明治一五年（一八八二）三月の『時事新報』創刊から五年間主筆を務めた後、三井に移ってそこの重鎮となった。高橋と渡辺は創刊直後の同年五月から参加した若手記者で、福沢から授けられたアイディアを文章化するのがその役目であった。高橋は明治二〇年七月に退社して後に三井銀行の重役となり、渡辺は明治二三年七月の第一回衆議院議員選挙に出馬、当選して代議士となった。無署名論説を選んだ石河幹明の入社は「脱亜論」掲載の翌月のことであった。

こうなると石河は、「脱亜論」執筆を目撃したから『続全集』にそれを採録した、という推測は成り立たないことになる。つまり純粋に紙面の文字情報からだけで判定しないといけないのである。

井田メソッドについて

これまで石河以外には不可能だと思われてきた無署名論説の真偽判定に一定の基準を示したのは、比較文学者の井田進也であった。井田は『中江兆民全集』

（一九八三〜八六年、岩波書店刊）の編纂にあたって編み出した無署名論説の執筆者推定の方法を、現行版『福澤諭吉全集』の「時事新報論集」に応用した。詳しくは平成一三年（二〇〇一）一二月に光芒社から刊行された『歴史とテクスト――西鶴から諭吉まで』を参照願いたい。

井田の方法を簡潔に説明するなら、まず社説を書いた可能性のある人々の署名論説を集め、各々の特徴的な語彙や表現をよりだし、ついで当該社説と照合することで起筆者を推定する、というものである。ここでは細かい問題には触れることはできないが、福沢文ならではの特徴をごく大まかに指摘してみるなら、たとえば、福沢的語彙として、「みずから」を「身躬から」、「みなす」を「視做す」、「きぼう」を「冀望」とする表記がある。これらについては社説記者もそれぞれ、「自ら」、「見做す」、「希望」と書くことが多いため、区別のための大きな手がかりとなる。また、福沢は過去を意味する熟語として「在昔」を用いることが多い。

その他井田が指摘する福沢の語彙と文体の特徴を手がかりとして、「脱亜論」の執筆者を推定してみると、やはり福沢真筆とみなしてよいと思われる。この点については井田と私の判定は一致していて、その事実は平成一六年（二〇〇四）八月に文藝春秋社から刊行された『福沢諭吉の真実』にも書いているのだが、なぜか私（平山洋）は「脱亜論」を弟子の作と判定している、という誤解が広まっている。繰り返すが、私（平山洋）は、社説「脱亜論」を福沢諭吉の真筆と見なしているのである。

3 「脱亜論」批判の不当性

(1) 「脱亜論」の影響力への過大評価

真偽についての私の立場がはっきりしたところで、次に、現在よくある「脱亜論」批判の妥当性について検討しよう。歴史的文脈を離れた「脱亜論」批判・福沢批判は、今なお左翼的思想をもつ人々によってなされている。その場合に注意しなければならないのは、もともと「脱亜論」はただの新聞社説にすぎず、しかもそれは明治一七年(一八八四)から翌年にかけての政治状況に対応したものであるということである。そのため左翼による批判は次の二点において不当である。

不当性の第一として、「脱亜論」の影響力に関する過大な評価がある。それが新聞『時事新報』の社説として発表されたことはよく知られているが、その時点では福沢の作とは認識されていなかった、ということに、遠山茂樹・鹿野政直・安川寿之輔ら多くの研究者の目は向けられていない。「脱亜論」発表の朝、新聞を開いた多くの読者は、前年暮れに朝鮮で起こった甲申政変の事後処理に関して、朝鮮政府中央から親日派が追放されたことに『時事新報』編集部が失望感をあらわにしたものである、としか思わなかったはずである。

福沢自身にも自分の論説であるという認識はなかったらしく、生前に刊行された『福澤全集』には収められていない。さらに大正末年に編まれた『全集』にも見あたらず、結局初出から約半世紀後の『続全集』になって初めて福沢の手になるものであることが示されたのである。つまり「脱亜論」は『続全集』編纂の過程で、福沢面授の弟子にして『時事新報』編集部員でもあった石河幹明が、創刊以来の同紙の評論を丁寧に読み返すことがなかったならば、今日もなお埋もれたままであったかもしれない。

私が調べたところでは、「脱亜論」に初めて言及しているのは昭和二六年（一九五一）の遠山茂樹の論文「日清戦争と福沢諭吉」である。同年の旧『福澤諭吉選集』の選には洩れているので、それが有名になったのはさらに近い時期ということになる。それほどのものにすぎないのだから、福沢存命中に「脱亜論」が注目された形跡はまったくない。

それればかりでなく、明治一四年（一八八一）の政変以降の福沢の思想が、昭和二〇年（一九四五）までの日本の対アジア政策に影響を与えた可能性は低い。なぜなら、明治一〇年（一八七七）勃発の西南戦争の前まではあれほどもてはやされていた福沢も、その後徳富《とくとみ》蘇峰《そほう》・馬場《ばば》辰猪《たつい》・沼間《ぬまま》守一《もりかず》ら「明治の青年」である若手の論客が育っていく過程で、政治思想の提言としては次第に重要視されなくなっていたからである。

掲載当日の朝にたまたま『時事新報』を読んだ人の目にしか触れていなかった「脱亜論」を、近代日本の対アジア政策に影響を与えた評論として現代の高校の社会科教科書に載せようとするほどばかげたことはない。「脱亜論」が注目されるようになったのは、戦後丸山眞男らによって再評価された福沢を、いわばおとしめる目的でなされた、《『学問のすすめ』の著者ですらもこのような露骨なアジア侵略の言動をなしていた》というネガティブキャンペーンの結果によると見てよいのである。

なお、「脱亜論」がいかにして有名になったかについては、章末の「「脱亜論」紹介年表」を参照いただきたい。

(2)「脱亜論」はアジア蔑視の侵略論か

次に不当性の第二は、「脱亜論」をアジア蔑視の侵略論とする一般的な解釈そのものについてである。『学問のすすめ』と『文明論之概略』で輝くばかりの独立自尊の精神と真の愛国心を融合させた福沢が、西南戦争後に創刊した『時事新報』において、とりわけ朝鮮への政治干渉を提唱したことに一種の齟齬《そご》があるかに見えるのは事実である。第二次世界大戦後のいわゆる左派陣営はもとより、福沢の思想の祖述者といってよい丸山でさえ、前二著と新聞論説との間に解決できない矛盾があることを認めている。要するに、《自国の独立は何より大切だと説きながら他国の内政に介入するのは身勝手ではないか》ということである。私もそう思わないではない。

ただ福沢にとって弁解の余地はある。すなわち現代の価値観を無条件に一九世紀にあてはめることはできないということであり、また日本がアジアへの侵略を始める前に書かれた『時事新報』の諸論文を虚心坦懐《きょしんたんかい》に読むならば、前二著との間に大きな落差を認めない解釈もありうるということである。とりわけ「脱亜論」は日清戦争に先立つほぼ一〇年前に書かれたものなので、そこには清国に対する勝利に驚喜する福沢の姿はないのである。

その詳細は次に記すが、この「脱亜論」が福沢の思想においてさほど重要なものではないとはいえ、日清戦争までの彼のアジア観を考察するにあたっての基準となりうる条件は備えている。そしてその論を当時の時代背景において読むならば、それはアジアを蔑視する侵略論とはいえないばかりか、むしろ『文明論之概略』の正確な延長上にあると思われるのである。以下このことを巡って論を進める。

4 「脱亜論」は朝鮮の甲申政変後の情勢を前提に書かれている

先にも述べたように「脱亜論」は、明治一七年（一八八四）から翌年にかけての政治状況に対応していて、清国・朝鮮をただやみくもに批判しているのではない、ということに注意しなければならない。そのことを知らなければ「脱亜論」の真意を見抜くことなどできないのである。その政治状況とは、福沢がそれまで支援してきた朝鮮独立党の甲申政変における敗北であった。以下でまず近代日朝交流史のおさらいをしよう。

明治初期の日朝関係

近世において比較的良好であった日朝関係は、明治政府のとった対朝鮮強硬策によって不幸なものとなった。それまで厳しい鎖国政策をとっていた大院君《たいいんくん》が失脚したのに乗じて、新たに政権の座についた閔氏《びんし》一族が指導する新政府に対し、日本は武力によって開国を迫ったからである。その結果として明治九年（一八七六）二月に、朝鮮には不利な日朝修好条規が締結されたのだが、その後李朝は日本に使節・留学生・視察団を派遣することになった。それまで朝鮮国内では西洋の学問は厳しく禁止されていたため、留学生たちはその知識を日本のとりわけ慶應義塾に求めたのである。明治一三年（一八八〇）、第二回修信使として来日した金弘集《きんこうしゅう》らに面会した福沢は、二〇年前にロンドンを訪問した自らの姿を重ね合わせて彼らを励ましている。『学問のすすめ』の主張に鼓舞されるような志ある人々は、福沢の郷里中津ばかりではなく、日本全国に、そして日本だけではなく朝鮮にもいるはずであって、そうした若者を福沢は対等に扱ったのである。

明治一五年（一八八二）七月、朝鮮では開国後の近代化政策に不満をもつ軍隊の反乱事件が起こった。壬午軍乱の勃発である。最初の峰起は辛くも鎮圧されたが、その首謀者の処刑をめぐって彼らに同情的な一般民衆の助命運動が大規模な暴動に発展してしまう。暴徒は閔氏政権を支援していた日本公館を焼き討ちしたうえ、王宮に乱入して閔氏の高級官僚を殺害したのち大院君を迎えて新政権の樹立を宣言したのであった。

帰国した花房義質《はなぶさよしもと》公使から報告を受けた日本政府は、居留民保護と朝鮮政府に軍乱の責任を問うために艦艇と陸軍部隊を朝鮮に派遣した。花房公使は日本軍とともに漢城（ソウル）に入り王宮で国王高宗《こうそう》に謁見、正式な謝罪と責任者の処罰および損害賠償を要求し、一方清国もまた閔氏政権の要請を受けて軍隊を出動させ、大院君を捕らえて天津へ連行し暴徒を鎮圧したのであった。八月末、今度は清国に支持されることになった朝鮮の閔氏政権と日本の間に、軍乱首謀者の処罰と日本への賠償金などを取り決めた済物浦《さいもっぽ》条約が結ばれる。

この壬午軍乱の鎮圧において清国が中心的役割を果したため、閔氏政権は清に従属する立場をとらざるをえなくなる。大院君が除かれたことは朝鮮の近代化にとって好ましい結果をもたらすはずであったが、清国軍がソウルに進駐することになったため、日本を範として近代化を推進しようとする金玉《きんぎょく》均《きん》・朴泳孝《ぼくえいこう》・徐光範《じょこうはん》ら独立党の活動は制限されることになり、そのことが明治一七年（一八八四）一二月に起こる甲申政変の遠因となったのである。すなわちそのままでは清国の属国となってしまうことに危機感をもった金らは、日本公使館との連携によって閔氏政権の転覆を謀ろうとしたのだった。クーデターは一二月四日の郵政局開局の祝宴に政府要人が集まることを狙って実行に移された。計画ではまず郵政局近くの安国洞の別宮に放火し、混乱に乗じて王宮を占拠して新政権を樹立するというものであった。ところが実際にはソウル駐在の清国軍が介入したため閔氏政権の転覆は失敗し、金・朴らは日本への政治亡命を余儀なくされたのであった。

福沢と朝鮮独立党の関係

国内での自由民権運動には直接の支援を行わなかった福沢であったが、独立党による朝鮮の近代化計画については早い段階から関与していた。それというのも金玉均は明治一五年（一八八二）に来日して福沢と面会し、朝鮮の近代化のために慶應義塾の支援を受けようとしたからである。また福沢は済物浦条約による賠償金五〇万円の返済についても井上馨外務卿を紹介し、朝鮮政府への銀行からの融資に便宜を図っている。さらに福沢は日本国内で独立党を助けようとしたばかりではなく、実際に牛場卓蔵・高橋正信・井上角五郎ら門弟を朝鮮に派遣して西洋文明の移入を図ろうとした。そしてその成果として明治一六年（一八八三）一〇月に朝鮮初の新聞『漢城旬報』の発刊にこぎつけている（前著『アジア独立論者』第四章「福沢諭吉は朝鮮甲申政変の黒幕か」参照のこと）。

金玉均

このように福沢は独立党の活動を注意深く見守っていたので、甲申政変の失敗とその後の独立党関係者の大量処刑に深く胸を痛めたのであった。明治一八年（一八八五）三月一六日の「脱亜論」発表の三週間ほど前の二月二三・二六日には「朝鮮独立党の処刑」が掲載されている。この社説は、前編を高橋が担当し、後編を福沢が担当しているように見える。以下その全文（⑩二二一〜二二七頁）を紹介する。

「朝鮮独立党の処刑（前編）」明治一八年（一八八五）二月二三日掲載

弱者は力を恃《たのみ》て粗暴なり、粗暴なるが故に能く人を殺す、弱者は文を重んじて沈深《じんしん》なり、沈深なるが故に人を害すること少なしとは、一寸考えたる所にて成るほど左ることもあらん歟《か》と思われども、実際に於ては決して然らずして、却て正《まさ》しく其反対を見るを常とす。抑も社会の人類を平均して其強弱如何を比較するときは、強者は少数にして弱者は多数なること、他の智愚賢不肖《ちぐけんふしょう》貧富等の比例に異ならず。愚者貧者の多数なるが如く、弱者の多数なるは掩《おお》うべからざるの事実なり。扨《さて》強者の本色は如何なるものぞと尋るに、強き者に敵して勝ち難きに勝つを勉め、苟も己が眼下に在りて制御の自在なる者とあれば、敵にても味方にても之を害するの念は甚だ薄きのみならず、時としては己が眼下に在りて制御の自在なる者とあれば、敵にても味方にても之を害するの念は甚だ薄きのみならず、時としては己が快楽を欠きても弱敵を助けんとするもの多し。故に強者の敵する所の相手は常に社会中の少数にして、仮令《たと》い之を殺せばとて其害の及ぶ所決して広からず。蓋《けだ》し之を殺すの術なきに非ざれども、之を殺すを要せざるなり。容易に殺すの術あるが故に、殺すことを急がざるものなり。之に反して文弱なる者は、其心事仮令《たと》い沈深なるも、力に於ては己が制御の下に在るもの甚だ少なきが故に、苟《いやしく》も人を殺すの機会さえありて自身を禍《か》するの恐《おそれ》なきときは、之を殺して憚《はばか》る所あることなし。蓋し弱者必ずしも人を殺すを好むに非ざれども、自家に恃《たの》む所のものなきが故に、機に乗じて怨恨を晴らし、且つは後難を恐るるの念深くして、一事に禍根《かこん》を断たんとするが為に惨状を呈するものなり。古代の歴史を閲して所謂《いわゆる》英雄豪傑なる者の所業を見るに、軍事にも政治にも動もすれば人を殺して殆ど飽くことを知らざるものの如し。甚しきは無辜《むこ》の婦人小児までも屠戮《とりく》して憚る所なき其有様は、古人の武断、甚だ剛毅《ごうき》なるに似たれども、内実に就て之を視察すれば、決して其人の強きが為には非ずして、却て弱きが為に然るものなりと断定せざるを得ず。不開化の世の中に人を制するの方便も乏しければ、一旦の機会に乗じて他に勝つときは、其機を空うせずして殺戮を逞《たくまし》うし、一は以て一時の愉快を取り、一は以て禍根を断絶して永年の安楽を偸《たのし》まんとするの臆病心より出るものなり。往古歴山《アレキサンダー》王が戦争に幾万人の敵を殺したりと云い、日本の源平の争に勝つ者は敵の小児にまでも刑に処したるが如き、其事例として見るべきものなり。歴山王と源平の諸将と甚だ勇なるが如くなれども、其実は敵を縦《ゆる》して復た之を伏するの覚悟なきが為に、斯る鄙怯《ひきょう》の挙動して残酷に陥りたるものと知るべし。

世の文明開化は人を文に導くと云うと雖《いえ》ども、文運の進むに兼て武術も亦進歩し、人を制し人を殺すの方便に富むが故に治乱の際、仮令い屠戮を逞うすべきの機会あるも、時の事情に要用なる外は毒害の区域を広くすることなし。例えば戦争に降りたる者を殺さず、国事犯に常事犯に、罪は唯一進に止まりて父母妻子に及ばざるのみか、其家の財産さえ没入せらるることは甚だ稀なり。例えば近年我国西南の役に国事犯の統領西郷南洲翁の如き、其罪は唯翁一人の罪にして妻子兄弟の累《るい》を為さず、今の参議西郷伯は現に骨肉の弟なれども、日本国中に之を怪しむ者なし。蓋し我政府が南洲翁の罪を窮めて殺戮を逞うせざるは、政府の力の足らざるに非ず、其実は文明の武力能く天下を制するに余りありて、西南の変乱再び起るも復た之を征服すべきの覚悟あればなり。一言これを評すれば、能く人を殺すの力あるものにして始めて能く人を殺すことなしと云て可ならん。之を文明の強と云う。古今を比較して人心の強弱、社会の幸不幸、其差天淵《てんえん》も啻《ただ》ならざるを知るべし。左れば彼の古の英雄豪傑が勇武果断にして能く戦い又よく人を殺したりと云うも、其勇武や唯一時腕力の勇武にして、永久必勝の算あるに非ず。其果断や已が臆病心に迫られたるの果断にして、其胸中余地なきを証するに足るべきのみ。文明の勝算は数理に根拠して違うことなく、野蛮の勝利は僥倖《ぎょうこう》に依頼して定数なし。僥倖にして勝つものは其勝に乗じて止まることを知らず、数理を以て勝つものは再三の勝を制すること容易なるが故に、其際悠々として余地あるも亦謂れなきに非ざるなり。

源平の事は邈乎《ばくこ》たり。吾々日本の人民は今日の文明に逢うて、治にも乱にも屠戮の毒害を見ず。苟も罪を犯さざる限りは其財産生命栄誉を全うして奇禍なきを喜ぶの傍らに、眼を転じて隣国の朝鮮を見れば、其野蛮の惨状は我源平の時代を再演して、或は之に過ぐるものあるが如し。吾々は源平の事を歴史に読み絵本に見て辛うじて其時の想像を作る其際に、朝鮮の人民は今日これを事実に行うて曾《かつ》て怪しむものなしとは驚くべきに非ずや。日本なり朝鮮なり、等しく是れ東洋の列国なるに、昊天《こうてん》何ぞ日本に厚くして朝鮮に薄きや。蓋し人盛なれば天に勝つの古言に違わず、朝鮮国民は数百年来支那の儒教主義に心酔して既に精神の独立を失い、又之に加るに近年は其内治外交の政事上に於ても支那の干渉を蒙《こうむり》て独立の国体を失い、有形無形百般の人事、支那の風を学て又支那人の指揮に従い、自身を知らず自国を知らず、日に月に退歩して益《ますます》野蛮に赴くものの如し。其事実を計うれば枚挙に遑《いとま》あらずと雖ども、近日の一事件として我輩は朝鮮独立党処刑の新聞を得たり。依て聊《いささ》か所感を記すこと次の如し。

（「朝鮮独立党の処刑（前編）」終）

「朝鮮独立党の処刑（後編）」明治一八年（一八八五）二月二六日掲載

去年十二月六日京城の変乱以後、朝鮮の政権は事大党の手に帰して、政府は恰《あたか》も支那人の後見を以て存立し、政刑一切陰に陽に支那人の意に出るとのことは、普《あまね》く世界中の人の知る所ならん。彼の国の大臣にして独立党の名ある朴泳孝、金玉均等の諸士は、兼て国王陛下の信任を得て窃《ひそか》に国事の改革を謀り、一旦事を挙げて失敗し、俗に所謂負けて国賊なるものの身と為りて、其死生行方さえ文明ならず、現政府は之を捜索すること甚しき其最中、先ず其党類を処分するとて、本年一月二十八日二十九日の両日を以て大に刑罰を行い、金奉均《きんほうきん》、李喜貝《りきばい》、申重模《しんじゅうばく》、李昌奎《りりょうけい》の四名は、謀反大逆不道の罪を以て死刑に、其父母兄弟妻子は皆絞罪に処す。

李点砂《りてんせき》、李允相《りいんそう》の二名は謀反不道の罪を以て西小門外に斬に処し、其家族の男は奴と為し女は婢と為す。

徐載昌《じょさいしょう》、南興喆《なんこうきつ》、崔興宗《さいこうしゅう》、車弘植《しゃこうしょく》、崔栄植《さいえいしょく》の五名は情を知て告げざる罪を以て、当人のみ死刑に処して、家族は無罪。

英昌模《えいしょうばく》は既に死後に付き其罪を論ぜず。

洪英植《こうえいしょく》は孥戮《どりく》の典を追施す。

又金玉均、徐載弼《じょさいひつ》、徐光範《じょこうはん》の父母妻子は二月二日を以て南大門に絞罪に処せらる。

右は本月十六日時事新報の朝鮮事件欄内に掲載したるものなれば、読者も知らるる所ならん。抑も此刑戮は国事犯に起りたるものにして、事の正邪は我輩の知る所に非ず。刑せられたる者と刑したる者と、孰《いず》れが忠臣にして孰れが反賊にても、我輩の痛痒《つうよう》に関するなしと雖ども、今の事大党政府の当局者が能く人を殺して残忍無情なるの一事に於ては、実に驚かざるを得ず。現に罪を犯したる本人を刑するは国事に至当のことならんなれども、右犯罪人の中、車弘植の如きは徐載弼の僕にして、変乱の夜、提灯を携えて主人の供をしたるまでの罪にして死刑を免れず。壮大の男子を殺すは尚忍ぶべしとするも、心身柔弱なる婦人女子と白髪半死の老翁老婆を刑場に引出し、東西の分ちもなき小児の首に縄を掛けて之を絞め殺すとは、果して如何なる心ぞや。尚一歩を譲り老人婦人の如きは識別の精神あれば、身に犯罪の覚えなきも我子我良人が斯る身と為りし故に、我身も斯る災難に陥るものなりと、冤《むじつ》ながらも其冤を知りて死したることならんなれども、三歳五歳の小児等は父母の手を離るるさえ泣き叫ぶの常なるに、荒々しき獄卒の手に掛り、雪霜吹き晒らしの城門外に引摺《ひきず》られて、細き首に縄を掛けらるる其時の情は如何なるべきや。唯恐ろしき鬼に掴《つか》まれたる心地するのみにして、其索の窄《し》まりて呼吸の絶ゆるまでは殺さるるものとは思わず、唯父母を慕い、兄弟を求め、父よ母よと呼び叫び、声を限りに泣入りて、絞索《こうさく》漸く窄まり、泣く声漸く微にして、終に絶命したることならん。人間娑婆世界の地獄は朝鮮の京城に出現したり。我輩は此国を目して野蛮と評せんよりも、寧ろ妖魔悪鬼の地獄国と云わんと欲する者なり。而して此地獄国の当局者は誰ぞと尋るに、事大党政府の官吏にして、其後見の実力を有する者は即ち支那人なり。我輩は千里遠隔の隣国に居り、固より其国事に縁なき者なれども、此事情を聞いて唯悲哀に堪えず、今この文を草するにも涙落ちて原稿紙を潤おすを覚えざるなり。事大党の人々は能くも忍んで此無情の事を為し、能くも忍んで其刑場に臨監したるものなり。文明国人の情に於ては罹災《りさい》の人の不幸を哀むの傍に、又他の残忍を見て寒心戦慄《せんりつ》するのみ。抑一国の法律は其国の主権に属するものにして、朝鮮に如何なる法を設けて如何なる惨酷《ざんこく》を働くも、他国人の敢て喙《くちばし》を容《い》るべき限りに非ず。我輩これを知らざるに非ずと雖ども、凡各国人民の相互に交際するは、唯条約の公文にのみ依頼すべきものにあらず、双方の人情相通ずるに非ざれば、修信も貿易も殆ど無益に帰するもの多きは、古今の事実に証して明に見るべし。然るに今朝鮮国の人情を察するに、支那人と相投じて其殺気の陰険なること、実に吾々日本人の意相外に出るもの多し。故に我輩は朝鮮国に対し、条約の公文上には固より対等の交際を為して他なしと雖ども、人情の一点に至ては、其国人が支那の羈軛《きやく》を脱して文明の正道に入り、有形無形一切の事に付き吾々と共に語りて相驚くなきの場合に至らざれば、気の毒ながら之を同族視するを得ず。条約面には対等して尊敬を表するも、人民の情交に於て親愛を尽すを得ざるものなり。西洋国人が東洋諸国に対し、宗旨相異なるがために双方人民の交際、微妙の間に往々言うべからざるの故障を見ることあり。今我輩日本人民も朝鮮国に対し又支那国に対して、自から微妙の辺に交際の困難あるを覚るは遺憾に堪えざる次第なり。

蓋し彼の事大党衆が支那人の後見に依頼して斯くも無慚《むざん》にしてよく人を殺すは、必ずしも其殺気の活発なるに非ず、苟《いやしく》も殺すべきの機会に逢《あ》うて、一事其政治上の怨恨を慰ると、又一には独立党の遺類を存在せしめては後難如何を慮かり、機に乗じて禍根を断絶せんとするの心算なるべしと雖ども、如何せん、爰に一国あれば其国人に独立の精神を生ずるは自然の勢にして、之を駐《とど》めんとするも留《とど》むべからず。故に今度幸にして独立党の人を殲《つく》して孑遺《げつい》なきに至るも、人を殲《ほろぼ》すのみ、精神は殲すべからず、数年ならずして第二の独立党を生ずべきや明なり。第二、第三、朝鮮国のあらん限りは此党の断ゆることなくして、今度折角の残殺も無益の労たるに過ぎざるべし。語を寄す、韓廷の事大党、国に独立党の禍あらんを恐れなば、早く固陋なる儒教主義を一洗して西洋の文明開化を取り、文明の文に兼ぬるに其武を拡張し、国の独立を万々歳堅固ならしむべし。既に文明の強あり、外患尚且《なおかつ》恐るるに足らず。況や内閣政治の軋轢《あつれき》等に於てをや。如何なる変乱あるも之を制すること易し。尚況や其変乱の際に無辜を殺して禍根を断たんとするが如き卑怯策を行うに於てをや。啻《ただ》に無益なるのみならず、自から発明して自から恥入るの日あるべきなり。

（「朝鮮独立党の処刑（後編）」終）

以上が「朝鮮独立党の処刑」の全文であるが、とりわけその後編が「脱亜論」にそっくりなのは一目瞭然であろう。「脱亜論」にある、「支那人が卑屈にして恥を知らざれば」とか、「朝鮮国に人を刑するの惨酷あれば」とかいった清国・朝鮮批判は、一般的な差別意識に根ざすものではなく、この甲申政変の過酷な事後処理に限定されていたということが分かる。こうした時局的な表現を除いてしまえば、「脱亜論」は《半開の国々は西洋文明を取り入れて近代化すべきだ》という『文明論之概略』の主張と少しも変わるところはない。

「脱亜論」は「朝鮮独立党の処刑（後編）」を下敷として書かれている

福沢は、国民国家として独立しかつ自国民の生活水準の向上に勉める国を尊重し、そうはしない国を軽く見る。彼の対外観はその政府が自国民の文明化にどれほど心をくだき、また同時に心身を国に捧げる報国の士がどれほどいるかということによって規定されているのである。金玉均ら朝鮮の独立党を積極的に支援したのも、彼らが真の報国心をもつ有為の人材であり、一方清国に操縦されていた李氏朝鮮王国は打倒されるべき君主専制国家であるとみなしたからに他ならない。

福沢の思想に変化なし

福沢は「脱亜論」を独立党への大弾圧の悲惨な現実によって低下した西洋諸国からの東アジアの評価が日本にも波及することを恐れて執筆したにすぎず、考えの中身を変化させたわけではなかったのである。それゆえ韓桂玉《かんけいぎょく》のように「脱亜論」を、「先進西欧に習い、近づくためには、これまで交流してきた朝鮮、中国など遅れた国との付合いは迷惑でむしろ支障となるので、これとは絶縁し西欧に目を向けようというアジア蔑視観」（『「征韓論」の系譜』一九九六年一〇月、三一書房刊、六七頁）のあらわれとする考えはあまりに単純といえよう。この表現では福沢がアジア全般を蔑視していたかに聞こえてしまうが、それこそ福沢に対する偏見というものだ。いったい福沢は誰を蔑視していたのだろうか。このことは福沢が目指していた世界全体と関係するのである。

5　支那人・朝鮮人とは誰か

士人と人民の区別

私たちの習いとして《支那人》とか《朝鮮人》とかいえば民族全体を指すと考えてしまいがちである。しかしその解釈は福沢に関するかぎり間違っている。彼は《人》あるいは《士人》を指導的立場にある人々の意味で使い、国民一般は《人民》という用語を使って、政権担当者と支配されている一般民衆を分けている。だから、《支那人》《朝鮮人》が批判されているからといってそれらの民族が全体として蔑視されているなどと考えるべきではないのである。

具体例を見てみよう。「脱亜論」での《人民》の用例は一つだけだが、それは「此二国の人民も古来亜細亜流の政教風俗に養はるること、我日本国民に異ならず」というように、清国・朝鮮と日本の一般民衆の水準はもともと同じである、という意味で使われている。『文明論之概略』には《朝鮮人》の用例がないため《支那人》で検索してみると、「頑陋なる支那人も近来は伝習生徒を西洋に遣りたり」、「支那人が俄に兵制を改革せんとして西洋の風に倣《なら》ひ」などと、明らかに国政改革の主体になりうる人々を指している。一方《人民》については、《支那の人民》という用例はないが、たとえば「支那にて周の末世に、諸侯各割拠の勢を成して人民周室あるを知らざること数百年」とあって、支配層以外を人民と呼んでいる。その時々に書かれる時事評論の細部にわたってまで使い分けが貫徹されているとはいえないが、この規範はおおむね福沢全般についてよくあてはまっている。こうした支配層と国民の区別についての顕著な例が明治一八年（一八八五）八月一三日掲載の「朝鮮人民のために其国の滅亡を賀す」である。この社説の草稿は非残存となっているが、私は文体により福沢の真筆と判定した。

「朝鮮滅亡論」について

福沢はアジア蔑視の侵略肯定論者であった、という見方をする人にとっては好都合な評論と思われるにもかかわらず、それが今まで取り上げられることが少なかったのは、実際の歴史とは異なって、イギリスまたはロシアによる朝鮮支配を想定しているからかもしれない。そこには《外国が朝鮮を支配するようになったとしても、そのことはむしろ人民にとって幸いである》ということが述べられている。その衝撃的な題名によって『時事新報』は発行停止とされてしまったのだが、内容は朝鮮蔑視の不当なものということはなく、やはり『文明論之概略』の延長上にある。次に全文（⑩三七九～三八二頁）を掲載しよう。

「朝鮮人民のために其国の滅亡を賀す」明治一八年八月一三日掲載

英人は既に巨文島を占領して海軍の根拠を作り、露人は穆仁徳《モルレンドルフ》と謀し《しめ》合せて陸地より侵入するの用意を為し、朝鮮国独立の運命も旦夕に迫りたるものと云うべし。扨《さて》この国がいよいよ滅亡するものとして考れば、国の王家たる李氏のためには誠に気の毒にして、又其直接の臣下たる貴族、士族のためにも甚だ不利なりと雖ども、人民一般の利害如何を論ずるときは、滅亡こそ寧ろ其幸福を大にするの方便なりと云わざるを得ず。

抑《そもそ》も天地間に生々する人間の身に最も大切なるものは栄誉と生命と私有と此三つのものにして、爰《ここ》に一国を立てて政府を設るは此三者を保護するが為なり。人の物を盗む者あれば国法を以て之を罰し、借りて返さず欺て取らんとする者あれば法に拠て裁判す、私有の保護なり。人を殺し又傷《きずつく》る者あれば之を刑に処す、生命の保護なり。

又栄誉には内外二様の別ありて、内国の人民相互に貴賤貧富の別はあれども、其国民たるの権利は同等なるが故に、人為の爵位身分など云う虚名を張て漫《みだり》に人を軽侮するを許さず、若しも犯す者あれば法に由《より》て罰せらるるか、又は社会に対して笑を取る、内の栄誉を保護するものなり。又外の栄誉とは独立の外交交際を政府に任し、政府の当局者が諸外国に対して我国権を拡張し、毛頭の事にも栄辱を争うて、以て自国の人民をして独立国民たるの体面を全うせしめ、以て政府が人民に対するの義務を尽す、即ち外の栄誉を保護するものなり。

斯くありてこそ国民も一政府の下に立て之に奉ずるの甲斐あることなれども、今朝鮮の有様を見るに、王室無法、貴族跋扈《ばっこ》、税法さえ紊乱《びんらん》の極に陥りて民に私有の権なく、啻《ただ》に政府の法律不完全にして無辜《むこ》を殺すのみならず、貴族士族の輩が私慾私怨を以て私《わたくし》に人を勾留し又は傷《きずつ》け又は殺すも、人民は之を訴るに由《よし》なし。又その栄誉の一点に至ては上下の間、殆ど人種を殊にするが如くにして、苟も士族以上、直接に政府に縁ある者は無限の権威を恣《ほしいまま》にして、下民は上流の奴隷たるに過ぎず。

人民は既に斯くまでに内に軽蔑せられて、尚《なお》其外に対して独立国民たるの栄誉如何を尋れば、復《ま》た言うに忍びざるものあり。政府は王室のため又人民のために外国の交際を司《つかさ》どりながら、世界の事情を解せず、文明の風潮を知らず、如何なる外患に当り如何なる国辱を被るも、恬《てん》として感覚なきものの如くして曾《かつ》て憂苦の色なく、唯其忙わしくする所は朝臣等が権力栄華を政府に争うに在るのみ。

朋党相分《あいわか》れて甲是乙非《こうぜおつひ》、その議論様々なれども、帰する所の目的は唯一身の為にするものにして、此輩の内実を評すれば身を以て国事に役するに非ずして、国事を弄して私の名利の媒介に用るものと云わざるを得ず。支那に属邦視せらるるも汚辱を感ぜず、英人に土地を奪わるるも憂患を知らず、啻《ただ》に此辺に無感覚なるのみならず、或は国を売りても身に利する所あれば憚らざるものの如し。

即ち彼の事大党の輩が只管《ひたすら》支那に事《つか》えんとし、又韓圭稷《かんけいぼく》、李祖淵《りそえん》、閔泳穆《びんえいぼく》の流が、私に露政府に通じて為すことあらんと企てたるが如き、身あるを知て国あるを知らざるものなり。故に朝鮮人が独立の一国民として外国に対するの栄誉は、既に地を払うて無に帰したるものなり。人民夢中の際に国は既に売られたるものなり。而《しこう》して其売国者は何処に在ると尋れば、政府自《みず》から此事を為せり。

左《さ》れば朝鮮の人民は内に居て私有を護るを得ず、生命を安くするを得ず、又栄誉を全うするを得ず、即ち国民に対する政府の功徳は一も被らずして、却《かえっ》て政府に害せられ、尚《なお》その上にも外国に向て独立の一国民たる栄誉をも政府に於て保護するを得ず。実に以て朝鮮国民として生々する甲斐もなきことなれば、露なり英なり、其来て国土を押領《おうりょう》するがままに任せて、露英の人民たるこそ其幸福は大なるべし。

他国政府に亡ぼさるるときは亡国の民にして甚だ楽《たのし》まずと雖ども、前途に望なき苦界《くがい》に沈没して終身内外の恥辱中に死せんよりも、寧ろ強大文明国の保護を被り、せめて生命と私有とのみにても安全にするは不幸中の幸ならん。手近く其一証を示さんに、過般来《かはんらい》英人が巨文島を占領して其全島を支配し、工事あれば島民を使役し、犯罪人あれば之を罰する等、全く英国の法を施行する其有様を見れば、巨文島は一区の小亡国にして、島民が独立国民たるの栄誉は既に尽き果てたれども（是《こ》れまでとても独立の実なければ其栄誉もなし）、唯この一事のみを度外に置て他の百般の利害如何を察すれば、英人が工事に役すれば必ず賃銭《ちんせん》を払い、其賃銭を貯蓄すれば更に掠奪《りゃくだつ》せらるるの心配もなし、人を殺し人に傷《きずつく》るに非ざれば死刑に行われ又幽囚《ゆうしゅう》せらるることもなし、先《ま》ず以て安心なりと云うべし。固《もと》より英人とても温良の君子のみに非ず、時としては残刻《ざんこく》なる処罰もあるべし。或は疳癪《かんしゃく》に乗じて人を笞《むちう》つ等の事もあるべしと雖ども、之を朝鮮の官吏、貴族等が下民を犬羊視《けんようし》して、其肉体精神を窘《たしな》めて又随《したがっ》て其膏血《こうけつ》を絞る者に比すれば、同日の論に非ず。既に今日に於て青陽県の管内巨文島の人民七百名は仕合《しあわ》せものなりとて、他に羨《うらや》まるる程の次第なりと云う。悪政の余弊、民心の解体したるものにして、是非もなきことなり。故に我が輩は朝鮮の滅亡、其期遠からざるを察して、一応は政府のために之を弔し、顧みて其国民の為には之を賀せんと欲する者なり。

（「朝鮮人民のために其国の滅亡を賀す」終）

6　批判と蔑視の違い

大いなる皮肉としての「朝鮮滅亡論」

この「朝鮮人民のために其国の滅亡を賀す」が朝鮮という独立国に対してあまりに失礼であるということをわきまえつつ、その内容が明治八年（一八七五）刊行の『文明論之概略』で主張されていた《政権に対する文明の優位》の考え方と一致していることは認めなければならない。福沢によれば文明を阻害する政権は打倒されるべきであった。ただそこでは想定されていなかった事態が朝鮮において現実となっていたことこそが問題なのである。すなわち、《人間の智徳の進歩にあって当該国人の政府よりもむしろ文明国の植民地にされるほうが当の人民にとって望ましい場合がある》という悲劇的状況であった。

要するにこの題名と内容をアジア蔑視と捉えることはまったくのピント外れな解釈なのである。福沢が「朝鮮人民のために其国の滅亡を賀す」ばかりか、「朝鮮独立党の処刑」や「脱亜論」で清国や朝鮮を批判しているのはもとより事実である。しかしそれは福沢にアジア蔑視観があったということを意味するわけではない。なぜなら批判と蔑視（差別意識）はまったく違う事柄だからである。

この二つははっきり区別する必要がある。すなわち批判とは、誰もが同意可能な基準をあらかじめ定め、その基準からの逸脱を具体的に指摘することで相手の不当性を明らかにするあり方のことである。一方蔑視とは、もともと何らの基準をもたぬまま、相手をより劣った存在とみなすことである。この観点からいって、福沢のアジア関連論説において、しばしばアジア蔑視と批判されている事柄は、単なる批判にすぎないといえる。

こうして今一度「朝鮮人民のために其国の滅亡を賀す」に立ち返るなら、その題名は大いなる皮肉を秘めていることがはっきりする。そもそも福沢は、国民が自らの都合でその時代に最も適した政府を組織するなら、いかなる政権交替も国体の変更ではなく、むしろ好ましい改革であるとし、逆に外国人による支配にあっては国体の失われた亡国の悲劇であると考えていた。だからこそ朝鮮が亡国の運命に陥らないように独立党を支援し、彼ら朝鮮維新の志士の援助をしていたのだった。では、明治一八年（一八八五）の朝鮮国はどうなっていたか、それが問題となる。

清国に対する態度と朝鮮に対する態度は異なる

独立党を中心に進められていた朝鮮の近代化の試みは、すでに「脱亜論」発表の三カ月前、明治一七年一二月の甲申政変の失敗によって頓座している。そうだとするなら、「脱亜論」にある「幸にして其国中に志士の出現して、先ず国事開進の手始めとして、大に其政府を改革すること我維新の如き大挙を企て、先ず政治を改めて共に人心を一新するが如き活動あらば格別」という言葉についても、これから先の希望について述べたものではなく、むしろ失敗したその甲申政変への哀惜の情を吐露したものであったと解釈するべきであろう。朝鮮にも真の朝鮮人の名に値する報国の士は存在したが、その人々はほとんど処刑されてしまった、と。

このように福沢には、こと朝鮮に関しては、他国のことであるにもかかわらず、まるで自国のことであるかのような感情むき出しの表現が多く見られる。同じ東アジアの国でありながら、清国については、《西洋諸国に蚕食されながらも日本に脅威を与える敵国》としてしか見なしていないのに、朝鮮に関してはあたかも親類が困っているかのような心配ぶりである。福沢の清国観と朝鮮観の差は歴然としている。それは金玉均や朴泳孝らと親しかったからかもしれないし、あるいは慶應義塾に在籍していた留学生がごく身近にいたからかもしれない。

7 「脱亜論」はアジア蔑視ではなく、清国・朝鮮両政府批判である

悪いことは誰がやっても悪い

以上、独立党を支援していた頃の福沢に、《彼ら朝鮮の報国の士を利用することでそこを日本の植民地にしてやろう》などという様子はみじんも感じられない。「脱亜論」に日本による朝鮮支配をうかがわせるような表現はないのである。末尾の一文が、心において謝絶する、となっていることに批判者たちはもっと注目するべきであった。彼は東アジアに日本と同じタイプの独立した文明国を欲していたが、そこに植民地を望んでいたわけではなかったのである。そしてその夢がついえてしまったとき、福沢は落胆のあまり《もはや友人であることを望まない》という「脱亜論」を書いたのであった。

左翼的思想をもつ人々は「脱亜論」執筆の動機を福沢のアジア蔑視と西洋崇拝に求めてきた。私はそのいずれもが間違いであると考える。たしかに福沢は西洋的価値観を尊重していたが、その理想をアジアにおいて裏切っている他ならぬ西欧の文明国への批判を決して弱めることはなかったからである。福沢にとって目的とするべき西洋文明は、現実の西洋の文明のことではなく、自由や向上心の尊重や個人を守るものとしての国民国家の概念など、文明そのものの理想とでもいうべきものであった。それらを損なおうとする者はたとえ誰であろうとも悪いのであって、人種や民族によってその基準は変動しない

のである。

すなわち清国やベトナムに戦争を仕掛けたイギリスやフランス、また国民自体の期待に反していた日本の封建時代や李氏朝鮮の政府は、同じ基準によって《悪》とされたのであった。「脱亜論」は、西洋の視点からアジアを蔑視したものではなく、むしろ西洋諸国を批判したのと同じ目でアジアを評定したものといえよう。それが結果として当時のアジアの諸国を酷評したものと映るとしても、それを単純に蔑視などと捉えることはできないのである。当該国の政権に批判されても仕方のない側面があったから、そうされたにすぎない。

福沢の朝鮮観には惑溺があった

ただ、福沢に悪意はなかったとはいえ、当時にあってさえそのアジア観が適正であったのかについては、やはり問題が残る。あれほどの好奇心をもってヨーロッパやアメリカ合衆国を歴訪した福沢であったが、一方のアジアの国々を自らの目で見ようとしなかったのは事実である。彼の耳に入る清国や朝鮮の現実は、外国の新聞記事や派遣された弟子たちの報告、そして福沢に同調した考え方をもっていた留学生からの情報に限られていた。彼はあるいは《専制国家を訪問したとしても、誰も本当のことは言わないから、そこに意見を求めても無駄である》と考えていたのかもしれない。しかし《百聞は一見にしかず》ということわざは、西洋にばかりではなく東洋にも適用できるはずである。もし東洋のことなら自分はもうよく知っている、と福沢が考えていたのだとしたら、その推測自体に、彼自身忌み嫌っていた《惑溺》(自信過剰)があったことになるのである。

「脱亜論」紹介年表

年月	文献
一八八五年三月	「脱亜論」『時事新報』紙上に発表
一八九八年一月	福沢諭吉編『福澤全集』全五巻（時事新報社刊）発行開始
一九〇一年二月	大町桂月「福澤諭吉を弔す」『太陽』第七巻第三号
同　年三月	慶應義塾編『福澤先生哀悼録』『学報』第三九号臨時増刊
一九一五年一二月	田中王堂『福澤諭吉』（実業之世界社刊）
一九二六年九月	石河幹明編『福澤全集』全一〇巻（國民図書刊）発行開始
一九三二年二月	石河幹明『福澤諭吉伝』全四巻（岩波書店刊）発行開始
一九三三年五月	石河幹明編『続福澤全集』全五巻（岩波書店刊）発行開始
同　年七月	**「脱亜論」初めて『続福澤全集』第二巻に収録**
一九三七年六月	羽仁五郎『白石・諭吉』『大教育家文庫』第七巻（岩波書店刊）
一九四二年九月	川辺真蔵『福澤諭吉——報道の先駆者』（三省堂刊）
一九四七年三月	丸山眞男「福澤に於ける『実学』の転回」『東洋文化研究』第三号（日光書院刊）
同　年九月	丸山眞男「福澤諭吉の哲学——とくにその時事批判との関連」『國家学会雑誌』第六一巻第三号
一九四九年一月	丸山眞男「近代日本思想史における國家理性の問題」『展望』一月号（筑摩書房刊）
一九五一年一一月	遠山茂樹「日清戦争と福澤諭吉」福澤研究会『福澤研究』第六号**「脱亜論」言及Ⅰ**
一九五二年五月	服部之総「東洋における日本の位置」『近代日本文学講座』（河出書房刊）**「脱亜論」言及Ⅱ**
同　年七月	丸山眞男「福澤諭吉選集第四巻解題」『福澤諭吉選集』第四巻（岩波書店刊）
一九五三年八月	服部之総「文明開化」『現代歴史講座』第三巻（創文社刊）**「脱亜論」言及Ⅲ**

同　年一二月	服部之総「福澤諭吉」『改造』一二月号（改造社刊）
一九五五年八月	服部之総『明治の思想』『服部之総著作集』第六巻（理論社刊）
一九五六年六月	鹿野政直『日本近代思想の形成』（新評論社刊）**「脱亜論」言及Ⅳ**
一九五八年一二月	富田正文・土橋俊一編『福澤諭吉全集』全二一巻（岩波書店刊）発行開始
一九六〇年四月	飯塚浩二「極東・東亜・近西」『中央公論』四月号（中央公論社刊）**「脱亜論」言及Ⅴ**
同　年六月	**「脱亜論」『福澤諭吉全集』第一〇巻に収録**
同　年六月	飯塚浩二「アジアと日本」『アジアのなかの日本』（中央公論社刊）
一九六一年六月	岡義武「国民的独立と国家理性」『近代日本思想史講座』第八巻（筑摩書房刊）**「脱亜論」言及Ⅵ**
同　年六月	竹内好「日本とアジア」竹内好・唐木順三編『近代日本思想史講座』第八巻（筑摩書房刊）**「脱亜論」言及Ⅶ**「有名である」とされる
一九六三年八月	竹内好「アジア主義の展望」竹内好編『現代日本思想大系』第九巻『アジア主義』「脱亜論」全文を掲載　**言及Ⅷ**
一九六四年二月	松永安左エ門『人間・福澤諭吉』（実業之日本社刊）
一九六六年三月	小泉信三『福澤諭吉』（岩波書店刊）岩波新書
同　年四月	竹内好『日本とアジア』『竹内好評論集』第三巻（筑摩書房刊）
一九六七年四月	河野健二『福沢諭吉——生きつづける思想家』（講談社刊）講談社現代新書**「脱亜論」言及Ⅸ**
同　年一二月	鹿野政直『福澤諭吉』（清水書院刊）**「脱亜論」言及Ⅹ**　この時点で「有名さ」が定着する
一九六八年一月	橋川文三「近代日本指導層の中国意識1福澤諭吉」『中国』第五〇号（徳間書店刊）
一九七〇年一〇月	伊藤正雄『福澤諭吉論考』（吉川弘文館刊）
一九七〇年一一月	遠山茂樹『福沢諭吉——思想と政治の関連』（東京大学出版会刊）
一九七二年一〇月	鹿野政直『日本近代化の思想』（研究社出版刊）
一九七三年四月	橋川文三「福澤諭吉の中国文明論」『順逆の思想——脱亜論以後』（勁草書房刊）

一九七五年八月	今永清二「福沢諭吉の「脱亜論」——近代日本における「脱亜」の形成についての試論」『アジア経済』第一六巻第八号（アジア経済研究所刊）
一九七七年九月	丸山眞男「古典からどう学ぶか」『図書』九月号（岩波書店刊）丸山による最初の「脱亜論」への言及
一九七九年五月	今永清二『福沢諭吉の思想形成』（勁草書房刊）
一九八〇年一一月	富田正文編『福澤諭吉選集』全一四巻（岩波書店刊）刊行開始
一九八一年三月	**「脱亜論」『福澤諭吉選集』第七巻に収録**　函に「脱亜論」初出『時事新報』の写真版
同　年三月	坂野潤治「福澤諭吉選集第七巻解説」『福沢諭吉選集』第七巻（岩波書店刊）
一九八二年八月	坂野潤治「明治初期（一八七三—八五）の「対外観」」日本国際政治学会編『国際政治』第七一号『日本外交の思想』
一九八四年三月	飯田鼎『福澤諭吉——国民国家論の創始者』（中央公論社刊）中公新書
同　年四月	初瀬龍平「「脱亜論」再考」平野健一郎編『近代日本とアジア——文化の交流と摩擦』（東京大学出版会刊）
一九九六年一〇月	韓桂玉『「征韓論」の系譜——日本と朝鮮半島の一〇〇年』（三一書房刊）
一九九七年九月	杵淵信雄『福沢諭吉と朝鮮——時事新報社説を中心に』（彩流社刊）

第四章　福沢諭吉と慰安婦

1　福沢は天皇に娼婦の出稼ぎの指示を与えたか

インターネット普及による噂の流布　福沢諭吉が「賤業婦人の海外に出稼ぎするを公然許可するべき」という指示を天皇に与えた、という噂がネット上で広まっている。確認できたところでは、サイト「日本人が知らない恐るべき真実」中の平成一八年（二〇〇六）八月二五日付エントリ「天皇の蓄財①」（d.hatena.ne.jp/rainbowring-abe/20060825）が最初で、鬼塚英昭著『天皇のロザリオ』上巻（二〇〇六年七月、成甲書房刊）「日本キリスト教国化の策謀」からの引用の形をとっている。

日本の偉人中の偉人と評価の高い福沢諭吉は、「賤業婦人の海外に出稼ぎするを公然許可するべきこそ得策なれ」（『福澤諭吉全集』第一五巻）と主張した。娼婦を送り出す船会社が、天皇家と三菱に大いなる利益をもたらすということを計算したうえでの「得策なれ」の主張であった。

「至尊の位と至強の力を合して、人間の交際を支配し、深く人心の内部を犯してその方向を定る」福沢諭吉の思想は当時の天皇家に迎えられた。

（引用終）

というのがその問題の部分だが、注意深く見てみると引用の末尾の一文は、最初の文を受けているわけではないことが分かる。その直前の引用文から引き続く、エントリでは省略されている部分を導いているのである。ちなみに出典が明示されていない「至尊の位と至強の力を合して、人間の交際を支配し、深く人心の内部を犯してその方向を定る」というのは、明治八年（一八七五）年刊の『文明論之概略』巻之一第二章「西洋の文明を目的とする事」からの引用で、この部分をより広く引くなら、実は次のように記述されているのである。すなわち、

人の天性を妨ることなくば、その事は日に忙わしくしてその需用は月に繁多ならざるを得ず。世界古今の実験に由《より》て見るべし。是即《すなわ》ち人生の自《おのず》から文明に適する所以《ゆえん》にして、蓋《けだ》し偶然には非《あら》ず。之を造物主の深意と云うも可なり。

この議論を推して考れば、爰《ここ》に又一の事実を発明すべし。即《すなわ》ちその事実とは、支那と日本との文明異同の事なり。純然たる独裁の政府又は神政府と称する者は、君主の尊き由縁《ゆえん》を一に天与《てんよ》に帰して、至尊の位と至強の力とを一に合《がっ》して人間の交際を支配し、深く人心の内部を犯してその方向を定るものなれば、この政治の下に居る者は、思想の向う所、必ず一方に偏し、胸中に余地を遺《のこ》さずして、その心事常に単一ならざるを得ず。（心事繁多ならず）故に世に事変ありて聊《いささ》かにてもこの交際の仕組を破るものあれば、事柄の良否に拘《かか》わらず、その結果は必ず人心に自由の風を生ずべし。

（④二三〜二四頁）

と、要するに福沢は独裁政府による「至尊の位と至強の力を合して、人間の交際を支配し、深く人心の内部を犯してその方向を定る」あり方を専制政治として批判していたのである。

実際の福沢は君主専制政治とは異なる立憲君主政治を理想としていて、その立憲君主政治のあり方が当時の天皇家に迎えられた、というのが本当のところである。もともと『天皇のロザリオ』の書き方が誤解を招きやすいものであったのを、さらに不適切な切り取り方をしたために、あたかも福沢が天皇に娼婦の出稼ぎを進言したかのような奇妙な内容のエントリができあがっているわけである。

娼婦出稼論とは何か

このように天皇に進言した、という部分は否定されたのではあるが、この噂の前段をなす娼婦の出稼ぎそのものについての福沢の考えはどのようなものであったろうか。エントリ中で出典として示されている現行版『福澤諭吉全集』第一五巻（三六一〜三六四頁）にあたって判明したその社説を次に全文掲載する。

社説「人民の移住と娼婦の出稼」明治二九年（一八九六）一月一八日掲載

世間一種の論者は賤業婦人の海外に出稼するを見て甚だ悦ばず、此種の醜態《しゅうたい》は国の體面を汚すものなり、是非とも之を禁止す可しとて熱心に論ずるものあり。婦人の出稼は事実なれども、之が為めに国の体面を汚すとの立言は更に解す可らず。娼婦の業は素より清潔のものに非ず、左ればこそ之を賤業と唱へて一般に卑しむことなれども、其これを卑しむは人倫道徳の上より見て然るのみ。

人間社会には娼婦の缺《か》く可らざるは衛生上に酒、煙草の有害を唱へながら之を廢すること能はざると同様にして、經世の限を以てすれば寧ろ其必要を認めざるを得ず。彼の廢娼論の如き、潔癖家の常に唱ふる所にして、或は時に実行したるの例なきに非ざれども、其結果を如何と云ふに、表面に青楼《せいろう》と名くる悪所の存在を止めたるまでのことにして、実際に風俗を破り衛生を害するの弊は、公娼の営業を公許したる時に比すれば一層の甚だしきを致して其弊に堪へず、苦情百出の爲めに遂に復舊したるの事実は世人の知る所なる可し。

或は内の醜態は兎も角も、之を外に現はすに至りては国の体面に関係すと云はんかなれども、娼婦の醜態、果して国の体面に関係するものならんには、之を内に存するも其体面は既に汚れたるものなり。内には公行を許しながら外出を禁ずるが如きは、俗に云ふ臭き物に蓋《ふた》の喩《たとえ》に漏れずして、其臭は到底掩《おお》ふ可らず。内に置て臭きものならば、外に出すも亦臭からざるを得ず。四面開放の世の中に、臭き物に蓋して国の体面を維持し得たりと思ふが如きは、所謂井蛙《せいあ》の見にして、與に世界の事を談ずるに足らざるなり。

況んや論者の如き、娼婦の営業を以て国の体面に関係ありと論ずれども、娼婦の公行は世界一般に同ふする所にして、現に文明の中心を以て自から居る倫敦《ロンドン》、巴里《パリ》、伯林《ベルリン》、ニューヨークの如き大都会の真中に於てさへも、賤業婦人の數は計ふるに遑あらざる程にして、公に私に其業を営めども曽て人の怪しむものなし。論者は獨り我醜業婦《しゅうぎょうふ》の外出を禁じて誰れに讃められんとの考なるや。果して井中の蛙なるを免れざるものと云ふ可し。

抑も我輩が殊更《ことさら》に此問題を論ずる所以のものは外ならず、人民の海外移植を奨勵するに就て、特に娼婦外出の必要なるを認めたればなり。移住民たるものは成る可く夫婦同行して家居團欒の快楽を其儘《そのまま》外に移して、新地に安んずること猶ほ故郷に居ると同様ならしめんこそ最も望む所なれども、多数の移住民、必ずしも妻帯のもののみに限らず、否な、最初の間は不知案内の海外に行くこととて、移住の希望者は差當り係累のなき獨身者に多きのみか、或は妻帯のものとても先づ万人にて移住したる上、国より妻子を呼寄せんとするものもあらんなれば、移植地の人口は男子に割合して女子に乏しきを訴へざるを得ず。

人口繁殖の内地に於てさへ娼婦の必要は何人も認むる所なるに、況して新開地の事情に於てはますます其必要を感ぜざるを得ず。往年徳川政府の時に香港駐在の英国官吏より日本婦人の出稼を請求し來りしことあり。其理由は同地には多數の兵士屯在すれども婦人に乏しきが故に、何分にも人気荒くして喧嘩争論のみを事とし制御に困難なれば、日本より娼婦を輸入して兵士の人気を和げたしと云ふに在りき。又浦塩斯徳《ウラジオストク》などにても同様の理由を以て頻りに日本婦人の出稼を希望し、偶ま出稼のものあれば大に歓迎して、政府の筋より保護さへ與ふるやの談を聞きたることあり。

海外の移植地に娼婦の必要なるは右の事実に徴するも甚だ明白にして、婦人の出稼は人民の移住と是非とも相伴ふ可きものなれば、寧ろ公然許可するこそ得策なれ。且つ又當人の爲めに謀るも、賤業婦として外に出づるものは内地に於ても何れ同様の境界に在るものにして敢て苦とせざるのみ。現に外に出稼して相応の銭を儲《もう》け帰国の上、立派に家を成したる輩も多きよしなれば、等しく賤業を営まんとならば寧ろ外に出でて利益の多きを望むことならん。何れの点よりするも賤業婦の外出は決して非難す可きに非ざれば、移住の奨勵と共に共出稼を自由にするは經世上の必要なる可し。

（「人民の移住と娼婦の出稼」終）

2　全集への収録状況と文体の判定

社説「人民の移住と娼婦の出稼」が福沢諭吉の作と最初に示されたのは、昭和八年（一九三三）一二月三〇日刊行の『続福澤全集』第四巻（七五九～七六一頁）である。その後、昭和三六年（一九六一）四月一日刊行の『福澤諭吉全集』第一五巻（三六二～三六四頁）と昭和五六年（一九八一）三月二五日刊行の『福澤諭吉選集』第七巻（二八四～二八七頁）に再録されている。

本編執筆者の推定

草稿非残存の社説であるため、実際に福沢が書いたかどうかは文体による判定と状況からの推測によるしかない。後にも触れることだが福沢は署名著作中で一度も「娼婦」という言葉を使っていない。これは執筆が福沢ではない証拠となると思うが、では書いた当事者はといえば、私としては文中にある「殊更ら」の「ら」の送り仮名と、福沢の特徴である「冀望」という表記ではなく通常の「希望」が使われていることから、石河幹明と判定する。問題は、この社説を福沢が石河に命じて書かせたのか、それとも石河が福沢とは無関係に書いたのかである。

清水義範宛書簡

この問題についてはかつて、本社説について触れている清水義範著『福沢諭吉は謎だらけ』（二〇〇六年九月・小学館刊）に関し、著者にあてた書簡（同年一〇月二三日付）で一度言及したことがあった。以下関係する部分をアラビア数字を漢数字に改めたうえで引用する。

それ以外に私と関係があることとしては、一七五頁にある論説「人民の移住と娼婦の出稼」の真偽問題です。この論説は全集第一五巻三六二頁に掲載されているもので、時事新報の明治二九年一月一八日に社説として発表されています。昭和版『続全集』に初収録で福沢の自筆原稿は残存せず、です。少なくとも下書きは石河と断定できるとはいえ、そのアイディアを福沢が出したかどうかについての証拠はまったくありません。

この時期の真筆は、仕上げにかかっていた『福翁百話』となりますが、その中に国民の海外移住をテーマとした話はありません。また、明治二八年一一月から二九年一月までの書簡三〇通に、海外移住に触れたものは一通もないのです。福沢自身は社説掲載と同じ日である明治二九年一月一八日に、帝国ホテルで開催予定の立食パーティの準備に忙殺されていたようです。

要するに、「人民の移住と娼婦の出稼」は、石河が自らの関心から執筆して紙上に掲載したものを、一九三三年に、折からの満蒙開拓ブームにのっかって、「実はこれも福沢先生が書いたものだ」、とか言って、『続全集』に採録したもののように見えます。現在の『全集』の「時事新報論集」は、ほんとうにめちゃくちゃなもので、無署名論説を使う場合には細心の注意が必要なのです。（引用終）

私としては書簡と同時期に執筆中の『福翁百話』を検討して、「アイディアを福沢が出したかどうかについての証拠はまったくありません」と書いたのだったが、今年（二〇一三年）になって福沢諭吉が「賤業婦人の海外に出稼ぎするを公然許可すべき」という指示を天皇に与えた、という噂が立っていることを知り、今一度調べ直したところ、『福翁百話』と『福澤先生浮世談』の中で娼婦の出稼ぎについて触れていることを知った。そのことを次節で扱いたい。

3　『福翁百話』と『福澤先生浮世談』での娼婦出稼論

「デジタルで読む福澤諭吉」を用いての調査

平成二〇年（二〇〇八）に慶應義塾が開学一五〇周年を記念して立ち上げたサイト「デジタルで読む福澤諭吉」は、明治三一年（一八九八）四月刊の『修業立志編』を除く福沢諭吉名で刊行された著作がデジタル化されている。その他の署名著作については全文検索ができるようになったことにより、自分の調査の不十分さについても思い知らされることになった。

まず検索語「娼婦」で調べると、この言葉は福沢の署名著作中に一例もないことが分かった。私は目を皿のようにして署名著作中からその言葉を拾おうとしたのだったが、それは無駄な努力だったのである。ついで「醜業」で調べると、明治三〇年（一八九七）七月刊行の『福翁百話』の第四八話「人事に裏面を忘る可らず」に、

> 西洋人の言に移住地の組織は寺と酒屋と軒《のき》を並べて始めて可なりと云《い》うその次第は、移住者の艱難辛《かんなんしん》苦《く》は酒色の快楽を以《もつ》て償《つぐな》い、酒色の敗徳《はいとく》は宗教の福音《ふくいん》を以て救い、随《したがつ》て苦しみ随て楽しみ又随て矯正《きようせい》するの意味なり。西洋の諸強国より海外の地に兵士を屯在《とんざい》せしむるその地には、必ず娼妓《しようぎ》のあらざるはなし。若《も》しも然《しか》らざるときは、政府の筋《すじ》より窃《ひそか》に賤業婦の往来に便利を与えて必要に応ず

と云う。娼妓の害大ならざるに非《あら》ずと雖《いえど》も、之《これ》を禁じて却《かえっ》て兵士の気を荒くするの害は更《さ》らに大なるものあるが故に、その利害を比較して扨《さて》こそ娼妓の醜業《しゆうぎよう》を黙許《もくきよ》することなり。（⑥二八六頁）

とある。

さらに検索語「出稼」で調べると、明治三一年（一八九八）三月刊行の『福澤先生浮世談』に、

今外国に醜業婦の出るのは国の恥だと云うて厳しく之を差止《さしと》め、開港場から船の出る時などには中々喧《やかま》しい様子であるが、抑《そもそ》も醜業とは金銭の為《た》めに淫《いん》を売ると云うことであろうが、斯《か》る婦人を醜業婦と云えば、今日唯《ただ》外国に出稼《でかせ》ぎする者ばかりでなく、日本国内の立派な処に沢山稼《たくさんかせ》いで居るではないか。光り輝く東京の真中の立派なお席に、その醜業婦が居るではないか。この一段に至ては如《ど》何《う》しても日本人が外国人に対して何としてもどうも申訳《もうしわけ》のない話で、何と攻撃されても答弁に一句の言葉がなかろう。（⑥四四三頁）

とある。

『百話』が先か社説が先か

ちなみに『福翁百話』各話の執筆時期を確定できないため、第四八話も明治二八年から二九年にかけて書かれたとしか言えない。社説「人民の移住と娼婦の出稼」が掲載された明治二九年一月一八日はその中にすっぽり入ってしまうわけで、石河から話を聞いて『福翁百話』第四八話にそれを書いたのか、先に福沢がそうしたアイディアを持っていて石河にその内容の社説

『福澤先生浮世談』（慶應義塾福澤研究センター蔵）

を書かせたのかは判然としないのである。

もう一つの『福澤先生浮世談』については、たった一日になされた談話を筆記して刊行したもので、それは口述筆記でなされる予定の『福翁自伝』の準備作業のためだったと推測できる。語られたのは明治三〇年一一月頃なので、社説発表から二年弱が経過している。

いずれにせよ社説「人民の移住と娼婦の出稼」の見解と福沢自身の意見とは一致しているわけで、そのことは改めて確認しておきたい。

4　慰安婦問題と娼婦出稼論

社説には強制の側面なし

引用した全文からもはっきりしているように、社説「人民の移住と娼婦の出稼」の主張は、性風俗業に従事する女性が海外に出ることを許可するべきだ、というにきわまっている。理由は海外で現に働いている日本人男性に独身者が多いせいで、要するに現地の女性に迷惑がかからないようにするためである。どこにも強制の側面はなく、この社説がどうしていわゆる「従軍」慰安婦問題と絡めて論じられるのか不思議なのだが、ともかくそうなっているのである。以下本節ではそのことについて扱いたい。

いわゆる「従軍」慰安婦問題は平成四年（一九九二）に持ち上がった事案なので、その問題と福沢諭吉が結び付けられて論じられるようになったのは、それ以降のことである。そこで調べてみると、どうやら鈴木裕子著『従軍慰安婦・内鮮結婚――性の侵略・戦後責任を考える』（一九九二年三月、未來社刊）が最初で、同著『戦争責任とジェンダー――「自由主義史観」と日本軍「慰安婦」問題』（一九九七年八月、未來社刊）が次らしい。

日清戦争が勝利に帰した翌九六年一月一八日、「明治」の代表的知識人、福沢諭吉は自らが主宰する新聞『時事新報』に「人民の移住と娼婦の出稼」を書き、「娼婦」の積極的「輸出」を唱えた。その骨子を紹介すれば以下のようなものであった。一つは、日本国人民の海外移住・植民事業の発展にともない、「単身赴任」する男に「快楽」を与えるために「娼婦」が必要であること、二つめは、海外各地に駐屯する軍隊・兵士の気を和らげるためにも、また「娼婦」が必要であること、三つめは、「娼婦」自身にとっても、海外出稼ぎで金がかせげ、故郷にも送金ができ、立派な家の一軒も建てられるようになる、というものであった。

（『戦争責任とジェンダー』一一一頁）

この要約と第二節の全文を比較してほしい。要約にはカッコ付きとなっている「輸出」なる言葉は、実は社説中では「外出」と表記されている。「輸出」なら強制性が感じられるが、「外出」にはそれを感じることはできない。また要約中の第二の理由についても、まるで福沢が日本軍のために慰安婦が必要だと主張しているようになっているが、原文では徳川時代に香港在住の英国官吏が英国軍向けに要請したこととされているのである。第四節の『福翁百話』の引用でも、福沢は外国軍隊（とくに英国軍）の周辺で営業している性風俗関係者について言及しているだけで、日本軍についてのことなど一言も触れてはいないということが分かる。

安川寿之輔による解釈

要するに福沢諭吉と「従軍」慰安婦問題など、どう転んでも無関係としか言いようがないのであるが、両者をさらに結びつけようとしたのが、安川寿之輔である。安川は言う。

福沢諭吉がかりにアジア太平洋戦争の時代に存命していたならば、「従軍慰安婦」と呼ばれる日本軍性奴隷制度の存在と構想に反対することはなかったであろう、という大胆な推測・仮定を、あえて私が書くことに一定の積極的な社会的意義を見いだしたい。

（『福沢諭吉のアジア認識』〔二〇〇〇年一二月・高文研刊〕一三二頁）

福沢諭吉が一九三〇年代以降の日本軍と関係する慰安婦制度に賛成したか、それとも反対したか、私には分からない。けれども、事実として言えることは、一九世紀を生きていた福沢は性風俗従事の女性が海外に出ることを肯定した、ということだけなのである。

第五章　武士道・ビジネスマインド・愛国心

――福沢諭吉と大西祝の場合――

1　福沢と大西における人格と良心

二人には父子ほどの年齢差がある

本章の目的は福沢諭吉（一八三五～一九〇一年）と大西祝（一八六四～一九〇〇年）の思想を、「人格」概念と「良心」概念を切り口として比較することである。あえてこの両概念を選んだのは、一定の基準を設けることによって、比較の成果が茫漠《ぼうばく》となることを避けるためである。

いずれも批評の世界に身をおいていたとはいえ、福沢と大西は親子ほどの年齢差があり、実際にも福沢の二人の息子（一太郎と捨次郎）と大西は、ほぼ同時期に東京大学予備門に在籍していた。福沢による大西への言及は見当たらないが、大西の岡山時代の師である永島貞次郎は福沢の高弟であること、また、大西の伯父である中川横太郎とは岡山における福沢の盟友といっていいほど密に連絡をとりあっていたことから、福沢は大西を遅くとも東大在籍中には知っていたと思われる。そしてそればかりでなく、最終的には宗教的な立ち位置を接近させてゆくことにもなる。

なお本章では、福沢と大西にとっての人格と良心に注目する以外にも、いくつかのトピックについて取り上げる。この二人はともに江戸時代に生まれた武士の子であった。そうなると、武士道についての考え方の差について関心がもたれる。また、福沢が重要視した実業の精神、ビジネス・マインドについての大西の考えも知りたい。さらに日清戦争と日露戦争の戦間期に、一年違いで没したこの二人にとっての愛国心のあり方についても検討する。

2　福沢と大西にとっての人格

福沢における気品

最初に比較の基準として取り上げる「人格」概念と「良心」概念についてであるが、注意するべきは、現在では一般化しているこれらの用語も、明治時代の中期（およそ一八九〇年代）にあっては未だ普通に使われる言葉ではなかったことである。福沢が自らの名前で出版した著作については、慶應義塾のホームページ内にある「デジタルで読む福澤諭吉」(1)で語彙検索が可能となっている。そこでこの二つの用語について検索したところ、人格については用例はなく、良心についても三例あるだけであった。

こうした場合は人格や良心の原語に立ち返り、それがどのように日本語に移し替えられたかを推測する必要がある。まず人格について、報告者はこの人格を personality として理解したうえ、この語を価値中立的に扱うのではなく、道徳的な善を含む概念として捉えている。「人格者」といえば「善き人格を持つ者」を含意しているようにである。そうなると福沢がしばしば用いる語で似た意味をもつものとして、「気品」という言葉が浮かび上がってくる。

人格の同義概念を気品とするとして、その用例を検索すると全部で二六例あった。内訳は『実業論』(一八九三年)四例、『福翁百話』(一八九七年)一〇例、『福翁自伝』(一八九九年)五例、『女大学評論・新女大学』(一九〇一年)六例、『福翁百余話』(一九〇一年)一例である。

まず『実業論』について見てみると、偶然の機会に富を得た成り上がり者について、「而してその人物如何を尋れば、曾《かつ》て学問上の教育なきは勿論、天禀《てんぴん》の気品さえ甚だ高からずして、畢生《ひっせい》の心事、唯目前の銭あるを知て他を知らず」(⑥一五一頁)[2]と批判する中で使われている。気品がないものは実業家としての資格がないと言っているわけで、事実、実業家の心構えの第二に、「気品を高尚にして約束を重んずること」(⑥一九一頁)を挙げている。さらに結論部では、「唯我輩の目的は日本の実業に文明の要素を注ぎ、その社会の気品を高くして立国の根本を固くし、内に実して外に争わんと欲するに在るのみ」(⑥一九四頁)と、実業家が気品を保つのは立国の根本ともなると述べている。

次に『福翁百話』での使用例を見てみると、第四五話「情慾は到底制止すべからず」において、情欲を抑制するために「気品高き人」と交流することが提唱され、また第六八話「富者安心の点」ではよくない富豪の例として「気品甚だ高からざる者」が挙げられている。さらに第七〇話「高尚の理は卑近の所に在り」では、「貴賤貧富一切の凡俗輩を誘導し、之を小にしては個人の気品を進め、之を大にしては一国の位を高くせんとするには、必ずしも学校の教授のみに限らず、近く日常眼前の物に就て談話を試み、談笑遊戯、卑近の問答よりして遂に深遠に入らしむるの方便甚だ多し」(⑥三二〇頁)と、日常生活についての問答に気品を高めるきっかけがあるとしている。

さらに『福翁自伝』では、その終結部で、「私の生涯の中に出来《でか》して見たいと思う所」として三カ条を記し、その第一に「全国男女の気品を次第々々に高尚に導いて真実文明の名に愧《はず》かしくないようにする事」(⑦二六〇頁)を挙げている。その後の『女大学評論・新女大学』、『福翁百余話』にも気品の用例はあるが、すでに紹介した例と同じなので省略するとして、福沢は気品が高尚であることは、個人ばかりでなく国家の信用の点でも重要なことであるとしながら、どのようなことが気品の名に値するのかについては書いていない。さらに気品自体についての定義もない。

大西における人格

一方大西は『倫理学』(一八九八年)の第四章「形式説」において、カント倫理学の構造を、「意志が道徳の大法に従うの目的は其の大法に従うその事以外にあらず、道徳は道徳以外の何物の為にも行うべきものならず。即ち斯かる意志は其れ自身が其の目的なり。而して斯かる意志を有するもの(自らが自らの目的たる者)を名づけて人格(Person)と云う。道徳的理性に従うべき意志を有する者、是れペルソーンなり。ペルソーン即ち人格の価値は他より来らず其れ自身に在り。カントは此の意を表して人格は品位(Wurde)を有すと云い而して之れをただ代価(Preis)を有する物件(Sache)と区別せり」(Ⅲ一五六、一五七頁)(3)と説明している。ただしこれはあくまでカントによる人格の定義であって、大西のそれではない。

そこで大西自身について言うと、カントを次のように解釈することでその人格概念を承認している。すなわち「彼れ(カント)が人間を汝の人格に於ても又汝以外の人格に於いても決して唯方便として取扱わず又常に目的として取扱えと云うを解して、人々を(自他共に)或意味にては又は或辺より見ては方便として取扱うて可なれども、唯これを方便とのみするは不可なり、道徳的行為に於いては吾人は他の方便となることあると共に又常に自らが自らの目的なるの方面をも具えざる可からずと云うの義なりとせば、敢て之れを難ずべき理由あるを見ず」（Ⅲ一八二、一八三頁）というのであるが、これは「人格を全面的な目的としなくても道徳的行為は成立する」という現在では主流となっているカント解釈である。大西はその立場をとっているわけである。

もとより福沢のいう気品と大西のいう人格を、まったく同一とするには無理がある。カントや大西の人格概念はキリスト教神学に由来していて、そこにはまず何よりも絶対神の顕れが含意されている。浄土真宗門徒である福沢にそれに見合う発出点が想定されていないのは当然のことで、福沢の気品とは、ごく一般的に、誰もが認めるよき態度のことである。そうなるとカントおよび大西の場合では人格が有する品位に相当するものなのかもしれない。福沢自身の著作のうちには、カントや大西のいう人格概念そのものは表明されていないように思われる。

逆にカントや大西の人格概念は道徳的行為の発出点として厳密であるとしても、そこから経験界における実例を引き出すことはできない。人格が何を目的として行為するかは、その目的が明らかでない以上、依然として謎である。暫定的には、多くの人が道徳的行為として評価することを、そうであるとするしかないであろう。そうなると、「気品ある人とは、多くの人がそうであるとみなす人のことである」という福沢の主張と、「人格者とは道徳法則の実現を目的とする人のことである」というカントや大西の見解には、現実世界での現われとしてはほとんど差はないともいえるのである。

3　福沢と大西にとっての良心

福沢における良心と善心

次に福沢と大西の良心概念について検討しよう。先にも触れたように、福沢が使った良心の用例は三例である。その最初は『通俗国権論』（一八七八年）第五章の冒頭部にある。「西洋には耶蘇の教盛にしてよく人の良心を養い、一神を祈り一婦を娶《めと》り、天地を一家と為し万民を兄弟と認め、天道行われて人理正し云々とて、先ず之を完全無欠の聖人国と認め、顧て日本の欠典を捜索して之を枚挙し、日本人は残刻なり、日本人は婬乱《いんらん》なり、日本人は不信心なり、日本人は卑屈なり、無智なり、文盲なり、貧乏なり、病身なりと、一より計えて十に至るまで、己が眼に穢《けがれ》なく見えて心に不満足に思う所の者は、一切之を耶蘇教拒絶の一原因に帰し、この教を入るれば天下太平と心に思わざるも口に唱え、政府に建白する者あり、新聞紙に記載する者あり」（④六二五頁）。この最初の用例を見る限り、福沢は良心をキリスト教的概念として捉えているようにも受け取れる。

続いて二つ目は『兵論』に、「軍費償却租税徴収の事に付き是れまで政府が曾《かつ》て断然たる処置を施さゞるは当局者に於て其人の心の罪に非ず其一心には斯民《しみん》を休養するの情を抱く即ち惻隠《そくいん》の良心なり」（⑤三三四頁）とあって、この部分ではとくにキリスト教とは関係のない文脈で使われている。

三つ目は『福翁自伝』にあって、時事新報社の経営について述べた部分である。すなわち「又編輯《へんしゅう》の方に就て申せば、私の持論に、執筆者は勇を鼓して自由自在に書くべし、他人の事を論じ他人の身を評するには、自分とその人と両々相対して直接に語られるような事に限りて、其以外に逸《いっ》すべからず、如何なる劇論、如何なる大言壮語も苦しからねど、新聞紙に之を記すのみにて、扨《さて》その相手の人に面会したとき自分の良心に愧《は》じて率直に陳《の》べることの叶《かな》わぬ事を書て居ながら、遠方から知らぬ風をして恰《あたか》も逃げて廻わるようなものは、之を名づけて蔭弁慶の筆と云う、その蔭弁慶こそ無責任の空論と為り、罵詈《ばり》讒謗《ざんぼう》の毒筆と為る、君子の愧ずべき所なりと常に警《いま》しめて居ます」（⑦二五〇頁）とある。この用例は現在一般的に使われている良心の使い方に近いように思われる。

　ただ、この三例だけでは何ともいえないので、当時福沢が使っていた良心と同じ意味の語彙《ごい》を探す必要がある。そこで見つけ出せたのが「善心」という言葉で、これは善心として四例、慈善心に含まれる形でさらに三例ある。まず善心であるが、『文明論之概略』（一八七五年）に二例、『福翁百話』に二例ある。そのうち『文明論之概略』についていうと、巻之三に「家族朋友の間に善を責るとは、その人の天性になきものを傍より附与するに非ず、その善心を妨るものを除くの術を教え、本人の工夫を以て自己の善に帰らしむるのみ」（④一〇一頁）とあり、さらにそれは忍難の心ともいうべきもので、「忍難の心、固より非なるに非ず。之をかの貪吝《たんりん》詐盗《さとう》、大悪無道の不徳に比すれば同日に論ずべからずと雖ども、人の品行に於てこの忍難の善心とこの不徳の悪心との間には尚千種万様の働あるべき筈なり」（④一〇二頁）としている。福沢はここで善心を自己抑制の私徳と捉えている。

　およそ二〇年後に書かれた『福翁百話』では善心は第一一話のタイトル中に出てくる。すなわち「善心は美を愛するの情に出ず」というのがそれで、話中でその善心は、「人情を拡むるときは、人と人と相接して、相手の人の喜ぶ声を聞き笑う顔色を見ると、その憤《いきど》おる声を聞き怨《うら》む顔色を見ると、孰《いず》れか我心に快きやと尋れば、その返答に躊躇《ちゅうちょ》する者はなかるべし。然り而して人の心はその本人の善悪邪正に論なく、他人の己れに対して善ならんことを欲せざる者なしと云えば、善を為してその人の欲する所に従い、その喜ぶ声を聞きその笑う顔色を見るは、春の野に鶯《うぐいす》の囀《さえず》るを耳にし百花の爛漫《らんまん》たるを見るに異ならず」（⑥二二七頁）と説明されている。

善心としてのもう一つの用例は第九四話「政論」において、理想の政治体制についての説明を行う際に「之を宗教談に喩《たと》えて云わんに、仏者の崇拝する如来なるものは、本来その物あるに非ず。凡そ人生にあらん限りの善心美徳を想像して、その至善至美の境遇を画《えが》き、之に附するに如来の名を以てするまでのことなれば、その名称も亦一に限らず」（⑥二六三頁）という比喩の中に出てくる。この場合の善心は一種の宗教的境地を示しているようで、一般的な意味での良心とは異なったものであるようだ。

残りの三例は慈善心に含まれる形で出現するのであるが、どうやらこの慈善心は、第一一話の善心と同じ意味である。というのも、このうち二例は第一二話「恵与は人の為に非ず」で、「路傍に難渋者を見て之を助け之に銭を恵与するは我一時の慈善心を慰むるの方便なり」（⑥二二七頁）、また、「一切の寄附、寄進、義捐《ぎえん》等も都《すべ》て是れ先方の為めに非ず、自分の慈善心を満足せしむるの方便とあれば、必ずしも人に名を知らるゝの要用はあるべからず」（⑥二二八頁）という文脈で使われていて、第一一話での善心の発露の具体例として書かれているからである。このことは『福翁自伝』での慈善心の唯一の用例が、母が乞食の虱《しらみ》をとってやったという逸話の中に出てくることからも補強される。

福沢が用いる良心と善心の違いであるが、ごく大雑把にいえば、一八七〇年代の福沢は良心をキリスト教上の概念として捉え、仏教の慈善心に由来する善心と対置させていたが、一八九〇年代には良心が善心を包摂する形で統合させていったようである。というのは、善心が内包するのは慈善行為を志す心

（忍難の私徳）のみであるのに対し、良心はそれにとどまらずに、『福翁自伝』中の、「良心に愧じるような記事を書いてはならない」という実例に見られるような、心のうちにある絶対的な何者かに背かないようにすること一般が含まれているからである。

大西にとっての良心

では大西にとっての良心とはどのようなものかというと、彼の場合は仏教徒であった期間がごく短く、人生の大半を広義のキリスト教徒として過ごしたため、良心は最初から絶対者との関わりにおいて理解されている。すなわち『良心起源論』（一八九〇年）の冒頭では、財布を盗もうとしている人の心に「為してはならぬ」と禁止する声が聞こえるという実例に続けて、「世に此特殊の心識を名けて良心の感覚又良心の命令と云う。又更に形容の語を用いて、良心の声とも云う。又その声の最も厳粛にして無上の権威を以て語るが如く思わるる故に、或は此に宗教的の思想を附加して、神の声と云う者もあり」（Ｉ一九頁）と説明している。

こうした意識（大西の用語では心識）が前提条件なしに生じるのは実に不思議だということから『良心起源論』は出発する。その分析の過程を追うのは本章の目的ではないので省略するとして、結論部のみを紹介するならば、そこで大西は理想の存在を持ち出すのである。すなわち、「吾人の生活行為の理想は固より只だ架空の想像にはあらず。そを通常所謂る想像より区別するものは、吾人がそれに対する善若しくはあらねばならぬてふ心識なり。然れども如何なれば其如き理想の生起するやと尋ぬるに、惟《おも》うに是れ吾人の人性が其本来の目的（即ち人間の存在、又最も広く云えば、法界の自然の構造に於て定めある人性の有様）に達せんとするより起るものならん」（Ｉ一四七頁）、そして、「吾人が此法界の構造に於て吾人に定めある目的（即ち吾人の本真の性）に傾向するの心識は是れ即ち義務の衝動、可しと云い、ねばならぬと云う心識なり。其傾向の障碍《しょうがい》を受けたるの有様は即ち良心の不安、良心の咎《とが》めと云うものなり」（Ⅰ一四九頁）とまとめている。

結論部で理想が持ち出されるところに唐突感は否めないのであるが、全体の構造を簡単に説明するならば、それはヘーゲルの『精神現象学』（一八〇七年）に類似したものであるように思われる。すなわち法界の自然の構造が理想を設定し、それに則っていないときに良心の咎めの意識が生じるというのである。大西自身は『良心起源論』を実験心理学の研究法なども援用することで、あくまでキリスト教とは離れた形で記述するように試みたのではあったが、最終的な結論はヘーゲルからさらに遡って神学上の「神の目的論的証明」と呼ばれるものに近くなっているように思われる。

一方、福沢の場合は、良心（善心）はとくに法界の自然の構造といったものに結び付けられてはいない。良心に違うことのない日常生活を送ると、理由は分からないが満足感が得られるというだけのことである。『福翁百話』のような人世訓ではそれ以上の根拠の追究は必要ないというのであろう。

4　福沢と大西にとっての武士道・ビジネスマインド・愛国心

福沢と大西にとっての人格と良心の位置づけを見たところで、以下では武士道・ビジネスマインド・愛国心への両者の態度を検討する。

武士の武士道と
武士の子の武士道

まずは武士道であるが、福沢の署名入り著作における用例は七例である。『福翁百話』一例、『福澤全集緒言』（一八九七年）二例、『明治十年丁丑《ていちゅう》公論・瘠我慢《やせがまん》之説』（一九〇一年）四例となっているが、そのうち最初の三例では内容について触れることなく列挙されているだけである。武士道が重要な概念として取り上げられているのは、旧幕臣でありながら明治政府の重鎮となった勝海舟と榎本武揚を批判した「瘠我慢之説」である。その中で武士道は、箱館戦争の終結に際して榎本総督が官軍の降伏勧告を受け入れたときにそれに反対して、「我等は我等の武士道に斃《たお》れんのみとて憤戦止まらず、その中には父子諸共に切死したる人もありしと云う」（⑥五六八頁）という文脈で使われている。この父子とは元浦賀奉行所与力中島三郎助《さぶろうすけ》親子のことである。

福沢は、武士道を情的な、あるいは不合理を含む瘦我慢として捉えつつ、なおもその精神を肯定している。それを体現したのが具体的には中島三郎助親子であり、その名にもとるのが勝と榎本だというのである。じつはこの中島に福沢は個人的な恩義があった。というのは、慶應三年（一八六七）夏に第二回訪米旅行から戻った福沢は、公金不正使用の嫌疑をかけられて蟄居《ちっきょ》の処分を受けていたのだが、その撤回に当たって中島からの口添えがあったのである。

中島父子は榎本に従って箱館戦争まで転戦のうえ、降伏を拒んで最後には親子とも討ち死にし、総督の榎本は降伏して獄に繋がれた。福沢の妻錦は榎本と親戚関係にあったため、福沢は東京に移送されてきた榎本の助命運動を試みたのだった。その榎本が、勝と同様、二〇年後に明治政府の高官になっているのはおかしい、というのである。

さて、大西にとって武士道はどうかといえば、それは自分の問題というよりは、日本人の国民性分析のための装置であった。帝国大学での指導教官だった井上哲次郎によるキリスト教批判『教育と宗教の衝突』（一八九三年）に端を発する論争では、「忠孝と道徳の基本」（一八九三年）において、井上の言う忠孝の美徳なるものは道徳の基本とはなりえないと反論した大西だったが、この二論文では武士道を高く評価している。

まず「武士道対快楽説」（一八九五年）では、「予輩は武士道なるものの我国民の志気を養成するに与って大に力ありしを認む。千辛万苦を辞せずして或理想の為に粉身虀骨《ふんしんせいこつ》する献身的精神の我国人の心裡に宿れるもの、是れ多くは武士道の賜と云うべきなり」とし、さらにそれを敷衍する形で、「ストアの精神と武士の気風とを比較して我が国民の気質に論じ及ぶ」（一八九五年）では、武士道の由来を日本古来の伝統に求め、ストア主義と似ているがゆえに武士道も賞賛しうるとしている。

その中で大西は、武士道とストア派の共通点として利益主義・商売主義でないところを高く評価しているのであるが、その点は福沢の武士道の解釈とは異なっている。福沢はビジネスの世界での戦いに邁《まい》進《しん》するのも、士流（武士の末裔《まつえい》というほどの意味）として恥じる必要のない立派な行為として賞賛しているのである。この点が次のビジネスマインドの位置づけの違いともなっているように思われる。

ビジネスマン福沢対スカラー大西

武士道は福沢・大西ともに、よき人格や良心と矛盾することのない行為規範として扱われていた。それではビジネスマインドは人格や良心とどのように関係するのであろうか。ベンジャミン・フランクリンとJ・S・ミルの感化を受けた福沢は、慶應義塾の教育のモットーを、品位・品格の涵養と良心に恥じない生活の構築においた。ただし、大西においては人格と良心の追究が彼の信仰生活と密接な関係を有していたのに対して、福沢がそれらを重要視したのは、信仰とは別に日本人の精神的近代化を推進するためであった。福沢はそれまでの日本にはなかったビジネスマインドの醸成のために、まず人格と良心の水準を西洋人と同等とすることの必要性を痛感していたのである。

　こうしたことを念頭において福沢の『民間経済録』（一八七七年）と『実業論』（一八九三年）を調べると、商売の心得としてベンジャミン・フランクリンに由来する「倹約・正直・勉強」が重視されている。まず、『民間経済録』には、「経済に大切なるものは智恵と倹約と正直との三箇条なり」（④三一三頁）と、また、『実業論』には、「我日本国人が特に商工事業に適して他の得て争うべからざる次第を述べんに、第一、日本国人は性質順良にして能く長上の命に服し、正直にして盗心少なし。是れは数千年来の宗旨世教の然らしむる所ならん」（⑥一七〇頁）ともある。倹約・正直・勉強は、商売上有利なるがゆえに美徳に値するとまでは言っていないものの、福沢にとって徳は実利と密接に関わっている。

　一方カントやストア派を高く評価する大西は、徳というものは快とは関係してはならないという意識をもっていた。「ストアの精神…」でも、「ストアも武士も利益主義ではない、商売主義ではない」とした上で、「武士は君の馬前に義のために武士の職分を尽して討死を遂げる、それが報酬で其外に何も利益を求める心はない」（Ⅲ四八八頁）と、武士道精神を高く評価している。これは福沢の痩我慢の精神と同じであるが、福沢はその精神を商売に役立てることはかまわないと考えていたのに対し、大西は武士の末裔たるものが商売をするのは恥ずかしいことだ、という意識をもっていたようである。

　警醒社刊行の『大西博士全集』（一九〇三年）中に経済関連の論説は一編もない。そもそも哲学・倫理学・美学の専攻者なのであるからそれも無理からぬことではあるのだが、英国の学者には倫理学の理論から経済学へ関心を広げたアダム・スミスやJ・S・ミルもいたわけで、この経済への無関心の理由としては、大西の家庭環境が岡山藩の上士階層に属していて、儒教的伝統から商売を軽視する雰囲気を有していたこと、そして同志社での神学教育もまたそこから距離をおくものであったこと、さらに東大で主に専攻したカントの倫理学が、英国倫理学とは異なり、経済学への関心の道を開くものではなかったことが挙げられる。このことは、武士の家の出とはいえ、父百助、兄三之助ともに中津藩大坂蔵屋敷詰の廻米方として大坂の商人たちと日常的に交流していた下士階層出身の福沢とは対照的である。

経済学自体には言及していないものの、大西には、いかにも同志社出身者というべきか、「社会主義の必要」(一八九六年)という注目すべき評論がある。福沢にも救貧という観点からの社説があるが、自由主義の経済機構自体を改革するべきだという考えはなかった。これも大きな違いの一つであろう。

愛国心はいずれにとっても重要

さらに一八八〇年代半ばまでの福沢はキリスト教批判の論陣を『時事新報』紙上で展開していた。キリスト教の福沢がキリスト教布教に反対したのは、その教えの中身が不当であるというよりも、布教が西洋諸国によるアジア侵略と不可分離の関係にあるからだった。その危険性を知っていたからこそ、日常生活を送る上での人格と良心を重要視しつつ、日本をキリスト教国化するかのような動きに危機感を抱いたのである。それは福沢のもつ愛国心に起因するといってもよいであろう。

福沢は西洋崇拝の非愛国者だという見方からすると意外なことかもしれないが、『学問のすすめ』(一八七二年)初編の末尾では報国の気概が説かれ、さらに三編では愛国の重要性が敷衍《ふえん》されている。「英人は英国を以て我本国と思ひ、日本人は日本国を以て我本国と思ひ、其本国の土地は他人の土地に非ず、我国人の土地なれば、本国のためを思ふこと我家を思うが如くし、国のためには財を失ふのみならず、一命をも抛て惜むに足らず。是即ち報国の大義なり」(③四四頁)と、自国に対して国民は傍観者であってはならないと戒め、最後には「今の世に生れ、苟も愛国の意あらん者は、官私を問わず、先ず自己の独立を謀り、余力あらば他人の独立を助け成すべし。父兄は子弟に独立を教え、教師は生徒に独立を勧め、士農工商共に独立して、国を守らざるべからず。概して之を云へば、人を束縛して独り心配を求めるより、人を放て共に苦楽を与にするに若かざるなり」（③四七頁）と締めくくっている。

一方大西には愛国心を直接的に唱導する論説はないようで、それは指導教授井上哲次郎への対抗心があったようである。ただし、愛国心そのものではないにせよ、大西の国家論として日清戦争直後に書かれた「国家主義の解釈（教育の方針）」という論説がある。そこには「若し国家勃興に大動機を与ふるの哲学あらば是れ必ずや予輩の今唱ふる理想的進化を説く所のものなるべし。惟《おも》ふにヘーゲルの説ける国家主義の如きは哲学的根拠を有する国家主義の一好例なるべし」（大西全集⑥三三七、三三八頁）(4)とあって、世界的進化に則っているかぎり国家主義は肯定されると書いている。

もとより大西に愛国心がなかった、などと言うつもりはない。それは当然の前提としてあった。キリスト教徒だからといって愛国心にもとるなどというのは、大西にとっては思いもよらぬことである。さらに大西には長兄木全多見と次兄岩田善明という二人の兄がいたが、長兄は陸軍士官学校卒業の陸軍将校、また次兄は工部省工部大学校（後年の東大工学部）卒業の海軍士官である。最終的には多見は陸軍少将、善明は海軍造船大監（大佐級）にまで進級しているので、キリスト教徒であることは軍内部で不利とはならなかったのである。

5　福沢と大西の共通点と相違点

マシュー・アーノルドとユニテリアンという共通項

日本人の道徳性を高めるための信仰として、一八八〇年代半ばまでの福沢は穏健な仏教を想定していたように思われる。しかし、一八八七年一二月のアーサー・ナップの来日をきっかけとして英米におけるユニテリアン運動を知って以降、その帰一信仰ともいうべきものに強い関心を抱くようになる。また、同志社を経て東大に在籍していた大西もまた、プロテスタントキリスト教から離れてユニテリアンに近づいてゆく。

このように最初はかなり離れたところにいた二人は、最終的にはユニテリアンを通してほぼ同じ立ち位置となるが、その片鱗は意外に早い段階から垣間見えていた。というのは、福沢が批評においてモットーとしていた「掃除破壊建置経営」（一八八二年）という標語と、大西の批評主義の代表作である「方今思想界の要務」（一八八九年）はともにマシュー・アーノルドの「現代における批評の任務」（一八六五年）をモチーフとしていて、二人ともその忠実な後継者たらんとしていたからである。福沢も大西も西洋文明を普遍的文明とみなしたうえで、批評のあり方に状況的制約を設けてはいなかった。また、批評の基準となっているのは福沢においては善心、大西では良心であったが、その両概念には大きな重なりがあった。

もちろん共通点があれば相違点もある。大きな違いとして、批評の範囲が福沢の場合は社会全般にわたっていたことがある。福沢は交詢社憲法草案（一八八一年）に関わっていたし、新聞紙上で経済制度の改革を熱心に提言していた。「掃除破壊建置経営」は思想界にとどまらず、政治・社会全般を対象としていたのである。福沢としては経済の近代化は優先課題であって、その主張は尚商国家論ともいうべきものであった。一方の大西はビジネスに何らの関心も有していなかった。涵養すべき人格についても、福沢の気品は社会生活を営む上での人間的要件として実践的な意義を有していたのに対し、大西の人格は神学の研究を発出点としていたので、そこから経済的人間という発想は出てこなかった。

福沢と明治教養主義を繋ぐ大西

社会の平安を希求していた福沢と、キリスト教のドグマに飽きつつあった大西が、ともに普遍宗教を模索するようになったのは一八八〇年代末のことである。一八九三年、大西はユニテリアンの神学校ともいうべき先進学院の教頭になるが、福沢はこの学校の主たる支援者だった。のみならず同校と慶應義塾との合併さえ模索したが、その計画は結局頓挫してしまった(5)。

福沢と大西という二人の思想家が没したのは、まさに二〇世紀のとば口であった。福沢・大西没後活動を本格化させる新渡戸稲造・夏目漱石・西田幾多郎ら明治教養主義者は大西と同世代の人々である。彼らの思想には相互に類似点も多いのであるが、一九世紀のうちに成した論説の質と量に鑑みて、福沢を代表とする明治前期の啓蒙主義と彼ら明治教養主義を繋ぐ架け橋の役割を果たしたのが大西だったといえるのである。

註

（1）URL http://project.lib.keio.ac.jp/dg_kul/fukuzawa_about.html

（2）『福澤諭吉全集』（一九五八〜六四年、岩波書店刊）第六巻一五一頁を示す。引用部の表記は適宜改めている。以下同様。

（3）『大西祝選集』（二〇一四年、岩波書店刊）Ⅲ一五六、一五七頁を示す。以下同様。

（4）『大西博士全集』第六巻（一九〇四年、警醒社書店刊）三三七、三三八頁を示す。本論説のみ『選集』未収録である。

（5）この件については、拙著『福澤諭吉』（二〇〇八年、ミネルヴァ書房刊）三三六～三六八頁を参照のこと。

第六章　福沢署名著作の原型について

1　『時事新報』社説はいかにして刊行されたか

初出紙面を出発点とする研究

明治一五年（一八八二）三月に『時事新報』を創刊して以降の福沢諭吉の署名著作が、すべて同紙を初出としていることはよく知られている。そのうち『時事大勢論』（明治一五年四月刊）から『実業論』（明治二六年五月刊）までの一八タイトル一五冊（「国会の前途」「国会難局の由来」「治安小言」「地租論」は合本）は、社説欄と通称されている「時事新報」欄に無署名で発表された後、主として同社から「福沢諭吉立案」の著作として単行本化されている。『実業論』の四年後に刊行された『福翁百話』（明治三〇年七月刊）以後の著作は社説欄ではなく専用の欄に掲載された作品群である。

本章の目的は「時事新報」欄初出の署名著作がいかなる経緯で刊行されたかを明らかにすることである。当初は社説として発表されたそれらは、その時々の政治的経済的状況と密接な関係がある。ところが従来までの研究は、現行版全集の第五巻と第六巻に収録されている署名著作と、第八巻から第一四巻に収められた並行する期間の社説とを別個に考察してきたように思われる。署名著作も初出時には、後に「時事新報論集」に収録されることになる社説群とまったく同じ無署名による掲載であったにもかかわらず、である。

本章は、従来までの研究から発想を転換して、まずは初出紙面を出発点とする。後に署名著作となる連載社説も、全集の「時事新報論集」に採られることになる単発の社説も、最終的に全集未収録となった社説も、その朝新聞を開いた読者にとってはどれも「時事新報」欄掲載の論説として平等で、読者はそのうちのいずれが後に刊行されるのかを知らなかった。もとよりわれわれはすでに署名著作となる社説がどれであるかを承知しているため、当時の読者とまったく同じ心をもって初出紙面を読むことはできない。とはいえ全集未収録社説を含む社説の全てを通しで読むことによって、署名著作創作の動機を探る手がかりを得ることは可能と思われる。

そこで本章は以下のように進行する。まず第2節では福沢の署名著作とその原型の関係について概説し、続く第3節から第7節までで「時事新報」欄掲載の署名著作発表の経緯と原型の探索を行い、第8節では調査の結果明らかになった新事実について整理する。そして最後にそれらの新事実が福沢研究にどのような意義をもつのかについてまとめる。

2　長編論説と原型の関係

『学問のすすめ』と『文明論之概略』の原型

福沢の長編論説には、それに先立って原型とも呼ぶべき単発論説が発表されていることが多い。『時事新報』創刊前の著作である『学問のすすめ』と

「時事新報」欄掲載署名著作一覧

冊・題名	執筆期間	初回掲載日	終回掲載日	回	刊行年月日	草稿
①時事大勢論	1882-03頃	1882-04-05	1882-04-14	6	1882-04-00	非残存
②帝室論	1882-04頃	1882-04-26	1882-05-11	12	1882-05-00	非残存
③兵論	1882-08～1882-10	1882-09-09	1882-10-18	18	1882-11-00	非残存
④徳育如何	1882-10頃	1882-10-21	1882-10-25	4	1882-11-00	非残存
⑤学問之独立	1883-01頃	1883-01-20	1883-02-05	8	1883-02-00	非残存
⑥全国徴兵論	1883-03頃&1883-12頃	1883-04-05	1884-01-07	6	1884-01-00	残存
⑦通俗外交論	1884-05頃	1884-06-11	1884-06-17	6	1884-06-00	残存
⑧日本婦人論後編	1885-06頃	1885-07-07	1885-07-17	10	1885-08-00	残存
⑨士人処世論	1885-09頃	1885-09-28	1885-10-29	11	1885-12-00	非残存
⑩品行論	1885-11頃	1885-11-20	1885-12-01	10	1885-12-00	非残存
⑪男女交際論	1886-05頃	1886-05-26	1886-06-03	8	1886-06-00	非残存
⑫日本男子論	1887-12頃	1888-01-13	1888-01-24	10	1888-03-06	非残存
⑬尊王論	1888-09頃	1888-09-26	1888-10-06	9	1888-10-23	非残存
⑭国会の前途	1890-11頃	1890-12-10	1890-12-23	12	1892-06-06	非残存
⑭国会難局の由来	1892-01頃	1892-01-28	1892-02-05	8	1892-06-06	残存
⑭治安小言	1892-02頃	1892-02-28	1892-03-04	5	1892-06-06	非残存
⑭地租論	1892-04頃	1892-04-29	1892-05-08	9	1892-06-06	非残存
⑮実業論	1893-03頃	1893-03-30	1893-04-15	15	1893-05-03	残存

『文明論之概略』についていうなら、明治五年（一八七二）二月の『学問のすすめ』初編の原型としては慶應二年（一八六六）二月六日付島津祐太郎宛書簡（⑰三六頁）［と明治三年（一八七〇）一一月の「中津留別の書」（⑳四九頁）］（章末補註参照）を指摘できる。そこでは西洋の学問を科学技術に限定するのではなく、人格形成の根拠となる教養として身につけることの必要を説いている。当初は単独の著作として発表された『学問のすすめ』初編を原型として、初編発表の約二年後の明治六年一一月から刊行が開始されたのが、現在は二編以降とされている月刊『学問のすすめ』である。その二編から七編（明治七年三月刊）までは、初編の内容を分割して主題を掘り下げることによ

り成された諸編である。

さらに月刊『学問のすすめ』と並行して書き下ろされた『文明論之概略』の原型として、月刊『学問のすすめ』五編「明治七年一月一日の詞」を指摘することができる。ここで福沢は文明の精神として人民独立の気力をとくに重要視し、その担い手として中産階級の覚醒に期待を寄せている。この詞を書いた翌二月に「文明論プラン」[2]という梗概を記し、さらに翌月に本編の執筆を開始したのである。『学問のすすめ』各編と『文明論之概略』各章の連関については、すでに別のところで論じている。[3]

明治一五年(一八八二)三月の『時事新報』創刊以降は必ず新聞掲載を経てから署名著作として刊行されているので、それらの原型は先行する社説のうちにあるとみてよい。おそらく単発で書いた社説に読者からの反応があったため、より深化させた内容の長編社説を執筆連載し後に署名著作とした、ということなのであろう。

本章が扱う署名著作の範囲

「時事新報」欄に掲載された署名著作の一覧は前頁の通りである。先にも書いたように、本章が扱うのはそのうち「時事新報」欄に掲載された『時事大勢論』から『実業論』までの一八タイトル一五冊である。ただし、自筆草稿が残存していることにより、当初は刊行を予定されながら、同時期には出版されなかったと推測できる明治一五年五、六月連載の『藩閥寡人《かじん》政府論』、明治一八年六月連載の『日本婦人論』(通称前編)等についても必要な限り言及する。

3　明治一五年刊行の著作

四月刊行『時事大勢論』

三月一日の創刊後最初に福沢立案の署名著作として出版されたのは四月刊の『時事大勢論』(草稿非残存)である。その内容は表題にある通り、明治一五年の現在に日本が直面している問題を総体として扱っていて、わけても来る議会政治において政府と国民(民間)はどのような関係であるべきか、ということが議論の中心となっている。その結論部で提示されているのが以後の福沢の鍵概念となる「官民調和」である。

全集未収録を含む社説を創刊から追ってみると、四月五日から一四日まで六回連載された『時事大勢論』に先立つ半月ばかり前の「国会開設の準備」(18820318・全集未収録)[4]が、その原型となっていると判明した。その内容は総じて『時事大勢論』の前半部と同じだが、先行する「国会開設の準備」では、現在の状態では議会が開設されたとしても、その有意義な運営ははなはだ困難であるという主張にとどまっているのに対して、署名著作となった連載では、解決策として官民調和が提唱されているという違いがある。これはつまり「国会開設の準備」執筆の段階では議会政治下での政府と国民(議員)との対立を解消する方法に有効な策を見出せなかったものが、『時事大勢論』を書いた時点では官民調和という打開策を発明していたということなのであろう。

この官民調和についてはしばしば誤解されがちで、ときに民の官への迎合と解釈される場合があるが、実際は、民間からの要求が政府の現状からはなはだしく乖離してしまうと有効な手立てを講じることができなくなるので、双方ともが相手側の言い分を汲み取ってぎりぎりの調整をしなければならない、ということを述べたものである。とはいえ『時事大勢論』では官民調和の重要性が指摘されているだけで、それがどのようにすれば実現できるかについての具体案は示されていない。以後の『時事新報』の社説が随時その処方を示すことになる。

五月刊行『帝室論』

次に署名著作となったのは五月刊行の『帝室論』（草稿非残存）である。この著作はバジョットの『英国憲政論』[5]の影響の下に、天皇を政治社外に置くことの重要性について述べたものだが、その直接の原型となっているのは、連載開始四週間前に掲載された「立憲帝政党を論ず」（18820331,18820401・草稿残存）である。福沢は、福地源一郎が率いるこの官党の名称が天皇の政治責任を惹起してしまうことに懸念を覚えてまず単発の社説を用意し、続けて前年五月から六月にかけて『郵便報知新聞』に掲載された交詢社憲法草案の解説「私考憲法草案」のうち、天皇と内閣に関する条文についての記述を敷衍することでこの『帝室論』を執筆したと考えられる。

ところで原型と推測できる「立憲帝政党を論ず」は、平成二六年（二〇一四）までに発見されている福沢の直筆社説草稿のうち最も古いものなのだが、石河幹明編纂の『続福澤全集』（一九三三、三四年）[6]には採録されていない。草稿発見により現行版全集第八巻に収められたのは昭和三五年（一九六〇）二月のことで、その社説は初出以来七八年間誰にも読まれることはなかったのである。また連載後刊行された『帝室論』には立憲帝政党について一言も触れるところがないため、それだけを読んでも『帝室論』執筆の動機が立憲帝政党の結党にあったことを見抜くのは難しいであろう。このことは原型と長編論説の関係について一種の示唆を与える。それは、福沢としては後世に残る署名著作は、その時々の情勢からは離れた普遍的な価値をもつものとしながら、執筆の直接のきっかけには具体的な事件があったということである。

非刊行『藩閥寡人政府論』『時勢問答』『局外窺見』等

さて、『帝室論』が刊行されてから次の『兵論』（草稿非残存）が出される一一月まで約半年が経過することになるが、この両著作の間には、掲載途中の六月九日から一三日まで本紙が発行禁止とされたためその余波で刊行されなかった『藩閥寡人政府論』と、六月から七月にかけて連載された『時勢問答』、さらに七月下旬掲載の『局外窺見《べっけん》』がある。そのうち『藩閥寡人政府論』は、五月一七日掲載開始六月一七日終了の全一七回という長編でありながら、おそらく藩閥政治を批判していたためであろう、初出四〇年後の大正版全集（一九二五、二六年）に収録されるまで幻の著作となっていた。［そこでは、藩閥政治によっては国政の円滑な遂行は不可能なので、意見の異なる在野の人材を大々的に登用するべきだ、との主張がなされている。］論旨は多岐にわたっていて特定の原型を指摘するのは難しいが、大まかには［国民の政治参加を促すために言論の自由の拡大が望まれる、という］「言論自由の説」（18820329・全集未収録）がそれにあたるようである。

さらに社説として用意されながら掲載が見送られたと推測できる「掃除破壊と建置経営」（⑳二四三頁）と仮に題された自筆草稿が残されていて、それが「言論自由の説」と『藩閥寡人政府論』の中間に位置している。［その内容は、江戸時代の旧制度を掃除破壊する時代はすでに過ぎ去って、これからは官民が協力して新時代を建置経営しなければならない、というものである。］そうなると早くから腹案があったものを、『帝室論』執筆後の四月下旬にまず「掃除破壊と建置経営」が書き始められ、それが放棄されて『藩閥寡人政府論』となったという推測が成り立つ。またそれは、連載開始直前の五月一五

日に三田演説会で行った内容不詳の「建置経営の説」という演説と関係があるようにも思われる。(7)

七月下旬に朝鮮で壬午軍乱と呼ばれる親日派排斥のクーデタが発生したため、以後の本紙は朝鮮関連の記事で埋め尽くされる。「朝鮮の変事」(18820731, 0801)がその第一報であるが、先にも少し触れたようにその直前の七月一九日から二九日まで『局外窺見』という八回の連載があった。自筆草稿も残存しているので、これも単行本化を予定された著作と思われるが、隣国で騒乱が勃発したため、刊行は取りやめとなったようである。内容は輸送のための道路整備の必要を主張したものであるが、やや唐突に終了しているように感じられる。道路とくれば次に鉄道について論じなければおかしいと思って調べてみると、壬午軍乱についての集中的報道がひと段落着いた時期に「鉄道論」(18820922, 25)が、そしてその報道が終結した後に「鉄道布設」(18821108・全集未収録)という鉄道網整備についての社説が見つかった。これらは『局外窺見』の続編とも考えられる。

一一月刊行『兵論』

壬午軍乱の勃発により八月より報道の体制は大きく変更された。八月二日から四日までの「朝鮮政略」を嚆矢《こうし》として、九月九日の『兵論』の初回まで、ほぼ七週間にわたって「時事新報」欄は壬午軍乱関係の論説で埋め尽くされている。そのような状況下で『兵論』の連載は開始されたのだが、表面的には西洋諸国の強大な軍事力に日本はいかに対処するべきか、という論調になっているため、壬午軍乱の渦中に介入してきた清国への対抗策を探るという真の目的が見えにくくなっている。相手が朝鮮政府だけだった軍乱勃発後最初の三週間は事態の早期収拾のための派兵論を開陳していた福沢だったが、清国の直接介入が明らかになった後の『兵論』では、西洋諸国だけではなく清国と比しても日本の軍事力は圧倒的に劣勢であり、それゆえ清国との戦争は思いとどまるべきだ、という意見を述べている。この主張が当時の『時事新報』の若手記者たちの主張と異なっていたことは、すでに別のところで書いた(8)。

福沢の長期連載は草稿完成後に掲載を開始するのが通例であったが、緊急事態ということに鑑みて、執筆途中であったにもかかわらず発表に踏み切っている。急いで起稿されたためか、原型らしい単独社説は発見できなかった。九月九日の第一回から一六日の第七回までほぼ連日掲載され、半月の休載の後一〇月三日から一九日にかけて第八回から最終第一八回が連載されている。草稿の完成は掲載終了のわずか一週間前で、主として海軍の増強について語っている後半部は壬午軍乱後の事態の推移に沿って記述されている。福沢がとくに心配していたのは清国海軍との不測の衝突で、戦力と練度の差によって、日本海軍の劣勢は彼の目には明らかだったのである。「近く前月朝鮮の事変に際しても、我輩も世人も共に第一着に危懼《きぐ》を抱きたるは海軍薄弱の一事なりき」(⑤三二〇頁)とある。

一一月刊行『徳育如何』

一〇月中旬に『兵論』が終結し、一一月初旬に単行本化されても、壬午軍乱直前に連載されていた『局外窺見』は刊行されなかった。代わりに出版されたのは一〇月二一日から二五日まで四回連載された『徳育如何』である。この論説に特定の原型は見出せなかった。『兵論』の出版届出が一一月四日、『徳育如何』の届出は二日後の一一月六日となっている。連載時の表題は「学校教育」であったが、内容が道徳教育に限定されていたため改題されたようである。

刊行された『徳育如何』(草稿非残存)は、いわゆる徳育論争の口火を切る儒教道徳再興に反対した著作として有名であるが、福沢がそれを執筆した動機は、明治一二年(一八七九)の「教学大旨」をめぐっての論争での元田永孚の発言が念頭にあったものと思われる。とくにこの時期の出版となったのは、明治一五年末に宮内省より元田が編纂した儒教主義による修身教科書『幼学綱要』が頒布されることが決まっていて、その先手を打ったとも考えられる。福沢としては儒教主義による修身教育には大反対で、自主独立の精神こそが真の道徳心の涵養に繋がると主張していたのであった。

4　明治一六年・明治一七年刊行の著作

明治一六年二月刊行『学問之独立』　明治一六年（一八八三）の年が明けて一月二〇日から二月五日まで八回にわたって連載された「学問と政治と分離すべし」をまとめたのが二月刊行の『学問之独立』（草稿非残存）であるが、その内容は『徳育如何』の延長上にある。元田永孚や西村茂樹による再び漢学を学問の中心にしようとする運動が半ば実を結びつつあることに危機感を抱いた福沢が、教育への政治の介入を防ぐために記したものである。その原型として指摘できるのは『徳育如何』の続編として書かれた「徳育余論」（18821220,21）である。

そこで福沢が提唱するのは、高等教育機関を文部省の下にではなく帝室（皇室）の下に置くという方法である。このようにすれば、帝室は政治的に中立であることから、ときの政権の指導を受けずに済むということで、軍の中立を保つために統帥権が天皇に帰属するのと同じ構造になっている。この場合いわゆる官立・私立の区別は、学校財政における帝室からの下賜金の割合に対応することになる。漢学の伸張をくい止めるために帝室を持ち出すというのは奇異にも感ぜられるが、福沢が理解するところの明治の帝室は五箇条の誓文の第五条「智識ヲ世界ニ求メ大ニ皇基ヲ振起スベシ」の制約下にあるので、洋学中心の私立学校が帝室の庇護下に置かれるとしても、それは不思議なことではなかったのであろう。

明治一七年一月刊行『全国徴兵論』　明治一六年二月の『学問之独立』刊行から翌明治一七年（一八八四）一月の『全国徴兵論』まで一一カ月もの間が空いている。書簡や同期間に一三編という直筆草稿の残存状況からも、新聞への並々ならぬ関与が伺《うかが》われるので、この間に署名著作が出されなかったのは、新聞社の運営が忙しすぎて、まとまった論説が書けなかったためと推測できる。次の『全国徴兵論』の出版の経緯は特異で、まず「全国兵は字義の如く全国なる可し」（18830405,06,07・草稿残存）という三回の掲載があり、九カ月後の「改正徴兵令」（18840104,05,07・草稿残存）三回分と合わせた構成になっている。

単独では刊行されなかった「全国兵は字義の如く全国なる可し」の骨子は、徴兵というからには全成年男子に適応されるべきで例外を設けてはならないというものであった。この主張は明治一四年九月刊行の『時事小言』の結論部にもある福沢の持論であるが、それを「改正徴兵令」と合わせて出版することとしたのは、明治一六年一二月に改正された徴兵令に官立学校在籍卒業者に限っての徴兵免除規定があることに反発してのようだ。「改正徴兵令」は、この処置は私立学校在籍卒業者を（同じく徴兵免除のない）小学校卒業者と同等とみなすことであると批判している。

学歴・社会階級によらずに兵役に就くべきだと福沢が主張したのは、国民としての連帯意識を涵養するためでもある。そのため、同時に高学歴者や兵役税を負担することが可能な階層出身者には就役期間を短縮する措置をとるべきだとも唱えていて、改正された徴兵令では官立学校在卒業者のみが兵役免除とされていることに批判の矛先を向けたのである。

刊行された『全国徴兵論』にははっきり書かれていないため、現在では福沢の真意を汲み取るのが難しくなっているが、そのすぐ後に紙上掲載された社説「徴兵令に関して公私学校の区別」（18840118,19・全集未収録）には、この改正徴兵令が私立学校存続にとって脅威となることが指摘されている。慶應義塾は明治一〇年（一八七七）から在籍卒業者の徴兵免除特権が与えられていたが、この改正徴兵令が施行されれば志願者のさらなる減少が予想された。その危機意識が「全国兵は字義の如く全国なる可し」（一八八三年四月）が掲載されて九カ月も経過してからの『全国徴兵論』刊行（一八八四年一月）の直接の動機と思われる。このような経緯で出されたためか、「全国兵は字義の如く全国なる可し」をさらに遡る原型は書かれてはいないようである。

六月刊行『通俗外交論』　明治一七年にはもう一冊、『通俗外交論』（草稿残存）の刊行がある。六月一一日に連載が開始され、同一七日に全六回の掲載が終了して同月中に単行本化された。内容は外交全般を論じたものではなく、国家の独立にとって治外法権の撤廃がいかに重要かを述べた論説である。ほぼ同趣旨の社説として「外国宣教師は何の目的を以て日本に在るか」（18840602・全集未収録）があって、それを読むと、それまでキリスト教に反対してきた福沢がこの時期に突如その布教に寛容になった真の理由が分かるようになっている。

この時期外務卿として条約改正交渉を担当していたのは長州閥にしては近しい関係にあった井上馨で、彼は難度の高い税権回復を後回しに、まずは治外法権の撤廃からと、いわゆる鹿鳴館外交を推進していた。福沢はその井上を助ける論陣を張っていたが、その一つが『通俗外交論』だったのである。一方それまで反キリスト教的な主張を貫いてきた『時事新報』がにわかにキリスト教容認に論調を変更したのもちょうどこの時期で、そのことを示す画期的社説「宗教も亦西洋風に従わざるを得ず」(18840606.07)の掲載は、「外国宣教師は何の目的を以て日本に在るか」掲載の四日後、『通俗外交論』連載開始の四日前である。治外法権の撤廃は外国人の移動の自由と表裏一体であったから、それは日本人ばかりでなく、日本国内での布教の自由を求めていた外国人宣教師にとっても利益があるはずだった。福沢は外国人宣教師を味方とすることで、条約改正交渉を有利に進められるように画策したともいえるわけである。

5　明治一八年・明治一九年刊行の著作

明治一八年八月刊行『日本婦人論後編』

明治一七年(一八八五)の下半期から翌年の上半期にかけての一年は、ベトナムへの影響力をめぐって清国とフランスが衝突した清仏戦争と、朝鮮で勃発した独立党によるクーデタである甲申政変があったため、社説欄は事件報道に費やされることが多く、刊行を目的とした長編論説は掲載されなかったようである。それでも一〇月二四日から三〇日まで六回連載の草稿残存社説「貧富論」や、草稿非残存ながら一二月一日から六日まで六回連載された「通俗道徳論」がある。これらが刊行されなかった理由は不明である。

甲申政変が独立党の敗北と決し、事後処理も片付いた明治一八年六月四日から一二日まで「日本婦人論」(草稿残存)と題された六回の連載がある。その一カ月後の七月七日から一七日まで「日本婦人論後編」(草稿残存)一〇回が載せられて、翌月に後編のみが刊行されている。「日本婦人論」と「日本婦人論後編」を読み比べてみると、前者は固い文語文で書かれているのに対し、後者は分かりやすいかな混じり文となっているほかは「日本女性の地位の低さを批判してさらにその状況を改善するべきとの」内容に大差はない。重複が多すぎるゆえに前者は刊行されなかったものと思われるが、明治三一年（一八九八）に福沢自身が編纂した明治版『福澤全集』（時事新報社刊）には「日本婦人論」も収録されている。掲載直後に刊行されなかった著作で明治版に収められたのは本作だけである。

『日本婦人論後編』（慶應義塾福澤研究センター蔵）

このように、明治一八年六月七月に福沢の女性論が集中的に掲載されているのであるが、その原型というべき社説として、［日本女性の地位が低いことを批判した］「A我国には男尊女卑の風習あり」（18850520・全集未収録）と［その状況を改善するべきだとする］「B男尊女卑の風習破らざる可らず」（18850521・全集未収録）の二編を指摘できる。おそらく五月初旬から中旬にかけてこの二編を用意し、七月中旬にかけて女性の地位向上のためのキャンペーンが張られたのであろうが、さらに調べてみると四月一一日に「婦人責任論」という演説を行っている（巻末「福沢諭吉演説一覧」参照）。その内容については知られていないが、推測するに五月の社説のさらに原型ともいうべきものだったのだろう。

明治一八年一二月刊行『士人処世論』『品行論』

大変な話題作となった『日本婦人論後編』から四カ月後の一二月に刊行されたのが『士人処世論』（草稿非残存）である。初出は九月二八日から一〇月六日までの「士人処世論」六回と、一〇月二四日から二九日までの「士人処世論続」五回に分けて一カ月の間に一一回掲載された。その内容は前途有為の青年が官界ばかりを目指す風潮を戒めて、もっと実業界に目を向けるように促したもので、その原型は同内容の「処世の覚悟」（1885829・全集未収録）と「農工商人たるは志士の恥辱にあらず」（18850910・全集未収録）で間違いないと思われる。

明治一八年一二月刊行の『品行論』（草稿非残存）は、一一月二〇日から一二月一日まで一〇回の連載を初出としている。日本の男性の不品行を咎め、その生活の改善を促した本作の原型となる単発の社説は発見できなかった。署名著作も含めて広く類似した内容の記述を探すと『日本婦人論後編』に、「男子は其（婦人の―平山補足）静なるを好きことにして公けに不品行を犯して人に隠しもせず、妾を召抱へ又これを取替へ、容易に妻を娶《めと》りて容易に離縁するなど、勝手次第なる者あり」（⑤四九〇頁）という部分があって、これは『品行論』で指摘されている日本の男性が改善しなければならない問題点そのものである。そうなると『日本婦人論後編』への反響のうちに、『品行論』執筆を促す内容のものがあったとも考えられる。

明治一九年六月刊行『男女交際論』

翌明治一九年（一八八六）の五月二六日から六月三日まで八回連載された『男女交際論』（草稿非残存）は、精神的に独立した男女が対等の関係での人間交際を結ぶべきだとする論説であるが、原型となる単独の社説は発表されなかったようである。さらにその内容と同趣旨の記述を先行する署名著作に探したが、発見できなかった。日本の男性の行状を批判した『品行論』を読めばどのような男女関係が望ましいかについての疑問が生じるのは当然のことで、そのような反響に応えるものとして用意された原稿だった可能性がある。

『男女交際論』が刊行された直後の六月二三日から二六日まで「男女交際余論」四回が掲載されているが、これは福沢の手によっては出版されていない。ところが『男女交際論』と合本にした偽版が確認されていて、そのことにより福沢の女性論への反響がいかに大きかったかが分かるのである。

6 明治二一年刊行の著作

明治一九年六月刊の『男女交際論』の次は明治二一年（一八八八）三月刊の『日本男子論』で、署名著作が出されなかった期間は一年九カ月もある。直筆草稿残存社説[9]について調べると、「米麦作を断念す可し（前編）」（18860621）の次が「条約改正会議延長」（18870804）になっている。書簡によればこの時期の福沢は、中上川彦次郎主筆のほか社説記者の渡辺治と高橋義雄を駆使して日々の社説を仕上げていたので、直筆社説は書かれなかったのではなく何らかの事情で残らなかったようだ。あるいは明治二〇年四月の中上川主筆の辞職、七月の高橋の退社、そして八月の伊藤欽亮総編集の就任までの混乱期のうちに失われたとも考えられる。じっくりと腰を落ち着けて長編を書く余裕はなかったようで、同年七月九日付長男一太郎宛書簡には、「新聞社は実に忙しく、彦次郎が山陽鉄道に参候後は拙者一人にて、高橋と渡辺を加勢にして今日迄参候」（⑱一二八頁）とある。

三月刊行『日本男子論』

明治二〇年八月に伊藤総編集、渡辺・石河両社説記者という体制が整ってからやっと長い論説を書けるようになったとみえ、一〇月には六日から一二日まで「私権論」五回が連載されたが刊行はされなかった。そうして明治二一年一月一三日から二四日にかけて「日本男子論」一〇回が連載されて、三月に刊行の運びとなったのである。

この『日本男子論』（草稿非残存）であるが、先行する単独の社説に原型を見つけることはできなかっ

『日本男子論』（慶應義塾福澤研究センター蔵）

た。執筆された時期についてはある程度の絞込みが可能で、文中で言及されている英国の政治家チャールズ・デレクの不倫スキャンダルは、「日本男子論」連載一年前の社説「言論検束の撤去」（18870125・全集未収録）で報道されている。これで執筆は『男女交際論』の直後ではなく、少なくても翌年一月以降となるが、もし「私権論」より前に脱稿していたならこちらが先に発表されたと思われるので、時系列順に「私権論」の後にとりかかったとみるのが妥当であろう。内容は『品行論』で批判されていた日本の男性のよくないところはどのようにすれば改善できるかというもので、おそらくは、掃除破壊をするだけではなく建置経営もせよ、という読者の声に応えたものである。

一〇月刊行『尊王論』

明治二一年にはもう一冊一〇月刊行の『尊王論』がある。九月二六日から一〇月六日まで九回連載された。明治一八年五月の「日本婦人論」以降『日本男子論』までの三年近くの間、福沢の関心の中心は男女論にあった。ここにきて署名著作としては『帝室論』以来六年半ぶりに天皇論を刊行したことになるが、『日本男子論』刊行後の紙面にあたったところ、帝室をテーマにした社説は発見できなかった。そこでさらに遡ると、「帝室の尊厳神聖に依頼して国内の騒擾を未然に防ぐべきだ、という」『尊王論』と同内容の社説「帝室の緩和力」（18860227,28・全集未収録）が刊行二年半前に掲載されていることが分かった。[10] 別のところにも書いたように、論者は『尊王論』の下書きを担当したのは石河幹明であると推測している。この時期の福沢は、男女論に区切りがついたことにより、次のテーマを天皇論に定め、石河に「帝室の緩和力」を原型とする長編社説の下書きを命じたということになろう。ただし、この時期の福沢書簡に皇室制度に対する関心をうかがわせるものがないため、それはあくまで蓋然にとどまる。

7　明治二五年・明治二六年刊行の著作

明治二五年六月刊行『国会の前途…』　明治二一年（一八八八）一〇月刊行の『尊王論』の次は明治二五年（一八九二）六月に出された『国会の前途・国会難局の由来・治安小言・地租論』となるが、そこに含まれている四つの論説の初出は、「国会の前途」が明治二三年一二月一〇日から二三日までの一二回、「国会難局の由来」が明治二五年一月二八日から二月五日までの八回、「治安小言」が同年二月二八日から三月四日までの五回、「地租論」が同年四月二九日から五月八日までの九回となっている。

これら四編のうち「国会の前途」（草稿非残存）のみ明治二三年の発表であるが、思うに明治二五年になってこのように古い論説を引っ張り出したのには、第一議会開会中に発表された「国会の前途」を読まないと、明治二四年一二月二五日に解散した第二議会が直面していた問題の由来が理解しにくくなってしまうからである。「国会の前途」は江戸時代まで遡って議会設立の経緯を記述したもので、長らく少数者による政治決定に慣れてきた日本の政治風土からいって、維新の精神にかなう、衆議によってものごとを決める議会制度が根を下ろすのは困難であると書かれている。案の定第二議会において地租軽減を争点として官党と民党の対立がのっぴきならない事態に立ち至り、明治二五年二月一五日に第二回衆議院議員総選挙となって、満を持して発表されたのが後の三編である。すなわち「国会難局の由来」（草稿残存）が議会解散の遠因を明治一四年政変後の政府と在野の政治家との路線の違いに求め、対立する両者に調和をもたらすため「治安小言」（草稿非残存）では言論の自由について政府が譲るべきところを示し、さらに「地租論」（草稿非残存）では地租軽減を唱えている民党支持者に、地租軽減は民力の休養には繋がらず時には増税も受け入れなければならないと諭している。

総選挙は二月にあったが、第三回帝国議会（特別会）が開会したのは五月六日になってからだった。『国会の前途・国会難局の由来・治安小言・地租論』が刊行されたのは、その特別会が閉会する頃で、福沢はおそらく第二議会の紛糾と解散をめぐって生じた政治停滞は今後も繰り返すことを見越して、それらを後世に残そうとしたのだろう。それぞれの論説の原型となっている単独社説を探したところ、「国会の前途」の原型は「帝国議会の開院式」（18901129・全集未収録）、「国会難局の由来」のそれは「国会は万能の府にあらず」（18880523・全集未収録）、「治安小言」については「超然主義は根底より廃す可し」（18920223・全集未収録）、「地租論」については「地租軽減」（18910829・全集未収録）[11]であることが分かった。

明治二六年五月
刊行『実業論』

社説欄への連載をまとめたものとしては最後となる『実業論』（草稿残存）が刊行されたのは翌明治二六年（一八九三）五月のことで、その初出は同年三月三〇日から四月一五日までの一五回であった。その内容は、憲法と議会開設により政治の近代化は進みつつあるのに、実業の革命は未だしであるのは、高学歴の者が実業に入らないからだとして、実業における教育の重要性を述べたものである。その原型は「後進の方向」（18921009・全集未収録）で、その末尾に「猶ほ今後の就学者の心得及び政府の教育法等に就ては重ねて機を以て論ずる所ある可し」と予告されているのが、七カ月後に発表されたこの『実業論』であると推測できる。

8　発見された新事実

署名著作の原型追究は以上であるが、その過程で従来まで気づかれてこなかった新事実がいくつか明らかとなった。

新事実(1)——原型の大部分が全集未収録

新事実の第一は、原型の大部分が全集未収録となっているということである。[12]署名著作一八タイトルのうち、原型が発見できたものは一二タイトルである。しかしそのうち現行版『全集』に収録されているのは二タイトルにすぎず、さらに石河幹明が編纂した大正版『全集』と昭和版『続全集』に採録されているのは「徳育余論」だけである。つまり石河は原型の多くを大正・昭和版の「時事論集」から落としたわけで、その理由としてはこれらの原型を福沢起筆または福沢立案とはみなさなかったか、または福沢のものと判断したがあえて落したのいずれかが考えられる。

福沢のものとみなさなかったと推測するのは、あまりにも不自然すぎる。論者の見るところ、署名著作と原型の関連が深く看取できるのは、『帝室論』と「立憲帝政党を論ず」であるが、石河はこの草稿残存社説さえ続全集に採録していない。また、『日本婦人論後編』と「A我国には男尊女卑の風習あり」「B男尊女子の風習破らざる可らず」の両社説の関係も明白で、福沢直筆とは断定できないものの、少なくとも福沢立案社説ではあることは分かったはずである。『士人処世論』についても、処世という言葉が含まれている「処世の覚悟」すら落とされている。そうなると後者の故意に採録しなかった可能性が高くなるわけである。

さらに故意に落としたとしてその理由を推測したい。「時事論集」に社説を採録するに当たって、石河は故意に福沢直筆社説を排除したという疑いについてはすでに別のところに書いた。[13]その場合は、石河が描こうとした福沢像との齟齬が考えられるわけだが、署名著作の原型の排除の理由とはならない。そうなると、原型の非採録は、全集全体を通して内容の重複をなるべく避けたいという意向によるのではないか、との推測が浮上してくる。［それが『続全集』の編纂方針であるならば、その操作は必ずしも不当とはいえないであろう。］とはいえ、こと福沢に由来する社説については網羅的に採録した、という石河の証言[14]の信憑性はさらに低くなったわけである。

新事実(2)――原型掲載から刊行までの期間は不定

新事実の第二は、原型の掲載から署名著作の連載が始まるまで、かなりのばらつきがあったことである。最短は『通俗外交論』の九日で、『時事大勢論』一七日、『帝室論』二七日、『学問之独立』一カ月、『日本婦人論後編』二カ月（ただし前編までは一五日）、『士人処世論』一カ月と、半数の六タイトルはおおむね一カ月以内であるのに対し、『尊王論』は二年七カ月後、『国会の前途・国会難局の由来・治安小言・地租論』は、原型のうち最初に掲載された「国会は万能の府にあらず」から四年一カ月後、最後の「超然主義は根底より廃す可し」から四カ月後になっている。ただし、合本である本書の刊行の事情についてはすでに書いた通りで、この場合は原型掲載四カ月後とするのが妥当かもしれない。なお、社説欄掲載の署名著作としては最後となる『実業論』については原型「後進の方向」発表七カ月後の刊行となっている。

以上をまとめると論者には『尊王論』の原型と本編の間隔が異常に離れているように感ぜられる。しかもこの『尊王論』の版元だけが、時事新報社（慶應義塾出版社）ではなく集成社となっている。別の論文を書いたときに調べたのだが、刊行された明治二一年の書簡に、帝室に触れた書簡も社説も、この『尊王論』以外には見当たらない。もし『尊王論』が福沢立案石河起筆のカテゴリーⅡ論説だとするなら、福沢は明治二一年の夏に突然二年半も前の社説の長編化を思い立ち、下書きを石河に命じたということになる。それはありえないことだと断言はできないものの、不自然さは否めないだろう。そうではなく、石河が前々から目をつけていた社説「帝室の緩和力」の長編化を福沢に申し出た、というのなら腑に落ちるのである。管見のかぎり、後年単行本化された『尊王論』の内容に言及しているのは戦前では石河ただ一人である。［いずれにせよ、この『尊王論』刊行をめぐる問題については、今後福沢の思想全体の中で慎重に再検討する必要があろう。］

新事実(3)——男女論は書き下ろしによる

新事実の第三は、『日本婦人論後編』を除いて、以後の男女論を福沢は書き下ろしとしていたということである。明治一八年五月に「日本婦人論」（八回）と『日本婦人論後編』（一〇回）の原型となる二編の社説が発表された後、『品行論』（一〇回）・『男女交際論』（八回）・「男女交際余論」（四回）・『日本男子論』（一〇回）はいずれも一つ前の著作の結論部が引き延ばされる形で執筆されている。これは『福翁自伝』末尾にある福沢生涯の希望三カ条の第一「全国男女の気品を次第次第に高尚に導いて真実文明の名に恥ずかしくないようにする」ための著作を、時局的な問題とは区別して執筆していたことを意味している。

9　本章の研究史上の意義

署名著作の原型・まとめ

第2節にも書いたように、福沢の長編論説にはそれに先立つ原型ともいうべき短編が存在することは前から知られていた。しかし、こと『時事新報』掲載論説についていうなら、署名著作に対応する原型社説の探究という本章が試みたアプローチに先行研究はないのである。というのは、第8節にも指摘したように、単独で掲載された原型社説は多くの場合石河幹明による大正版・昭和版「時事論集」への採録から洩れていて、読者はそうした社説があること自体を知ることができなかったからである。近年『福澤諭吉事典』（二〇一〇年一二月・慶應義塾刊）の「『時事新報』社説・漫言一覧」によってその全タイトルと全集への採否が明らかとなり、さらに論者を研究代表者とする全集未収録社説のテキスト化の作業により、その全貌は明らかになりつつある。

本章が探究した署名著作の原型は、『時事大勢論』について「国会開設の準備」（18820318・全集未収録）、『帝室論』について「立憲帝政党を論ず」（18820331,18820401・現行版収録）、『学問之独立』について「徳育余論」（18821220,21・大正版収録）、『通俗外交論』について「外国宣教師は何の目的を以て日本に在るか」（18840602・全集未収録）、『日本婦人論後編』について「A我国には男尊女卑の風習あり」（18850520・全集未収録）と「B男尊女子の風習破らざる可らず」（18850521・全集未収録）、『士人処世論』について「処世の覚悟」（18850829・全集未収録）と「農工商人たるは志士の恥辱にあらず」（18850910・全集未収録）、『尊王論』について「帝室の緩和力」（18860227,28・全集未収録）、『国会の前途・国会難局の由来・治安小言・地租論』についてそれぞれ「帝国議会の開院式」(18901129・全集未収録)・「国会は万能の府にあらず」(18880523・全集未収録)・「超然主義は根底より廃す可し」(18920223・全集未収録)・「地租軽減」(18910829・全集未収録)、『実業論』について「後進の方向」(18921009・全集未収録)である。これらの原型は、たとえ全集未収録の社説であっても論者のホームページ「平山洋関連」[15]で読むことができる。

福沢の関心は具体から普遍への方向をもつ

改めて署名著作と原型を読み比べて分かったことは、福沢の関心が常に具体的問題から普遍的問題解決へ、という方向性をもっていたことである。現行版『全集』において具体的問題は「時事新報論集」所収の社説として、また普遍的問題は第七巻までの署名著作として別個に研究されてきたために、従来の研究ではその連続性が見失われてきた。たとえば福沢の天皇論として『帝室論』はつとに重要視されていたが、研究者の関心はもっぱらその立論の骨子をバジョットに求めることや、前年に福沢も関与してなされた交詢社憲法草案との連関に向けられていた。しかしそれだけでは福沢が明治一五年五月に『帝室論』を刊行した本当の理由は分からない。執筆の直接の動機は、皇室の政治利用に繋がりかねない党名をもつ立憲帝政党が、同年三月に福地源一郎らによって結党されたことにあったのである。また、従来の研究でも、明治一七年六月発表の福沢のキリスト教容認論と、同月刊行の『通俗外交論』との関係は指摘されていたものの、新発見の社説「外国宣教師は何の目的を以て日本に在るか」により、治外法権の撤廃に向けて外国宣教師の協力を得るためという意図があったことが確かめられた。こうした新たな「読み」の試みは未だ緒に就いたばかりである。全集未収録社説の研究が進展することにより、福沢の署名著作への新解釈は今後も現れるであろう。

註

（1）岩波書店刊全二一巻（一九五八～六四年）別巻（一九七一年）。全集収録論説より引用する場合は、たとえば第二〇巻二四三頁を⑳二四三頁）などと表記する。
（2）福澤諭吉協会刊『福澤諭吉年鑑』第一八号（一九九一年一二月）所収。
（3）「『学問のすすめ』と『文明論之概略』」『アジア独立論者福沢諭吉』（二〇一二年七月、ミネルヴァ書房刊）四三～六四頁。
（4）一八八二年三月一八日掲載を意味する。社説の題名および本文は創刊初期にはカタカナ漢字交じりで表記されていたが、ひらがな漢字交じりで統一する。字体は新漢字である。
（5）Walter Bagehot "The English Constitution" (1867).
（6）岩波書店刊。以下昭和版と称す。
（7）「福沢諭吉演説一覧」静岡県立大学『国際関係・比較文化研究』第四巻第二号（二〇〇六年三月）二六三～二七四頁。〔本書巻末に再掲〕
（8）『福沢諭吉の真実』（二〇〇四年八月、文藝春秋社刊）二六頁。『アジア独立論者福沢諭吉』一四七～一五三頁。
（9）「福沢諭吉直筆草稿残存社説一覧」『アジア独立論者福沢諭吉』逆丁三〇～三三頁
（10）「誰が『尊王論』を書いたのか」『アジア独立論者福沢諭吉』三一五～三五六頁。
（11）全集収録済の同一タイトルの社説（18901203, 04, 05）とは別の社説である。
（12）これらの全集未収録の原型の多くは福沢直筆の可能性が高いのではあるが、そう断定することはできない。というのも、論者が進めている社説の筆者推定作業（『尊王論』刊行時までの分に相当）において、直筆と判定されたのは、これらのうち「国会開設の準備」と「言論自由の説」（ただし『藩閥寡人政府論』は非刊行）の二編だけなのである。他の原型社説はカテゴリーⅡ（福沢立案記者起筆）社説かもしれず、そうした非直筆社説を原型として署名著作を執筆することもありうると考えられる。なお、社説起筆者推定については、拙論「石河幹明入社前『時事新報』社説の起草者推定――明治一五年三月から明治一八年三月まで」(『国際関係・比較文化研究』第一三巻第一号(二〇一四年)縦一～一七頁)および「『時事新報』社説の起筆者推定――明治一八年四月から明治二四年九月まで」(『国際関係・比較文化研究』第一三巻第二号(二〇一五年)縦一～一八頁)を参照のこと。

(13)『福沢諭吉の真実』一二四頁、「石河幹明が信じられない三つの理由――『福澤諭吉全集』「時事新報論集」の信憑性について」『アジア独立論者福沢諭吉』三五七～三六八頁など。

(14) 昭和版「続福澤全集緒言」第一巻(一九三三年)三頁。

(15) URLは http://blechmusik.xii.jp/d/hirayama/ である。

[付記] 本章は日本学術振興会平成二五年度科学研究費補助金(研究種目:挑戦的萌芽研究、課題番号:二五五八〇〇二〇)、課題名「福沢健全期『時事新報』社説起草者判定」の一部である。

(補註) 本章中の[ ]内は『福澤諭吉年鑑』第四三号(二〇一六年一二月・福澤諭吉協会編)への再録にあたって加筆された部分である。

文献目録（出現順・署名著作は『福澤諭吉全集』に収録）

第一章　福沢諭吉先祖考

富田正文他編『福澤諭吉全集』全二一巻・一九五八年一二月～一九六四年二月・岩波書店刊
富田正文『考証福澤諭吉』上下巻・一九九二年六月、一九九二年九月・岩波書店刊
小笠原家『笠系大成』一七〇五年・北九州市立自然史・歴史博物館蔵
山本艸堂編『中津古文書』一九三五年四月・豊光舎刊
半田隆夫校訂解説『中津藩歴史と風土』第六輯・一九八六年三月・中津市立小幡記念図書館
半田隆夫校訂解説『中津藩歴史と風土』第三輯・一九八二年一二月・中津市立小幡記念図書館
広池千九郎編『中津歴史』一八九一年一二月・広池千九郎
貝原益軒「豊国紀行」宮本常一他編『日本庶民生活史料集成』第二巻・一九六九年四月・三一書房刊
石河幹明『福澤諭吉伝』全四巻・一九三二年二月～一九三二年七月・岩波書店刊
小平鼎編『小平雪人』一九七六年三月・甲陽書房刊
矢崎孟伯「福沢諭吉先祖の旧跡考」『オール諏訪』第一二号・一九八三年二月・諏訪郷土文化研究会刊
太田牛一『信長公記』一九八四年七月・角川書店刊
村誌編纂委員会編『豊平村誌』一九六六年・同委員会刊
信濃史料編纂会編『信濃史料』全三〇巻・一九五二年一二月～一九六九年五月・同委員会刊

勝山小笠原家「小笠原文書」東京大学史料編纂所蔵
長野県史刊行会編『長野県史近世史料編第三巻南信地方』一九七五年二月・同刊行会刊

第二章　『西洋事情』の衝撃と日本人

上田市編『上田市史』下巻・一九四〇年三月・信濃毎日新聞社刊
木村幸比古『龍馬暗殺の謎――諸説を徹底検証』二〇〇七年三月・PHP研究所刊
伝坂本龍馬「船中八策」『日本の思想二〇　幕末思想集』一九六九年七月・筑摩書房刊
知野文哉『「坂本龍馬」の誕生――船中八策と坂崎紫瀾』二〇一三年二月・人文書院刊
岡部精一「五箇条御誓文の発表に就きて」『史学雑誌』一九一三年六月・史学会刊
青山霞村『山本覺馬』一九二八年一二月・同志社刊

第三章　福沢諭吉の「脱亜論」と〈アジア蔑視〉観（「脱亜論」関連は章末紹介年表を参照のこと）

井田進也『歴史とテクスト』二〇〇一年一二月・光芒社刊
平山洋『福沢諭吉の真実』二〇〇四年八月・文藝春秋社刊
福沢諭吉編『福澤全集』全五巻・一八九八年一月～一八九八年五月・時事新報社刊
石河幹明編『福澤全集』全一〇巻・一九二五年一二月～一九二六年九月・国民図書刊
石河幹明編『続福澤全集』全七巻・一九三三年五月～一九三四年七月・岩波書店刊
著作編纂会編『福澤諭吉選集』全八巻・一九五一年五月～一九五二年一一月・岩波書店刊

第四章　福沢諭吉と慰安婦

鬼塚英昭『天皇のロザリオ・上巻――日本キリスト教国化の策謀』二〇〇六年七月・成甲書房刊

清水義範『福沢諭吉は謎だらけ』二〇〇六年九月・小学館刊
鈴木裕子『従軍慰安婦・内鮮結婚――性の侵略・戦後責任を考える』一九九二年三月・未來社刊
鈴木裕子『戦争責任とジェンダー――「自由主義史観」と日本軍「慰安婦」問題』一九九七年八月・未來社刊
安川寿之輔『福沢諭吉のアジア認識』二〇〇〇年一二月・高文研刊

第五章　武士道・ビジネスマインド・愛国心

小坂国継編『大西祝選集』全三巻・二〇一三年一一月～二〇一四年五月・岩波書店刊
大西祝『大西博士全集』全七巻・一九〇三年二月～一九〇四年一二月・警醒社書店刊
平山洋『福澤諭吉――文明の政治には六つの要訣あり』二〇〇八年五月・ミネルヴァ書房刊

第六章　福沢署名著作の原型について

平山洋『アジア独立論者福沢諭吉――脱亜論・朝鮮滅亡論・尊王論をめぐって』二〇一二年七月・ミネルヴァ書房刊
平山洋「石河幹明入社前『時事新報』社説の起草者推定――明治一五年三月から明治一八年三月まで」『国際関係・比較文化研究』第一三巻第一号・二〇一四年九月・静岡県立大学国際関係学部
平山洋「『時事新報』社説の起草者推定――明治一八年四月から明治二四年九月まで」『国際関係・比較文化研究』第一三巻第二号・二〇一五年三月・静岡県立大学国際関係学部

おわりに――『時事新報』社説研究の現状と安川平山論争の帰趨について

本書は『福沢諭吉の真実』(二〇〇四年八月・文藝春秋社刊)、『福澤諭吉――文明の政治には六つの要訣あり』(二〇〇八年五月・ミネルヴァ書房刊)、『諭吉の流儀――『福翁自伝』を読む』(二〇〇九年五月・PHP研究所刊)、『アジア独立論者福沢諭吉――脱亜論・朝鮮滅亡論・尊王論をめぐって』(二〇一二年七月・ミネルヴァ書房刊)に続く五冊目の福沢諭吉関連著作である。所収の文章は全てこの四年余りのうちに書かれたもので、私の五〇歳代前半の研究成果である。

前著『アジア独立論者』の「おわりに」で、『時事新報』論説研究の進め方について書いたのは平成二四年(二〇一二)五月のことであった。まずその後の進捗状況について報告したい。

全集未収録社説の研究を進めるうえでまず必要だったのは、それらを「読める」ようにすることであった。というのは、それまで『時事新報』の紙面を確認するには、復刻版かマイクロ・フィルムにあたるしかなく、いずれにしても大規模な公共図書館や大学図書館にしか収蔵されていないからである。私の場合、平成一三年(二〇〇一)の安川寿之輔との論争後に勤務大学の個人研究費の一部をマイクロ・フィルム購入に充てていて、前著刊行時には福沢の没する明治三四年(一九〇一)二月までの分を研究室に備えていた。

それらを読めるようにするために、まずインターネットのホームページ上に「『時事新報』社説・漫言一覧」のエントリを設定し、そこにある社説タイトルとマイクロから撮影した画像ファイルをリンクさせた。これで個々の全集未収録社説を「読む」ことは可能となったが、井田メソッドを用いて判定するにはさらなる工夫が必要であった。それが社説のテキストファイル化である。ただ、約四千五百もある全集未収録社説の読み取りを一人で実行するのは不可能なので、日本学術振興会の科学研究費に申請を出した。

研究題目「福沢健全期『時事新報』社説起草者判定」は幸いにも採択され、研究期間である平成二五年四月から平成二八年三月までの間に計二四四九編をテキスト化した。この作業は全国に散在する一〇名弱の研究支援者によってなされたが、すべてのデータはEメールを介してやりとりされた。これらのテキストは画像ファイルと同様に「『時事新報』社説・漫言一覧」の社説タイトルとリンクされていて、誰でも閲覧できるうえ、サイト内検索機能を用いて特定の語彙の使用状況の調査も可能となっている。さらにこれらのテキストでの福沢語彙（福沢ならではの用語）の出現状況を電算処理することにより二七八編の推定福沢直筆社説が抽出された。

期間にも経費にも制限がある科研費によっては全集未収録社説の全テキスト化は不可能であるため、推定福沢直筆社説の抽出もまた完全とはいえない。二七八編を選ぶまでの過程はすでにいくつかの論文・報告等で公表しているが、あくまで暫定的なものである（本書第六章註（12）参照）。全テキスト化作業は個人研究費により現在なお継続中である。

以上が『時事新報』社説研究の進展であるが、多くの読者にとってより注意が向けられるのは安川平山論争の帰趨であろう。以下ではそのことについて報告する。

平成一六年（二〇〇四）刊行の『福沢諭吉の真実』の後、その反論として安川が『福沢諭吉の戦争論と天皇制論――新たな福沢美化論を批判する』（二〇〇六年七月・高文研刊）を、また杉田聡が福沢の論説集『福沢諭吉　朝鮮・中国・台湾論集――「国権拡張」「脱亜」の果て』（二〇一〇年一〇月・明石書店刊）の解説を書いたことは、前著『アジア独立論者福沢諭吉』でも触れた。そこで私は彼らの誤謬について反論を試みたのだったが、待てど暮らせど彼らによる前著への再反論はなかった。

安川や杉田は私の研究を「お粗末」と評しているのであるから、平山前著への反論など簡単にできるはずである。沈黙を続けるとは奇妙なことだといぶかしく思ううち、平成二六年（二〇一四）の一二月になって、安川が杉田および漫画原作者雁屋哲とともに、新たに「福沢諭吉の一万円札からの引退を求める」ことを目的とした社会運動を立ち上げ、ミニコミ誌『さようなら！福沢諭吉』を発刊したことを知った。私はそこには前著への反論が掲載されているに違いないと思って同誌を取り寄せたのだが、私への批判は『福沢諭吉の真実』における井田メソッドの不確実性への論難に終始していた。

論争としてはそれ以上の進展はなかったわけだが、代わりに平成二七年一〇月発行の同誌創刊準備三号に、「せっかく安川は、Ⅱ『福沢と丸山』によって定説化していた福沢諭吉神話＝「丸山諭吉」神話の解体を論証したのに、月脚達彦と苅部直と宮地正人からは完全に無視・黙殺され、飯田泰三からは公約した「批判的コメント」がもらえず」（五〇頁）という安川自身による記述を見出した。引用にある『福沢諭吉と丸山眞男』（二〇〇三年七月・高文研刊）は安川平山論争のすぐ後に刊行された本で、その頃から安川の主張に研究者からの反応が得られなくなったようなのである。その他にも安西敏三・岩谷十郎・小川原正道・川崎勝・北岡伸一・小室正紀・斎藤孝・坂井達朗・寺崎修・都倉武之・鳥居泰彦・

西澤直子・平石直昭・福吉勝男・松崎欣一・松田宏一郎・山内慶太・渡辺利夫（以上五〇音順）といった研究者たちが安川の業績に言及したという話は聞いていない。

また、もう一人の平山批判者である杉田について言うと、平成二八年一一月発行の同誌第二号において、『福沢諭吉の真実』は「井田進也の「研究」を下にした、『時事新報』論説・漫言の起草者推定を意図した本だが、その元にあるのは自らの憶測・妄想である」（五八頁）と書いている。ところが井田メソッドの不可能を証明するべく杉田自らその方法を試みたところ、実例とした三編「忠孝論」・「修業立志編緒言」・『福澤全集緒言』は三つとも福沢の直筆ではない、とする「正しい」判定を下していたのである（『アジア独立論者』第十一章第六節「杉田聡は井田メソッドの達人である」を参照のこと）。杉田は自分のテキスト判定能力にもっと自信をもってもよいし、それが示されている平山前著の存在を隠すべきでもなかった。

このように安川平山論争の勝敗については、研究者の目には安川の業績に言及する必要を認めないというほどにまで明確となっているうえ、井田メソッドの信憑性についても、その確度の高さは他ならぬ杉田自身が証明しているのである。

最後になるが、本書の刊行にあたってはこれまでの著書同様、ミネルヴァ書房編集部の田引勝二氏に大変お世話になった。ここに感謝の意を表したい。

本書を五月二九日に七九歳で死去した母ミナ子に捧げる

二〇一七年九月八日

平山　洋

《著者紹介》

平山　洋（ひらやま・よう）

1961年　神奈川県生まれ。
1986年　慶應義塾大学文学部哲学科卒業。
1992年　東北大学大学院文学研究科博士課程修了。博士（文学）。
1996年　ハーバード大学ライシャワー日本学研究所客員研究員。
現　在　静岡県立大学国際関係学部助教。
著　作　『大西祝とその時代』日本図書センター，1989年。
『西田哲学の再構築』ミネルヴァ書房，1997年。
『福沢諭吉の真実』文春新書，2004年。
『福澤諭吉――文明の政治には六つの要訣あり』ミネルヴァ書房，2008年。
『諭吉の流儀――『福翁自伝』を読む』PHP 研究所，2009年。
『アジア独立論者 福沢諭吉――脱亜論・朝鮮滅亡論・尊王論をめぐって』ミネルヴァ書房，2012年。

MINERVA 歴史・文化ライブラリー㉜
「福沢諭吉」とは誰か
――先祖考から社説真偽判定まで――

2017年11月30日　初版第１刷発行　〈検印省略〉

定価はカバーに
表示しています

著　者　平　山　　洋
発行者　杉　田　啓　三
印刷者　坂　本　喜　杏

発行所　株式会社　ミネルヴァ書房
〒607-8494　京都市山科区日ノ岡堤谷町1
電話代表（075）581-5191番
振替口座　01020-0-8076番

冨山房インターナショナル・新生製本

ISBN 978-4-623-08069-4
Printed in Japan

人名索引

※頻出する「福沢諭吉」は省略した。

あ　行

か　行

さ　行

た　行

な　行

は　行

ま　行

事項索引

※書名・論説名等の後の括弧内は作者を示す。
ただし福沢署名著作および『時事新報』掲載分については省略した。

た　行

な 行

は 行

ま　行

や　行

ら・わ　行

福沢諭吉演説一覧

凡例

1．この資料は，2017年6月末までに発見されている福沢諭吉による演説を時系列順に配列したものである。
2．作成にあたり，松崎欣一著『語り手としての福澤諭吉――ことばを武器として』（2005年8月・慶應義塾大学出版会刊）282頁から295頁までに掲載されている，「付表1　福澤諭吉の演説」と「付表2　福澤諭吉と三田演説会」を参考にした。
3．各演説の所在は『福澤諭吉全集』（岩波書店刊）「時事新報論集」等，および『時事新報マイクロフィルム』（ニチマイ）によって確認した。
4．回・年月日・演題・全集・影響関係の順で掲載した。
5．回とは，全演説中の順番を指し，三田演説会などの開催回数ではない。
6．年月日は，西暦で示す。たとえば「1874-06-07」は，「1874年6月7日」である。月日が判明していない場合は下4桁を「00-00」とし，日が不明の場合は下2桁を「00」とする。
7．演題は，旧漢字カタカナ混じりを，固有名を除き新漢字ひらがな混じりとした。
8．全集とは，全集中の所在を示す。「①56」とは，全集第1巻56頁である。別巻に掲載されている場合は「㉒***」とする。また，「松***」で示されている3編は，松崎欣一著『三田演説会と慶應義塾系演説会』（1998年4月・慶應義塾大学出版会刊）に掲載されているものである。
9．影響関係では，その演説が関係していると考えられる福沢の署名著作・無署名論説を示した。署名著作の場合はそのタイトルを，時事新報社説等の場合は，「社説=1882-03-22？」などと表記した。「1882年3月22日」掲載の社説との関与が濃厚である，という意味である。演説筆記がそのまま社説として掲載されている場合には「？」は付さない。最後に「未」が付されたものは，全集未収録で，マイクロフィルムにより所在を確認した演説である。
10．演題が知られている演説は全部で264回あるが，松崎欣一編集解説『三田演説会資料』（改訂版2003年3月・慶應義塾大学出版会刊）によれば，他に無題の演説が三田演説会だけでも65回ある。それらは一覧非掲載である。

回	年月日	演　題	全集	影響関係
1	1874-06-07	明治七年六月七日集会の演説	①56	
2	1874-11-16	征台和議の演説	⑲539	
3	1875-00-00	書生に職業を授けるの急務なるを云う	㉑397	『学問のすすめ』？
4	1875-00-00	学校の教育の法は国中一様ならざるを欲す	㉑398	『学問のすすめ』？

5	1875-05-01	明治八年五月一日三田集会所発会の祝詞	⑳134	
6	1875-06-05	政府と人民（仮）	㉒206	『文明論之概略』？
7	1875-12-18	子供を育てるに側の大切なることを論ず	㉑389	『福沢文集』一？
8	1876-03-18	遊楽風韻に就いて（仮）	⑲701	
9	1876-05-27	子供の教育は余り厳ならずしてよき例を示すは則よき教なり	㉑391	『福沢文集』一？
10	1876-07-08	人意に所有のライトあるを論ず	㉑394	『通俗民権論』？
11	1877-01-24	日本演説会の起源及びその利益		
12	1877-02-14	世間の害悪を除く法	⑳156	
13	1877-03-10	明治十年三月十日開成学校講義室開席の祝辞	⑲628	
14	1877-04-28	三田演説会第百回の記	④476	『福沢文集』二
15	1878-01-00	門閥論	⑲642	『民権論』草稿？
16	1878-01-17	明治十一年一月十七日集会の記（仮）	④480	『福沢文集』二
17	1878-03-25	中央電信局開業式の祝辞	④470	『福沢文集』二
18	1878-03-27	明治十一年三月二十七日東京府庁議事堂演説	⑲650	
19	1878-05-11	国の装飾の事，日光芝上野の事	④521	『福沢文集』二
20	1878-10-12	国権論（仮）	松579	『通俗国権論』？
21	1878-10-29	外国交際論（仮）	松581	『通俗国権論』？
22	1879-00-00	功名論	松598	『通俗国権論』？
23	1879-01-11	外交論（仮）		『通俗国権論』？
24	1879-01-25	明治十二年一月二十五日慶應義塾新年発会の記	④533	『福沢文集』二
25	1879-02-08	華族を武辺に導くの説	⑳196	
26	1879-02-23	富貴保存の説		『通俗民権論』？
27	1879-03-08	品行論（仮）	⑤415	『福沢文集』一
28	1879-03-22	三田の犬外国新聞論（仮）		
29	1879-03-28	東京学士会院第六会演説	㉑301	
30	1879-04-12	宗教の利害（仮）		
31	1879-04-26	蒸気電信印刷之説（仮）		『民情一新』？
32	1879-04-28	教育論	⑳202	『福沢文集』二

33	1879-05-10	切棄免許論（仮）		
34	1879-05-24	外戦不可急（仮）		『通俗国権論』？
35	1879-06-14	民権論（仮）		『通俗民権論』？
36	1879-06-25	東京学士会院第十一会演説	㉒209	
37	1879-06-28	民権論前回の続（仮）		『通俗民権論』？
38	1879-07-12	民情論（仮）		『民情一新』？
39	1879-09-13	門閥論		『福沢文集』二
40	1879-09-27	富豪の子弟教育の事（仮）	⑲703	『民間経済録』二
41	1879-10-11	門閥論前々回の続		『福沢文集』二
42	1879-10-18	明治十二年十月十八日東京大学医学部学位授与式の祝辞	⑲703	『民権論』草稿？
43	1879-10-25	交通論		『民情一新』？
44	1879-11-08	物理学之要		『民情一新』？
45	1879-11-22	平民教育の論		社説=1882-03-22？
46	1879-12-13	職業の説		『民情一新』？
47	1880-01-10	支那之説		
48	1880-01-25	交詢社発会の演説	⑲659	
49	1880-01-25	変動以治安を維持す		
50	1880-02-07	明治十三年二月七日東京築地寿美屋に於て演説	⑲662	
51	1880-02-15	高等私立学校に就いて試験法を定め学力優等なる者は宜しく徴兵を延期すべき議案	㉑304	
52	1880-02-28	漢学之説		
53	1880-02-29	明治十三年二月二十九日愛宕下青松寺に於ける交詢社定期小会演説	⑲664	
54	1880-03-27	貧民自立之説		
55	1880-04-25	明治十三年四月二十五日両国中村楼に於ける交詢社第一回大会演説	⑲665	
56	1880-05-09	貧民自立之説前会の続		
57	1880-06-12	保険之説		
58	1880-06-26	運輸交通の説		
59	1880-07-10	苦楽の説		
60	1880-07-24	品行論		

61	1880-09-11	運輸交通の説		
62	1880-09-25	体育論		
63	1880-10-23	漢学之説		
64	1880-11-27	学者出身の法		
65	1880-12-11	前回之続	⑲708	
66	1881-01-08	孔孟の教が我日本の文明に如何なる影響を及せし乎		
67	1881-01-25	明治十四年一月二十五日木挽町明治会堂に於ける交詢社第一紀念会演説	⑲669	
68	1881-02-12	殖産興業		
69	1881-02-26	学事の沿革		
70	1881-04-09	不自由論		『時事小言』？
71	1881-05-14	日本の幸福は蘭学の功徳		
72	1881-05-28	宗教の説	⑳230	
73	1881-07-09	時勢の変遷		
74	1881-09-10	足るを知るの説		
75	1881-09-24	人力の説		社説=1882-06-23？
76	1881-10-08	宗教論第一回	⑲710	
77	1881-10-22	宗教論第二回		
78	1881-11-18	宗教論第三回		
79	1881-12-02	宗教論第四回		
80	1881-12-16	士族論		社説=1882-11-14「士族授産」？未
81	1882-01-28	利害相半するの説		
82	1882-02-11	経世学論	⑧052	社説=1882-03-23
83	1882-02-25	遺伝之説	⑧056	社説=1882-03-25
84	1882-03-11	僧侶論	⑧031	社説=1882-03-13
85	1882-04-22	明治十五年四月二十二日木挽町明治会堂に於ける交詢社第三回大会演説	⑲671	
86	1882-05-15	建置経営の説	⑳243	「掃除破壊」（仮）
87	1882-05-27	雑貨輸入の話並に風俗之話		社説=1882-07-15？未
88	1882-06-10	緒方洪庵先生のはなし		

89	1882-10-14	宗教の独立		社説=1882-10-20「真宗の運命久しからず」？未
90	1882-10-28	学者之名利		
91	1883-01-13	作文の要用		
92	1883-01-27	政談の燃える所以を説かる		社説=1883-02-28「政談の危険は人に存して事に在らず」？未
93	1883-02-10	日本の徳教も西洋の徳教も其本根は正に同一なりとの旨を語らる		
94	1883-03-10	仁義礼智信猶ほ寒暖の挨礼の如きを説かる		社説=1883-05-26「儒教主義の成跡甚だ恐る可し」
95	1883-04-14	一切万事西洋日新の風に習ひ之と共に競ふ可し漢儒の如きは却て之を害するものなりとの旨を説かる		社説=1883-04-16「西洋諸国の文明は其実物に就て之を見よ」？
96	1883-04-21	明治十六年四月二十一日両国中村楼に於ける交詢社第四回大会演説	⑲672	
97	1883-05-23	物理の元則を説かる		
98	1883-06-09	吾人或は支那に学問上の敵を見るの恐れなきか一日も安閑たる可からざるものとの説を説かる		社説=1883-06-12「支那人民の前途甚だ多事なり」？
99	1883-06-23	青年輩の失敗	⑨082	社説=1883-07-05
100	1883-09-22	漢儒流の説を駁して西洋風輸入の須要焦眉の急たる所以を論さる		社説=1883-11-19「儒教主義」？
101	1883-10-13	徳育智育の所を説き儒教を駁さる		社説=1883-11-20「儒教主義」？
102	1883-10-27	再び儒教の空なるを説かる		社説=1883-11-21「儒教主義」？
103	1883-11-10	西洋学を修むべき次第を説かる	⑳267	
104	1883-11-24	宗教家は他の宗教毀つ可からず		
105	1883-12-00	学生処世の方向	⑨328	社説=1883-12-18
106	1883-12-08	英文学はさる可からず		社説=1883-12-26「我国普通の洋学は英語に帰す可し」？
107	1883-12-09	明治十六年十二月九日熊谷町談話会に於ける演説	⑲674	

108	1884-01-12	雑話		
109	1884-01-26	衛生上の注意（仮）	⑨370	社説=1884-01-28
110	1884-01-26	英語英文を学ばざる可からず		社説=1884-02-09「英語英文を知らざれば貿易を営むこと能わず」？未
111	1884-02-03	商工社会に所望あり	⑲676	
112	1884-02-23	血統論（婚姻の説）	⑨445	社説=1884-03-26
113	1884-03-08	諸生将来立身の方向を説かる		社説=1884-03-31「男児志を立てて郷関を出ずべし」？
114	1884-03-18	坐して窮する勿れ	⑲682	社説=1884-04-12
115	1884-03-22	学者自今の急務は殖産の道を開くに在り云々の旨を話さる		社説=1884-04-09「往け往けと云はずして来れ来れと云へ」？未
116	1884-04-26	明治十七年四月二十六日両国中村楼に於ける交詢社第五回大会演説（仮）	⑲684	
117	1884-06-14	学者とならんよりは寧ろ金満家と為れ		
118	1884-07-12	今や日本社会の組織自由なれば立身せざるものは其人の罪なりとの事		
119	1884-09-13	奮て実業を執れ		
120	1884-09-27	宗教宣布の方便		社説=1884-10-02
121	1884-10-11	殖産を起し貧民の心を慰むるの説		社説=1884-10-24「貧富論」？
122	1884-10-25	将来の学者に所望あり		社説=1884-11-05「後進生に望む」？
123	1884-11-08	宗教と米国来信		
124	1884-11-22	三世の話		
125	1885-01-24	商売の方法		
126	1885-02-14	商売は学問に先つ		
127	1885-02-28	学者の小心		
128	1885-03-14	儒教主義		社説=1885-03-18「支那帝国に禍するものは儒教主義なり」？未
129	1885-03-28	「リテラチユヤ」を講究す可し		

130	1885-04-04	明治十八年四月四日梅里杉田成卿先生の祭典に付演説	⑩250	社説=1885-04-07
131	1885-04-11	婦人責任論		『日本婦人論』？
132	1885-04-25	明治十八年四月二十五日交詢社大会の席にて演説	⑲687	
133	1885-06-13	日本婦人論		『日本婦人論』
134	1885-06-27	日本婦人論余論		『日本婦人論』後編
135	1885-07-00	慶應義塾暑中休業に付き演説	⑩353	社説=1885-07-31
136	1885-07-11	依頼の精神を去れ		『士人処世論』？
137	1885-07-25	道徳論		社説=1885-08-10「人間交際の礼」？
138	1885-09-12	官吏待遇を止むべし		『士人処世論』？
139	1885-09-19	英吉利法律学校開校式の演説	⑩434	社説=1885-09-22
140	1885-09-26	寿命論	⑲689	
141	1885-10-10	官吏たらんとする勿れ		『士人処世論』？
142	1885-12-12	宇都宮三郎君の話		
143	1886-01-23	慶應義塾学生諸氏に告ぐ（本塾徒弟への教訓・学問の要は実学にあり）	⑩549	社説=1886-02-02・『修業立志編』11
144	1886-02-13	成学即実業の説，学生諸氏に告ぐ（成学即ち実業家の説）	⑩554	社説=1886-02-18・『修業立志編』13
145	1886-02-27	徳行論	⑩532	社説=1886-03-04・『修業立志編』24
146	1886-04-10	専門学の説		
147	1886-04-24	明治十九年四月二十四日交詢社第七大会にて演ぶる所あり	⑲693	
148	1886-05-22	俗物になれ		
149	1886-06-12	実学説		
150	1886-07-10	明治十九年七月十日慶應義塾維持社中の集会にて演説	⑪060	社説=1886-07-13
151	1886-12-00	社会の形勢学者の奉公，慶應義塾学生に告ぐ	⑪183	社説=1887-01-15
152	1887-01-22	はなし		
153	1887-02-15	緒方維準氏の別演	⑲712	
154	1887-03-26	東洋人西洋人の差		社説=1887-04-20「日本人と西洋人と内外表裏の別」？

155	1887-04-00	交際の必要独立の養生		
156	1887-04-16	交詢社の特色（仮）	⑪240	社説=1887-04-18
157	1887-04-23	明治二十年四月二十三日慶應義塾演説館にて学生諸氏に告ぐ（恃むべきは唯自家の才力あるのみ）	⑪254	社説=1887-05-04・『修業立志編』10
158	1887-05-00	処世の道		
159	1887-06-00	節倹と奢侈		社説=1887-06-18「節倹と奢侈」
160	1887-07-09	私立学校の要用		社説=1887-07-14「教育の経済」？
161	1887-09-24	奢り		社説=1887-09-26「人民の豪奢は寧ろ之を勧む可し」？
162	1887-10-08	私権論	⑪375	社説=1887-10-06「私権論」
163	1887-11-02	慶應義塾の小改革学生諸氏に告ぐ	⑲430	
164	1888-03-17	慶應義塾学生に告ぐ（物理学の必要）	⑪461	社説=1888-03-17・『修業立志編』15
165	1888-04-15	明治二十一年四月十五日交詢社会堂に於ける交詢社第九回大会演説	⑲695	
166	1888-06-02	六月二日府下三田慶應義塾演説，慶應義塾学生に告ぐ（先づ鄙事に多能なるべし）	⑪496	社説=1888-06-05・『修業立志編』12
167	1888-10-13	食物と快楽の関係		
168	1888-10-27	財産の始末		
169	1889-01-13	学生の父兄に告ぐ		
170	1889-01-27	学生の父兄に告ぐ		
171	1889-04-00	慶應義塾学生に告ぐ	⑫097	社説=1889-04-22
172	1889-04-21	明治二十二年四月二十一日交詢社大会に於いて演説	⑫102	社説=1889-04-24
173	1889-04-25	長男一太郎結婚披露の席上に於ける演説	⑲714	
174	1889-04-27	英語之すすめ		
175	1889-05-05	一昨五日植半楼に開きし慶應義塾旧友会の席上に於ける福澤先生演説筆記（慶應義塾の懐旧談）	⑫130	社説=1889-05-07・『修業立志編』6
176	1889-05-13	海外立身のすすめ		

177	1889-05-26	塾生に一言		
178	1889-06-23	相撲所感		
179	1889-12-21	俗之学問		
180	1890-01-26	学者の心得		
181	1890-01-27	学問に凝る勿れ（仮）	⑫361	社説=1890-01-30
182	1890-04-27	明治二十三年四月二十七日交詢社大会	⑫424	社説=1890-04-30
183	1890-07-18	学林中の松梅（仮）	⑫474	社説=1890-07-21
184	1890-10-11	塾政の自治（仮）（三田演説会の由来・学生の自治）	⑫522	社説=1890-10-16
185	1890-10-25	十月二十五日慶應義塾演説筆記（学者病の説）	⑫528	社説=1890-10-30
186	1890-11-08	十一月八日慶應義塾演説筆記（慶應義塾約束の解釈及学生の注意）	⑫532	社説=1890-11-17
187	1890-11-17	同窓の旧情（仮）	⑫535	社説=1890-11-19
188	1890-11-22	十一月二十二日慶應義塾演説（親孝行の話）	⑫542	社説=1890-12-01
189	1890-12-13	貧富書生の注意		
190	1891-00-00	養生法		
191	1891-00-01	青年の人使はるる所以		
192	1891-04-26	明治二十四年四月二十六日両国中村楼に於ける交詢社第十二回大会演説	⑲698	
193	1891-06-13	徳義に付て		
194	1891-06-27	名利のはなし		社説=1891-07-10「後進生の家を成すは正に今日に在り」？
195	1891-07-11	明治二十四年七月十一日慶應義塾演説大意（金銭は独立の基本なり）	⑬158	社説=1891-07-15・『修業立志編』5
196	1891-07-23	明治二十四年七月二十三日慶應義塾の卒業生に告ぐ（独立の大義を忘るゝ勿れ）	⑬166	社説=1891-08-02・『修業立志編』2
197	1891-09-26	立身に就ての心得		
198	1891-10-00	地震に就て		社説=1891-10-30「大地震」？
199	1891-10-10	明治二十四年十月十日慶應義塾演説筆記（須く他人を助けて独立せしむ可し）	⑬205	社説=1891-10-20・『修業立志編』3

200	1891-11-28	先輩を学ぶの弊		
201	1892-01-25	明治二十五年一月二十五日慶應義塾幼稚舎にて	⑲437	
202	1892-02-13	明治二十五年二月十三日慶應義塾演説筆記（修身のはなし・父母は唯其病是憂ふ）	⑬306	社説=1892-02-20・『修業立志編』35
203	1892-03-12	明治二十五年三月十二日慶應義塾演説筆記（酒と政論の話・須く政治の上戸となるべし）	⑬323	社説=1892-03-20・『修業立志編』16
204	1892-03-26	明治二十五年三月二十六日慶應義塾演説筆記（運動の事に付・衛生の要は消化の如何にあり）	⑬332	社説=1892-04-02・『修業立志編』36
205	1892-04-24	明治二十五年四月二十四日交詢社第十三回大会に於て演説	⑬354	社説=1892-04-26
206	1892-05-28	英語の必要		
207	1892-10-18	処世のはなし		
208	1892-10-23	明治二十五年十月二十三日慶應義塾演説筆記（小心翼々以て大功を期すべし）	⑬554	社説=1892-10-28・『修業立志編』9
209	1892-11-05	明治二十五年十一月五日慶應義塾商業倶楽部の演説筆記	⑬566	社説=1892-11-15
210	1892-11-12	明治二十五年十一月十二日慶應義塾演説筆記（熱して狂するなかれ・人間万事児戯の如し）	⑬572	社説=1892-11-24・『修業立志編』8
211	1892-11-26	富豪の要用（仮）	⑬588	社説=1892-12-16
212	1892-12-05	徳風を厚くするには宗教に依頼すべし	⑳379	
213	1893-03-09	実業の奨励		
214	1893-03-25	外国品と日本品（日本製品に就いて）	⑭036	社説=1893-04-27
215	1893-04-08	攘夷，実業に就て		
216	1893-04-30	明治二十六年四月三十日東京帝国ホテル交詢社大会の演説	⑭038	社説=1893-05-02
217	1893-06-10	信用のはなし		
218	1893-06-24	人に成るの法		
219	1893-10-14	心を高尚にす可し		
220	1893-10-29	銅像開被に就て	⑭179	社説=1893-11-01・『修業立志編』7
221	1893-11-03	漁業法制定の必要	⑭186	社説=1893-11-05

222	1893-11-11	学者を養ひ殺すべし（人生の楽事）	⑭195	社説=1893-11-14・『修業立志編』17
223	1893-11-25	独立自営之論		
224	1894-03-24	体育，道徳（国民の体格，配偶の選択）	⑭336	社説=1894-04-07・『修業立志編』39
225	1894-08-01	明治二十七年八月軍資醵集相談会に於ける演説	⑲717	社説=1894-08-03
226	1894-12-08	故小泉信吉君に就て		
227	1895-01-22	福澤先生の演説	⑮028	社説=1895-01-24
228	1895-03-09	武士らしく有れ		
229	1895-04-13	処世の話		『福翁百話』51？
230	1895-04-21	明治二十八年四月二十一日交詢社大会演説大意	⑮141	社説=1895-04-23
231	1895-05-11	昔話	⑲720	『福翁百話』31
232	1895-06-08	志想を高尚にすべし		『福翁百話』70？
233	1895-06-29	今後の形態と昔物語に就て		『福翁百話』62？
234	1895-10-12	Life		『福翁百話』7？
235	1895-12-12	還暦寿莚の演説	⑮333	社説=1895-12-14
236	1896-04-11	改革に就て		
237	1896-04-27	三十年後の名古屋（仮）		
238	1896-06-13	英語の必要		
239	1896-10-24	人間の気品		
240	1896-11-01	気品の泉源知徳の模範（仮）	⑮531	社説=1896-11-03
241	1896-11-07	教育の効用（仮）		
242	1896-11-07	信州人気質と養蚕（仮）		
243	1896-11-09	信州における養蚕振興と教育（仮）		
244	1896-11-14	養生説		
245	1896-12-00	学生の帰省を送る	⑮571	社説=1897-01-01
246	1897-03-27	健康及小説に就て		
247	1897-04-18	明治三十年四月十八日東京帝国ホテル交詢社第十八大会の演説	⑲699	
248	1897-06-19	人の独立自尊	⑥404	『福翁百余話』8
249	1897-09-18	明治三十年九月十八日慶應義塾演説館にて学事改革の旨を本塾の学生に告ぐ	⑯105	社説=1897-09-21

250	1897-11-06	明治三十年十一月六日大阪慶應義塾同窓会に於ける演説筆記	⑲723	社説=1897-11-09
251	1897-11-14	明治三十年十一月十四日京都懇親会に於ける演説筆記	⑲725	社説=1897-11-18
252	1897-11-22	畿内山陽漫遊の話		
253	1897-11-27	忠孝の話		『福翁百余話』9, 10？
254	1898-00-00	一般教育に就いて	⑲759	
255	1898-01-28	明治三十一年一月二十八日三田演説会に於ける演説	⑲728	
256	1898-03-12	明治三十一年三月十二日三田演説会に於ける演説	⑲736	社説=1898-03-22
257	1898-04-05	門野幾之進氏を送る	⑲742	
258	1898-04-24	交詢社大会席上に於ける演説	⑯319	社説=1898-04-26
259	1898-05-14	バクテリアの説	⑲743	
260	1898-06-11	着眼を遠大にすべし		
261	1898-06-25	地方の富豪	⑲747	
262	1898-09-24	法律と時勢	⑲753	
263	1898-09-28	奉祝長与専斎先生還暦	⑯487	社説=1898-09-29
264	1899-11-25	福澤先生の演説	⑯648	社説=1899-11-26

初出：静岡県立大学国際関係学部『国際関係・比較文化研究』第4巻第2号（2006年3月）に，再調査及び修正（2017年7月）を加えた。